非法利用
个人金融信息行为
刑法规制论

THE STUDY OF CRIMINAL LAW
REGULATION FOR ILLEGAL
USE OF PERSONAL FINANCIAL INFORMATION

李振林◎著

上海人民出版社

本书系国家社会科学基金一般项目

"刑法司法解释中的法律拟制现象与功能研究"（项目编号：24BFX123）的

阶段性研究成果

导　言

当今社会，信息作为一种权利资源，其有序流动对于社会的发展具有基础性意义。基于信息资源的战略性地位，各类主体均会采取不同手段获取信息优势，由此可能导致权利失衡和秩序紊乱。信息时代的到来使得国家安全和个人安全的形式与内涵发生了深刻的变化，可以说国家和个人的信息安全已经成为一个事关国家稳定、社会安定和个人安全的全局性问题。2019 年 8 月，中国人民银行印发了《金融科技（FinTech）发展规划（2019—2021 年）》，强调了金融科技的发展形势、总体要求、重点任务和保障措施，以促进金融交易的信息化。该规划更是在第三章"重点任务"的第三节"赋能金融服务提质增效"中提出了人脸识别技术（生物识别技术）的运用："探索人脸识别线下支付安全应用，借助密码识别、隐私计算、数据标签、模式识别等技术，利用专用口令、'无感'活体检测等实现交易验证，突破 1∶N 人脸辨识支付应用性能瓶颈，由持牌金融机构构建以人脸特征为路由标识的转接清算模式，实现支付工具安全与便捷的统一。"正是得益于国家大力发展金融科技的相关经济政策，金融交易日益信息化，"金融信息"这一名词也频现报端，金融信息安全亦很快成为国家和个人信息安全的一个重要方面。

随着互联网金融时代金融服务业的不断发展和个人金融资产的不断丰富，金融信息也愈发丰富，加之金融混业经营的发展，以及互联网金融、金融呼叫中心、移动支付等金融服务的普及，金融信息的共享更为便捷与广泛。此外，金融机构出于提供更多服务、介绍新产品或从信息中获利等目的，总是期望能够将消费者的金融信息应用于消费者提供信息目的之外的场景。例如，一些金融机构利用所掌握的个人金融信息和个人其他资料，对消费者进行分类，分析其对金融产品的需求类型，并向消费者寄送产品或服务的广告。又如，有些金融机构将消费者的姓名、地址和电话提供给关联企业或者与其有业务联系的商业机构，而这些商业机构取得消费者名单的目的也在于向消费者推销某种商品或服务。目前，金融机构和互联网金融服务平台等均储存了海量的个人金融信息，一旦这些信息被泄露并被非法利用，势必会给公民个人带来意想不到的损失。2022 年，中国人民银行、金融监管总局等对银行业金融机构及其从业人员开出了 160 张涉及"个人金融信息处理违规"的罚单，总计罚款金额达到 12 139 万元。[1] 2023 年全网监测并分析验证有效的数据泄露事件超过 19 500 起，而金融行业则是其中的重灾区，数据泄露事件达 8 758 起。[2] 根据《2024 年度中国金融科技投诉数据与典型案

---

[1]《2022 年度银行业监管处罚分析洞察》，资料来源：https://www.xdyanbao.com/doc/botgh0kwz4?userid=57555079&bd_vid=8972476600696127094，2025 年 3 月 19 日访问。

[2]《2023 年数据泄露风险报告：来自金融行业的泄露最严重》，资料来源：https://www.thepaper.cn/newsDetail_forward_26102089，2025 年 3 月 19 日访问。

例报告》[1]，2024 年金融科技用户投诉问题中，首要问题即为信息泄露，占比高达 37.99%，可见金融信息泄露已经对公民日常生活造成较为普遍的影响。2024 年初，美国金融巨头 LoanDepot 受到勒索攻击，超 1 600 万用户数据被泄露，泄露数据包括客户姓名、地址、电子邮件地址、电话号码、出生日期、社会保障号码和金融账号等，该事件给公司造成了 2 690 万美元（约合 1.92 亿元人民币）的损失。[2]2024 年 6 月 26 日，金融数字化发展联盟与银联数据发布的《零售金融消费者权益保护专题报告》[3]显示，30% 听说过黑灰产的用户曾与之接触或使用服务，超半数经历者提供个人敏感信息。在黑产方面，常见的有个人金融信息黑产链，包括非法获取、贩卖和使用个人金融信息，用于金融欺诈、身份盗窃、反催收或其他非法活动。在使用了黑灰产服务后，手机号和身份证号是泄露最为严重的个人信息，其次是银行卡号和密码。部分黑灰产经历者在使用代理维权服务后产生了资金损失。此外，2024 年以来，国家网信办对网上金融信息乱象保持高压严打态势，会同相关部门处置了一批在抖音、快手、微博、微信等平台从事非法荐股、非法金融中介等活动的账号，清理金融领域引流类及诱导性违规信息，加大对无资质从事金融相关业务的网站及账号的处置处罚力度，对从事助贷业务的网站平台提出要求，要求其规范营销信息展示和营销功能设置，加强信息风险

[1]《2024 年度中国金融科技投诉数据与典型案例报告》，资料来源：https://roll.sohu.com/a/867165636_121864878，2025 年 3 月 19 日访问。

[2]《金融巨头因勒索攻击损失近 2 亿元，超 1600 万用户数据泄露》，资料来源：http://www.cnetsec.com/dfaq_wordpress/?p=41627，2025 年 3 月 19 日访问。

[3]《金融数字化发展联盟发布〈零售金融消费者权益保护专题报告〉》，资料来源：https://www.fddnet.cn/index.php?m=content&c=index&a=show&catid=240&id=2089，2025 年 3 月 21 日访问。

披露工作。[1]

在互联网金融时代背景下，个人金融信息被非法利用的原因固然是多方面的，但法律规制尤其是刑法规制的缺憾无疑是其中的一个重要原因。为此，我国进一步加大了对侵犯金融隐私和金融信息等违法犯罪行为的打击力度，试图将个人金融信息置于刑法的保护之下。

2005年2月28日，《刑法修正案（五）》增设了窃取、收买、非法提供信用卡信息罪；2009年2月28日，《刑法修正案（七）》在《刑法》第180条中增设了利用未公开信息交易罪；2011年8月29日，最高人民法院、最高人民检察院发布了《关于办理危害计算机信息系统安全刑事案件应用法律若干问题的解释》，将非法获取网络金融服务的身份认证信息10组以上规定为犯罪行为；2012年2月10日，最高人民法院印发的《关于人民法院为防范化解金融风险和推进金融改革发展提供司法保障的指导意见》，明确了防范化解金融风险，维护金融秩序稳定，推动金融市场协调发展，保障金融改革创新，保障国家金融安全的多项司法举措；2015年7月8日，最高人民法院研究室的《关于刑法二百五十三条之一第二款有关内容理解问题的研究意见》对《刑法》第二百五十三条之一第二款"窃取或者以其他方法非法获取上述信息"中的"上述信息"和"非法获取公民个人信息罪"中的"公民"进行了解释和明确。2015年8月29日，第十二届全国人民代表大会常务委员会第十六次会议通过并于2015年11月1日施行的《刑法修正案（九）》对《刑法》第二百五十三条之一进行了修改，将侵犯公民个人信息罪的主体由国家机关或者金融、电信、交通、教育、医疗等单位的工作人员

---

[1] 《打击自媒体违规荐股形成合力》，载《中国证券报》2024年12月12日，第4版。

这些特殊主体修改为一般主体，增设了从重处罚的规定，并将该罪法定最高刑由 3 年有期徒刑提高为 7 年有期徒刑，从而加大了对出售、非法提供公民个人信息的行为的刑法规制力度。至此，可以说我国对金融信息的保护以及对金融信息违法犯罪行为的法律规制又向前迈进了一步。

然而，问题不能就此终结，作为理论研究者，应当时刻用谨慎、批判、发展的眼光来看待问题本身，以期能够更好地探寻问题的本质并提出更为妥适的解决方案。实际上，侵犯公民个人信息罪在诸多方面仍与互联网金融时代背景下侵犯公民个人信息行为刑法规制的现实要求不相适应。其一，诸多与侵犯公民个人信息罪的社会危害性相当甚至更为严重的非法利用个人金融信息行为未受规制；其二，侵犯公民个人信息罪中的"个人信息"并未突出也没有完全涵盖个人金融信息；其三，2017年 5 月 9 日，最高人民法院、最高人民检察院发布的《关于办理侵犯公民个人信息刑事案件适用法律若干问题的解释》（以下简称《侵犯公民个人信息司法解释》）对"情节特别严重"的倍化标准规定不甚合理，规定了在目的要素不同情况下的入罪标准却没有规定相应的法定刑升格标准，且对"以其他方法非法获取公民个人信息"的规定并不周延。在相关刑法修正案和司法解释中，该罪的行为对象——公民个人信息的具体种类都会被立法者逐一列举，其中金融信息自始至终的缺位反映了立法者对该种类信息所蕴含的特殊重要性欠缺充足的认识。因此，如何继续完善立法并妥适司法，以实现对个人金融信息的充分、有效、特殊保护，仍是一个值得我们继续深思和研究的重要课题。

人权主义思潮的兴起和人权保障运动在欧美国家的开展，使得各国开始注重对公民个人权利的保障和救济。以美国为例，1890 年美国两位律师路易斯·布兰蒂斯（Louis Brandeis）和萨莫尔·华伦

（Samuel Warren）在《哈佛法学评论》发表的著名论文——《隐私权》（The Right to Privacy），拉开了以个人信息为内容的隐私权利研究的序幕。历经一百三十余年的发展，美国对国家信息和个人信息的保护已走在世界前列。美国将个人信息视为金融隐私。美国最早的金融隐私保护源于 1961 年的"彼特森案"。在这个判例中法院确立了银行保密义务，认为银行在任何时候均不得认为它有权向外界透露与客户有关的任何信息。美国整体上比较重视公民的个人权利，将公民的隐私权保护摆在突出位置。具体而言，美国把公民的隐私权保护细化到各行各业的法律规范中，通过分散的立法模式对公民隐私权进行全面保护。同时，美国将金融消费者信息权归入隐私权，注重金融行业的自我监督及约束。[1]

近年来，我国学者逐渐加强了对公民个人信息的研究，在民事法律领域，多数学者从隐私权的角度出发，将公民的个人金融信息定义为"金融隐私"，并比照隐私权的相关规定予以保护，还有学者将互联网金融消费者纳入我国消费者权益保护体系。此外，部分学者结合国外金融隐私的立法现状，着重研究以银行为代表的金融机构在完善金融隐私保护方面的制度构建等。但从我国目前关于个人金融信息保护问题的研究情况来看，由于我国金融市场经济起步较晚，金融信息进入人们视野的时日尚短，目前理论上的研究还是停留在个人信息层面，而尚无针对具有较强特殊性的个人金融信息的研究，尤其是针对个人金融信息刑法保护的研究。理论界虽有一些文章针对金融信息的具体罪名进行单一研究，但这些文章既不深入具体也不够系统全面。

---

[1] 程雪军：《算法社会下金融消费者信息权的法律治理研究》，载《河南社会科学》2022 年第 7 期。

应当看到，个人金融信息被非法利用破坏了国家信息安全且侵犯了公民个人金融信息权，这已经成为信息社会亟待解决的问题。如何有效规制非法利用个人金融信息行为，维护个人信息安全与互联网金融交易和管理秩序，已成为当下刑法的重要课题。在金融信息已成为公民个人最重要的信息且会对公民生活和社会经济产生巨大影响的时代背景下，加强对个人金融信息的刑法保护尤为重要。非法利用其他个人信息的行为或许不值得科处刑罚，但很多非法利用个人金融信息的行为凸显的巨大社会危害性，足以表明这些行为已经达到需用刑法进行否定性评价的程度。也正是因为非法利用个人金融信息的行为已经表现出比非法利用其他个人信息的行为更大的社会危害性，所以笔者要对非法利用该类信息的行为专门进行研究。实际上，非法利用个人金融信息的行为可能构成的金融信息犯罪已成为我国金融领域多发、常发的一种犯罪类型，仅从局部的某一犯罪现象来分析某一罪名，显然不能准确发现问题本质，还会割裂金融信息犯罪的完整性，也就不能为更好地规制非法利用个人金融信息行为提供理论上的支撑。而且，我国现行刑法对非法利用个人金融信息行为的规制可谓捉襟见肘，凸显出了诸多问题，包括对新型非法利用个人金融信息的行为无法进行有效规制，非法利用个人金融信息行为的适用罪名较少且量刑不统一，刑法体系下对金融信息的保护与现行的行政法规、规章难以有效衔接，以及对非法利用个人金融信息行为所侵犯的法益的定位尚不明晰等。在互联网金融快速发展的我国，这些问题亟待我们通过理论阐释并结合实践加以分析和研究。

因此，我们必须认真审视当前侵犯公民个人信息罪在互联网金融时代背景下所面临的困境，探求问题的症结所在，并寻求合理化解之法，以实现在最大限度保障金融科技发展的同时，有效规制利用金融科技侵犯公民个人信息的行为。这俨然成为进一步完善我国个人信息保护法律制度的实然需求，更是理论研究应予先行探索的现实问题。为此，本书将通过对非法利用个人金融信息行为进行类型化研究，揭示非法利用个人金融信息行为及其犯罪构成的共性关系，论证非法利用个人金融信息行为刑法规制强化的必要性和可行性以及刑法介入的空间和尺度，以期为我国刑法对该类犯罪行为进行合理且有效的规制提供理论参考和依据。刑法是其他部门法的保障法，是社会正义和权利救济的"最后一道防线"，刑法所保障的权利范围和对象应与其他部门法一致，并为非法利用个人金融信息行为罪与非罪的界限提供一个标准。通过对非法利用个人金融信息行为刑法规制的研究，势必能够在一定程度上完善我国金融信息保护立法，从而为我国有效惩治非法利用个人金融信息行为提供现实的理论参考，谱写我国对公民个人信息保护的新的篇章，迎来金融市场经济发展的新的春天。

第一章

非法利用个人金融信息行为概论

　　新一轮数字技术的发展已将人类社会带入 Web3.0 时代，数字经济也随着科技的长足进步逐渐与实体经济融合，成为推动经济进一步发展的重大动力。在经济发展的同时，金融业的虚拟化和网络化程度不断提升，金融消费者在不同领域所作的每一个金融决策，都牵连着许多由客户个人或者金融机构所产出的个人金融信息，这些信息随着互联网的流动而被传输至全球各地的服务器，成为金融决策者的分析数据。也因此，个人金融信息与个人财产、隐私等关联度日益提升。金融信息化也使得金融信息安全面临严峻挑战。随着通信技术、计算机技术、信息网络技术等高科技手段在我国金融业的广泛应用，电子货币、网络银行迅速发展，传统的实体银行和戒备森严的金库不再是信誉的显著象征和安全的完全保障。虽然金融信息安全已逐渐引起重视，但由于技术规范、体制和法律等各种因素的限制，金融信息往往成为违法犯罪分子窃取、篡改或非法利用的目标，由此公民的人身和财产安全以及金融秩序的稳定等均受到了严重的侵害。只有在理解金融信息的内涵与外延、了解金融信息的价值和现行法律对金融信息的保护现状的基础上，方能对非法利用个人金融信息行为的刑法规制问题展开深入、全面的研究。

第一节　个人金融信息的界定

当前，学界对个人金融信息尚无统一的定义和称谓，故而在对非法利用个人金融信息行为的刑法规制问题展开分析之前，必须先对个人金融信息进行界定，明确个人金融信息的内涵与外延，以及个人金融信息的特征，如此方可准确地开展研究。

一、个人金融信息的内涵与外延

（一）个人金融信息的内涵

1. 个人金融信息的概念

个人信息的概念，在我国多部法律中均有提及。《民法典》第一千零三十四条和《网络安全法》第七十六条通过"概括＋列举"的方式阐明个人信息的含义，将个人信息概括为以电子或者其他方式记录的能够单独或者与其他信息结合识别特定自然人的各种信息，并对个人信息的类型进行了列举。而《个人信息保护法》第四条相对而言更侧重从可识别性角度对个人信息进行界定，该定义在体现个人信息可识别性的同时也体现了对匿名化信息的排除。笔者认为，个人信息是指一切可以识别本人信息的总和，这些信息包括了一个人在生理、心理、智力、个体、社会、经济、文化、家庭等方面的信息。当然，不是所有个人信息都值得保护，也不是所有值得保护的个人信息都适用同一保护标准。《数据出境安全评估办法》与《个人信息出境标准合同办法》试图将个人信息进行分类，并根据不同类别提供不同的保护方式，主要分为"重要数据处理者""100 万人以上的个人信息处理者""一年内向境外提供 10 万人个人信息或者 1 万人敏感个人信息处理者"这三类，属于其中任意一类即应当向网信部门申请安全评估；若不属于这三类，则数据处理者可以订立标准合同的方式达到数据跨境流动的目的。[1]然而，这种单一的信息分类方式，只考虑了信息的数量，却并未提供具体的分类分级操作标准。笔者认为，根据不同的分类标准，个人信息可以被分为不同的类型：（1）以能否识别本人为标准，个人信息可以分为直接个人信息和间接个人信息；（2）以是否涉及个人隐私为标准，个人信息可以分为敏感个人信息和一般个人信息；（3）以处理技术为标准，个人信息可以分为电脑处理个人信息与非电脑处理个人信息；（4）以是否公开为标准，个人信息可以分为公开个人信息和隐秘个人信息。[2]个人信息所体现的是自然人的一般人格利益，个人信息的收集、处理与利用都与信息主体的人格尊严直接相关。

个人金融信息是个人信息的一种重要类型。个人金融信息的概念目前并没有权威和统一的定义，实务界和理论界各持己见。在实践中，一些规范性文件提到个人金融信息，如 2011 年中国人民银行发布的《关于银行业金融机构做好个人金融信息保护工作的通知》就对个人金融信息进行了分类：个人身份信息、个人财产信息、个人账户信息、个人信用信息、个人金融交易信息、衍生信息（包括个人消费习惯、投资意愿

---

[1] 肖棉花：《中国法语境下个人金融信息跨境流动的法律规制与保护》，载《河北法律职业教育》2025 年第 2 期。

[2] 齐爱民：《论个人信息的法律保护》，载《苏州大学学报（哲学社会科学版）》2005 年第 2 期。

等对原始信息进行处理、分析所形成的反映特定个人某些情况的信息），以及在与个人建立业务关系过程中获取、保存的其他个人信息。2016 年《中国人民银行金融消费者权益保护实施办法》第 27 条规定："本办法所称个人金融信息，是指金融机构通过开展业务或者其他渠道获取、加工和保存的个人信息，包括个人身份信息、财产信息、账户信息、信用信息、金融交易信息及其他反映特定个人某些情况的信息。"但该法已于 2020 年被废止。2020 年《中国人民银行金融消费者权益保护实施办法》第 28 条将原来的"个人金融信息"更改为"消费者金融信息"，是指银行、支付机构通过开展业务或者其他合法渠道处理的消费者信息，包括个人身份信息、财产信息、账户信息、信用信息、金融交易信息及其他与特定消费者购买、使用金融产品或者服务相关的信息。同年，推荐性行业标准《个人金融信息保护技术规范》(JR/T 0171—2020）颁布，其简要地对个人金融信息的内涵进行提炼，即个人金融信息是指金融业机构通过提供金融产品和服务或者其他渠道获取、加工和保存的个人信息。具体而言，个人金融信息包括账户信息、鉴别信息、金融交易信息、个人身份信息、财产信息、借贷信息及其他反映特定个人某些情况的信息。在理论界，学者也采用不同的列举或概括的方法对个人金融信息进行定义。有学者将个人金融信息分为个人身份信息、个人财务信息、预测个人信息。[1]也有学者认为个人金融信息应包含消费者个人的全部金融信息。[2]还有学者认为，个人金融信息是指个人在银行、证券公司、信托投资公司以及保险公司等金融机构中有关交易记录以及因此

---

[1] 邢会强：《大数据时代个人金融信息的保护与利用》，载《东方法学》2021 年第 1 期。

[2] 张继红：《论我国金融消费者信息权保护的立法完善——基于大数据时代金融信息流动的负面风险分析》，载《法学论坛》2016 年第 6 期。

提供的个人资料，包括个人的银行及信用卡账号、存取款情况、贷款及还款情况、信用消费及支付情况，证券交易账号、所持证券品种及交易记录，信托产品及交易记录，所投保险及保险费缴交情况、保险金额、保单价值等。[1] 还有学者认为，金融信息是指金融机构在业务活动中知悉和掌握的包括个人的身份、各类金融资产状况和交易情况在内的所有信息和资料，包含个人身份信息、个人交易信息等。[2]

上述定义均在一定程度上指出了金融信息是个人与金融机构开展业务所形成的个人信息，指出了个人金融信息产生的源头，并详细列举了具体种类。笔者认为，这些定义虽然具有一定程度的概括性和形象性，但上述"分类"的种类太多，既不够精练也不够周延。与其说它们是分类，不如说是列举，兜底条款的存在更是说明了这一点。此种列举虽然便于金融机构掌握个人金融信息的范围，但意义有限。应当看到，全面界定个人金融信息是利用刑法规制非法利用个人金融信息行为及完善个人金融信息保护制度的前提。个人金融信息不仅产生于个人与金融机构开展金融业务的过程中，也存在于金融监管机构的保管环节，还可因征信机构的收集而产生。此外，个人信息保护与隐私保护的立法价值取向不同，金融隐私权在价值取向方面更突出对人性尊严和自由的保护，更多地表现为消极、被动的静态权利；金融信息权保护的价值取向既包括对个人金融信息本身的保护，也将个人金融信息的利用和流通的使用价值考虑在内，表现为主动、积极的动态权利。[3] 在金融

---

[1]　李朝晖：《个人金融信息共享与隐私权的保护》，载《特区实践与理论》2008 年第 3 期。

[2]　王宝刚等：《个人金融信息保护法律问题研究》，载《金融理论与实践》2013 年第 2 期；皮剑龙主编：《律师金融法律实务》，法律出版社 2011 年版，第 533 页。

[3]　郑岩：《从私益到公益：金融信息权保护路径研究》，载《辽宁大学学报（哲学社会科学版）》2021 年第 2 期。

领域内，法律所要保护的客户个人信息是包括姓名、性别、家庭住址等在内的为银行所掌握的所有信息，并不限于客户不愿为人所知的隐私内容。而且，信用征信系统的建立也强调了个人信用信息流通的价值。因此，笔者认为，在我国，金融隐私这一概念无法涵盖法律所应保护的全部内容，金融隐私与个人金融信息在逻辑上属于交叉关系，二者的交集是以个人金融信息形式存在的金融隐私信息。我国应采用个人金融信息这一概念为金融消费者提供全面的保护，也以此强调信息自由流通的价值。

综上，笔者认为，个人金融信息的内涵和范畴不应局限于上述学者和文件所作的定义，尽管《个人金融信息保护技术规范》对个人金融信息作出了定义，但其作为推荐性行业标准，效力较低，且对行为类型的归纳也不够完整。较为全面的个人金融信息的定义应是与公民个人开展金融活动相关的，包括因交易、监管、征信等活动而产生、采集的金融交易信息、公民个人身份信息及其他相关信息。个人金融信息主要包括三个方面的内容：一是身份信息。身份信息包括姓名、性别、出生年月日、家庭住址、电话号码、身份证件名称和号码，以及人脸识别信息等。信用卡用户或与银行有信贷关系的用户的身份信息还包括职业、本人月收入、文化程度、其他联系人等个人信息。二是交易信息。交易信息是指在与银行交易的过程中形成的个人信息，包括存款账号、存款数额、银行卡账号、卡片有效期、交易金额、交易类型、特约商户编号、取款机编号等。三是信用信息。信用信息是指与个人的借贷还款情况有关的信用状况。需要注意的是，个人金融信息保护的主体为自然人，不包括企业和组织。企业和组织的金融信息在通常意义上属于商业秘密，通过《反不正当竞争法》等专门的法律进行保护，无需再通过个人金融信息保护立法进行保护。[1]个人金融信息的保护客体是指个人在各个金融机构办理业务时所涉及的金融信息，银行等金融机构所进行的金融活动很大程度上是以掌握客户的基本信息为前提的，而且这些个人信息往往具有很大的财产性价值，比如个人银行账号、个人证券交易的账户等。个人金融信息保护的核心内容是主体对个人金融信息按照自己的意思进行支配的权利，即隐瞒、支配、救济的权利。[2]

2. 个人金融信息的特征

相对于个人信息，个人金融信息除了具有个人信息的一般特性，还具有其自身的突出特性，如因发生在金融活动中而具有显著的经济性、具有相当的信用性等。因此，对个人金融信息的刑法保护实际上也有其自身的突出特点。正是基于这一点，我们需要特别突出对个人金融信息的保护。笔者认为，个人金融信息主要有以下四个特征。

其一，隐私性。保护隐私源于人类羞耻本能。任何人均有决定自己的事情不被他人干涉的权利，保护公众隐私成为各法域共识。在中国，隐私权不仅要包含消极的防御功能，还应当包含对自己私人领域内事物的支配功能。[3]个人金融信息具有个人信息的一般特性，即突出的隐私性特征，因此产生了金融隐私权的概念。[4]个人金融信息首先具有很强

---

[1] 蒋姗：《金融消费者的个人金融信息保护制度研究》，载《成都行政学院学报》2013年第4期。

[2] 蒋姗：《金融消费者的个人金融信息保护制度研究》，载《成都行政学院学报》2013年第4期。

[3] 谢远扬：《信息论视角下个人信息的价值——兼对隐私权保护模式的检讨》，载《清华法学》2015年第3期。

[4] 所谓金融隐私权，是指信息持有者对其与信用或交易相关的信息所享有的控制支配权。它与信息持有者的经济利益或财产利益紧密相连，是一种兼具人格权与财产权性质的混合性商事权利，其主要特点有：（1）专属性。金融隐私与权利主体的人身不可分离，不能被权利主体转让、抛弃或被他人继承的性质。（2）自控性。金融隐私权作为一种能动的积极的权利，侧重于权利主体对他人非法获取和披露隐私的限制及对自己的信用和交易信息等内容的支配。（3）限制性。金融隐私权的行使要受到法律法规、国家利益和社会公共利益等的限制。金融隐私权一旦被侵犯，后果非常严重，不仅公民的个人财产遭到损失、精神受到打击，如果处理不当，甚至可能危及整个国家的金融安全。

的人格性，如金融信息泄露后接到一些公司产品推销的电话导致个人的私生活被干扰，人脸识别信息被用作犯罪，或被他人披露自身不愿为人所知的隐私造成精神上的痛苦等。实际上，金融隐私权的概念来源于隐私权。1890 年，《论隐私权》一文的发表标志着隐私权概念的产生，自此隐私权逐渐走入各国立法的视野。[1] 金融隐私权的概念是隐私权不断扩展的结果。在英美法系看来，金融隐私权是指自然人控制并排除他人干涉其本人在金融市场中产生的个人金融信息的能力，具有人格权和财产权的双重属性，产生的信息主要包括社会保障号码、住址、职业等。美国最高法院将隐私权分为三类：私事决定隐私权、身体隐私权和信息隐私权。信息隐私权是个人对自身可识别信息的收集、披露和使用的控制权。个人金融信息作为个人信息的重要组成部分，与个人隐私有着非常密切的联系。一方面，个人金融信息往往具有私密性；另一方面，侵害个人金融信息的行为一般表现为非法披露个人金融信息资料。[2] 应当看到，个人金融信息应当是广泛意义上自然人隐私的重要组成部分，金融隐私侧重于隐瞒敏感类个人信息，范围较窄，个人金融信息的范围更大，对金融消费者提供广泛的信息保护更具有意义，在接下来的论述中不再特别区分。基于个人金融信息的隐私性特征，可公开获得的信息不应列入个人金融信息的范畴，即对金融机构收集到的可通过合法渠道获得的公开信息，因其已经不具有隐私性，金融机构也无需履行保密义务。这些公开信息包括政府有关个人的记录、媒体报道的事实，以及通过法律披露给公众的信息等。毋庸置疑，个人金融信息对于认知个人具

---

[1] Samuel D. Warren, Louis D. Brandeis. The Right to Privacy, *Harvard Law Review*, 1890, 5: 193—220.

[2] 中国人民银行长沙中心支行课题组、张瑞怀：《个人金融信息保护问题研究》，载《金融经济》2014 年第 1 期。

有重要意义，应属于隐私权保护的客体。从该意义上说，金融隐私权是基于保护个人金融信息而产生的隐私权，是对金融信息进行法律保护的权利基础和逻辑前提。[1]

其二，经济性。个人金融信息因发生于金融活动中而不可避免地具有显著的经济性特征。在信息技术日益发达的今天，金融信息作为一种私人信息，其经济价值已经获得极大的提升，原因在于这些金融信息大多涉及客户的具体财产信息，与客户的财产内容紧密相关，并且由于计算机和互联网的发展，对这些信息加以整合后可以在商业上创造一种获取利益的机会，具有巨大的商业价值和社会利用价值。因此，在现实生活中，个人金融信息一旦泄露，轻则导致人们的个人生活受到干扰，如接到骚扰电话等，重则使个人遭受巨额经济损失。[2]正如有学者认为，个人金融信息的价值变得多元，其不仅具有人格尊严与自由价值，也具备商业价值和公共管理价值。[3]理查德·A.波斯纳（Richard A. Posner）也指出，当一种有价值的资源具有普遍性（universality）、专属性（exclusivity）和可转让性（transferability）时，资源价值就能最大化[4]，而建立在隐私权上的个人金融信息就具有这三种特质，因此具有财产属性。如果能够获取大量个人金融信息，并且对其进行开发利用，就能够产生可观的经济价值。而利用这些信息拓展客户，开发、推广新产品，扩大销售范围都是目前金融机构盈利的主要方式。此外，个人金

---

[1] 吴寒青：《金融隐私权保护制度探析》，载《西南民族大学学报（人文社科版）》2006年第6期。

[2] 李晓鸿：《金融隐私权保护的正当性与路径选择》，载《理论与现代化》2015年第2期。

[3] 张新宝：《我国个人信息保护法立法主要矛盾研讨》，载《吉林大学社会科学学报》2018年第5期。

[4] ［美］理查德·A.波斯纳：《法律的经济分析（上）》，蒋兆康译，中国大百科全书出版社1997年版，第42页。

融信息的经济性还体现在个人金融信息对金融经济产生的巨大影响。在提供金融产品和服务时，金融机构是根据个人信用的不同来制定不同的方案。因为高风险的投资有可能产生毁灭性的打击，造成金融系统的崩溃，因此，对客户的金融信息收集得越全面越详尽，就越能防范金融风险的出现。金融机构通过对这些金融信息的严格保护来获取客户的信任，以维持现有客户的数目，同时凭借良好的信用争取更多的新客户。同时，如果能够形成良好的个人金融信息共享机制，就能降低金融机构收集和维护的成本。[1]

其三，广泛性。个人金融信息的范围十分广泛，包括个人基本信息、个人财产交易信息以及反映个人信用状况的其他信息。[2]个人基本信息具体包括个人姓名、身份证件种类及号码和有效期限、联系方式（尤其是手机号码）、住所或工作单位、地址及照片等。这些信息大多可以直接识别到特定个人，或与其他信息简单结合即可识别到特定个人。[3]个人财产交易信息包括个人收入状况、拥有的不动产状况、拥有的车辆状况等反映个人财产状况的信息。个人账户信息包括账号、账户开立时间、开户行等信息。反映个人信用状况的其他信息包括信用卡还款情况、贷款偿还情况，以及个人在经济活动中形成的、能够反映其信用状况的其他信息。[4]这些都是直观的个人金融信息，而这些信息对金融机构之所以重要，一个关键原因在于通过这些信息，金融机构可以获取一些衍生信息，如客户的消费习惯、交易习惯、商业背景等，甚至可

---

[1] 黄晶晶：《个人金融信息的国际法保护》，华东政法大学 2011 年硕士学位论文，第 32 页。
[2] 朱芸阳：《个人金融信息保护的逻辑与规则展开》，载《环球法律评论》2021 年第 6 期。
[3] 邢会强：《大数据时代个人金融信息的保护与利用》，载《东方法学》2021 年第 1 期。
[4] 邢会强：《大数据交易背景下个人信息财产权的分配与实现机制》，载《法学评论》2019 年第 6 期。

以推测出该客户的职业、性格、嗜好等。

其四，权利性。随着社会的发展、计算机及互联网的广泛应用，社会对信息的依赖性越来越强，个人金融信息逐渐成为现代社会的一种重要社会资源。2020 年《个人金融信息保护技术规范》规定，个人金融信息是指金融业机构通过提供金融产品和服务或者其他渠道获取、加工和保存的个人信息。具体而言，个人金融信息包括账户信息、鉴别信息、金融交易信息、个人身份信息、财产信息、借贷信息及其他反映特定个人某些情况的信息。该行业标准明确规定了个人金融信息的概念和内容。从形式逻辑上看，"个人金融信息"与"个人信息"是包含关系即个人信息包含个人金融信息。在许多国家和地区，个人信息权作为一项单独的权利被纳入法律予以保护，如德国将个人信息提升到宪法层面加以保障。我国虽然在一些法律条文中也涉及了对个人信息的保护，但是并没有在法律中明确个人信息权的权利属性。

在学界，大多数学者把个人信息权作为一项单独的民事权利进行研究。个人信息权的法律属性在理论界存在不同的观点。大致可以分为"所有权客体说""隐私权客体说""人格权客体说"与"基本人权客体说"。[1]有观点认为，个人信息权益是不同于隐私权、名誉权等具体人格权益的一种新型人格权益[2]，个人金融信息以自然人的人格利益为其内核，具有强烈的私人属性。同时，也有学者关注到个人信息的公共性

---

[1] 杨有礼、王晓倩、许东升：《我国个人金融信息保护法律问题研究：以商业银行为视角》，载《金融法学家》2013 年第 5 辑。

[2] 王利明：《论个人信息权的法律保护——以个人信息权与隐私权的界分为中心》，载《现代法学》2013 年第 4 期；程啸：《论我国民法典中个人信息权益的性质》，载《政治与法律》2020 年第 8 期。

价值[1]，数据的互惠分享是互联网赖以生存的基础生态规则[2]，指出西方个人信息的保护直接服务于消费者权益和公法目的。[3]相较其他个人信息，个人金融信息的公共属性尤为突出。[4]

笔者认为，个人信息权具有人格权和财产权的双重属性。其一，个人信息权符合人格权的本质特征，因为个人信息与个人人格密不可分，个人信息主要体现的是一个人的各种人格特征[5]，所以个人信息权具有人格权属性。其二，随着社会的发展，个人信息越来越显示出其极高的商业价值，个人信息中含有财产性因素并具有稀缺性，因而具有财产权的属性。传统民法理论认为，人格权是主体固有的，不可剥夺、不可抛弃、不可转让的且没有财产属性的消极性和防御性权利。[6]学界众多学者也认为人格权和财产权不能并存，但是在法律上，权利是与资格或可能性联系在一起的，法律权利的性质和功能是由其客体的属性和功能所决定的。在金融业务活动中，金融机构基于交易相对方的优势地位，掌握海量的个人财产信息，如金融账号、口令密码信息、存贷款信息、资产信息、交易和消费记录，以及虚拟货币、虚拟交易等虚拟财产信息。这些信息与个人财产状况、金融资产密切相关，关乎个人经济利益，因而具有财产权属性。[7]所谓财产权益，是指以财产利益为内容或直接体

---

[1] 高富平：《个人信息保护从个人控制到社会控制》，载《法学研究》2018年第3期。

[2] 梅夏英：《在分享和控制之间——数据保护的私法局限和公共秩序构建》，载《中外法学》2019年第4期。

[3] 丁晓东：《个人信息私法保护的困境与出路》，载《法学研究》2018年第6期。

[4] 朱芸阳：《个人金融信息保护的逻辑与规则展开》，载《环球法律评论》2021年第5期。

[5] 王利明：《论个人信息权在人格权法中的地位》，载《苏州大学学报（哲学社会科学版）》2012年第6期。

[6] 王利明：《人格权法研究》，中国人民大学出版社2012年版，第13页。

[7] 曹鹏、罗兴平：《数字经济视域下个人金融信息的法律保护困境及完善对策》，载《陕西理工大学学报（社会科学版）》2024年第2期。

现为财产利益的民事权利。[1] 个人金融信息中的财产信息属于个人的无形资产，虽无固体形态，但在经济价值属性上与有形财产并无差异。个人金融信息反映个人所拥有的金融资产和货币收益，即所谓的"数字时代每个人所拥有的资产都是被记载的一连串的数字信息"。在数字经济时代，当数字科技与金融深度融合，个人金融信息蕴含巨大的商业价值，其被加工、开发的余地很大，增值的空间很大。[2] 同样地，在对个人信息提供何种权利保护的问题上，我们也应该根据个人信息对主体所具有的价值或功能，来确定保护的类型和程度：当个人信息发挥维护主体人格尊严的功能时，应该给予其人格权保护；当个人信息发挥维护主体财产利益的功能时，应该给予其财产权保护；如果个人信息同时发挥维护主体人格尊严和财产利益的功能，就应该给予其人格权和财产权的双重保护。[3]

（二）个人金融信息的类型

学界和实务界对个人金融信息分类进行过许多尝试，《个人金融信息保护技术规范》提出 C1、C2、C3 不同敏感层级个人金融信息分类标准，并结合信息数量分级，为数据处理者指明了较为明确的法律规制路径。但应该明确的是，并非所有的个人金融信息均是敏感信息，美国、欧盟均未将个人金融信息一概认定为敏感个人信息加以保护，并且金融领域的信息共享已成为大势所趋。美国是行业单独立法模式的代表，促进金融行业信息共享是美国联邦立法的首要目标，美国立法保护

---

[1] 《民法学》编写组：《民法学》，高等教育出版社 2019 年版，第 40 页。

[2] 齐爱民：《个人信息保护法总论》，北京大学出版社 2014 年版，第 47 页。

[3] 刘德良：《个人信息的财产权保护》，载《法学研究》2007 年第 3 期。

对象"非公开个人信息"的具体类型与我国《中国人民银行金融消费者权益保护实施办法》的"个人金融信息"颇为相似,均涵盖了金融账户信息。[1]欧洲《支付服务指令》也区分"支付账户"(payment account)和"敏感支付数据"(sensitive payment data),两者含义不同。前者是指以一个或多个支付服务用户名义开立的用于执行支付交易的账户,后者是指可能被用于实施欺诈的包括个人安全凭证的数据。同时又特别指出,就支付启动服务提供者及账户信息服务提供者的活动而言,账户持有人的姓名及账户号码并不构成敏感支付数据。[2]事实上,即使是同一个信息,在不同的服务场景中,也可能具有不同的敏感度。[3]

合理界定个人金融信息的范围是做好保护工作的关键。根据个人金融信息的内容,笔者认为可以将个人金融信息分为客观类信息、主观类信息以及其他类信息。

1. 客观类信息

客观类信息,就是在一定时期内具有稳定性、有金融消费者本人身份属性的客观记录,其主要包括身份类信息和交易类信息两类。身份类信息一般包括姓名、性别、出生年月、身份证件名称及号码、社会保障号码、民族、婚姻状况、联系电话、通信地址、文化程度、职业等。在办理VISA卡和万事达卡等银行卡时,申请人还被要求提供家庭财产状况,如存款账号、支票账号、住房权属、汽车品牌年代、融资渠道、目前债务及债权人姓名和账号号码等。[4]此类信息通常变动频率较低,是

---

[1] 15 U.S.C. § 6809(4), 12 C.F.R. § 1016.3(p)&(q).

[2] 朱芸阳:《个人金融信息保护的逻辑与规则展开》,载《环球法律评论》2021年第6期。

[3] See Helen Nissenbaum, Privacy as Contextual Integrity, Washington Law Review, 79, 119—157 (2004).

[4] [美]戴维·H. 布泽尔:《银行信用卡》,夏玉和译,中国计划出版社2001年版,第83页。

判断某些信息是否属于某个自然人的重要依据。一般而言，个人身份信息涵盖多个方面，且容易通过多种渠道获得，似乎不应纳入保护范围。但笔者认为，由于该类信息能与金融交易等动态信息串联在一起，进而产生识别金融消费者个体的效果，故应纳入法律保护的范畴。交易类信息是指金融消费者在金融交易活动中产生的各类信息记录，具体有：（1）财产信息，包括个人收入状况、不动产状况等；（2）账户信息，包括账号、账户开立时间、开户行、账户金额变动及余额等；（3）信用信息，包括信用卡交易记录、贷款还款情况、信用报告中记载的信用情况、持卡数量、透支记录等；（4）个人金融交易信息，包括证券账户资产构成、购买保险产品时的交易记录，与保险公司、证券公司、基金公司、期货公司等建立业务关系时的记录。这些信息全面反映了个人金融资产状况和信用状况，对个人而言，均属于较为敏感的信息。[1]

2. 主观类信息

主观类信息实际上是衍生信息，系指金融机构通过对金融消费者客观信息的收集、整理和分析形成的能够反映特定个人某些情况的信息，如记录、分析个人持卡购物信息，就可以了解其消费的时间、地点、数额、交易对象，甚至所购买的商品种类和品牌，从而判断出其交易习惯、消费偏好、投资意愿，有时甚至可以整合出个人的职业背景、性格特点、不良嗜好和交际圈子等，从而勾画出具有消费者专属性、标志性的主观评价。亚马逊公司就曾因利用网络技术收集消费者交易信息并积累其消费习惯、偏好等衍生信息，而被指责侵犯消费者隐私。[2]

---

[1]　吴寒青：《金融隐私权保护制度探析》，载《西南民族大学学报（人文社科版）》2006 年第6 期。

[2]　《消费者抨击亚马逊隐私新政策》，资料来源：http://www.yesky.com/312/110812.shtml，2025 年 1 月 10 日访问。

3. 其他类信息

其他类信息主要是指纳入征信系统的，行政机关、司法机关对有关当事人的惩处等可以被公众查阅的信息，如纳税、罚款、破产和刑事处罚的信息等，但这类信息是否应当被纳入征信系统还存在不同认识。如果将金融机构和征信机构收集到的个人金融信息都认定归属于收集者，可能会导致信息超出初始目的被过度使用。[1]一旦个人信息被泄露、被用于下游犯罪，个人会因举证难、损失计算难、维权成本高等问题而不愿意提起诉讼，这将导致个人信息得不到有效保护。此外，后续损害是否应当由信息泄露者承担这一问题，也存在着很大争议。[2]由于信息的收集、流动需经过多个环节，其中必然涉及多个责任主体，每个环节都可能存在信息泄露、信息被非法使用的风险[3]，不同主体之间的责任界分并非易事。人类已经进入"数字信誉时代"，大数据分析预测技术的发展正在催生商业新模式——信誉经济的兴起。[4]个人的购买习惯、财务状况、守信情况、身体健康状况、工作勤勉程度、职场人脉关系和社交互动情况等均是信誉的自变量。基于这种"数字信誉"的重要价值，市场上涌现出"蚂蚁信用""腾讯信用"等"数字信誉"评分机制。"这种信用评分名义上叫信用分，其实质上是消费积分"[5]，也就是利用大数据对个人进行"画像"。有学者认为，其不符合严格的征信定义。[6]但

---

[1] [德]尼古拉·杰因茨：《金融隐私——征信制度国际比较》，万存知译，中国金融出版社2009年版，第31页。

[2] 叶名怡：《个人信息的侵权法保护》，载《法学研究》2018年第4期。

[3] 张可法：《个人金融信息私法保护的困境与出路》，载《西北民族大学学报（哲学社会科学版）》2019年第2期。

[4] [美]迈克尔·费蒂克、戴维·C.汤普森：《信誉经济：大数据时代的个人信息价值与商业变革》，王臻译，中信出版社2016年版，第72页。

[5] 万存知主编：《征信业的探索与发展》，中国金融出版社2018年版，第13页。

[6] 姚佳：《征信的准公共性与大数据运用》，载《银行家》2018年第12期。

是，这些"数字信誉"或"画像"的确可以被大科技公司用于信贷业务，评分机构甚至可以向其他信贷机构出售评分，以防范信用风险。但这一行为是否会因被认为"非法从事征信业务"而受到处罚，仍有待商榷。如果这些行为被认定为"非法从事征信业务"，就可能会抑制大数据红利价值的释放。未来，征信的发展应当在保护个人隐私的基础上，尽可能地扩大收集范围，使得征信记录成为个人名副其实的经济身份证。[1]

此外，个人金融信息按照人格权信息和财产权信息的区分标准，可以分为用以识别特定个人的信息及反映特定个人交易能力、状况、趋势的信息。（1）用以识别特定个人的信息。这类信息既包括个人姓名、年龄、家庭住址、联系方式等身份信息，也包括账号、账户交易记录等账户信息。这类信息更具有隐私的属性，英美法系中将保护该类信息作为银行与客户间的默示契约义务，即无论银行与客户间的合同如何约定，银行都负有保护该类信息的义务。新兴科技公司在采集存储个人信息时，应适用最有利于信息主体储存原则，仅收集运营业务必需的个人资产信息，不可将收集的信息提供给其他辅助业务部门使用，如社会化媒体营销、广告宣传、人脸识别功能等业务部门。[2]在大陆法系国家，隐私被视为人格权的一部分，具备对世效力，而非默示契约义务所指向的对象。（2）反映特定个人交易能力、状况、趋势的信息。这类信息则是个人在与银行进行交易或是征信机构依法收集而生成的信息，以及银行对个人的交易记录、消费习惯等分析处理得出的某种衍生信息，包括个

---

[1]　王宝刚等：《个人金融信息保护法律问题研究》，载《金融理论与实践》2013年第2期。

[2]　Davis Lauren. The impact of the California Consumer Privacy Act on financial institutions across thenation, North Carolina Banking Institute. 2020, 24（12）: 488—499.

人收入、财产状况、信用情况、投资意愿等，能反映特定个人资产状况和行为习惯的信息。这类信息可以用于交换，具有价值和财产属性，商业主体在通过交换获得此类信息后，可能会开展有针对性的目标营销，而从经济学角度分析，获取这类信息所产生的成本最终将由个人而非商业主体承担。[1] 国内现行法是严格禁止银行出售该类信息的，但规定了银行客户可以默示同意该银行将信息用于营销。

二、个人金融信息权和金融隐私权的关系

隐私权的概念肇始于 1890 年美国两位著名法学家发表的《隐私权》一文，随后隐私权经过不断发展，最终作为一项独立的民事权利得到各国法律的确认和保护。[2] 在现代信息社会中，传统隐私权的内涵和外延不断延伸，逐渐演化出一个新的概念——金融隐私权（financial privacy）。笔者认为，将客户在金融信息领域享有的权利概括为金融隐私权稍欠妥当，应当使用金融信息权代替，这是由隐私权和信息权的区别所决定的。

第一，隐私权自身的概念较为模糊。由于法律制度、历史文化、价值观念等不同，世界各国对隐私权的规定各不相同，即使是隐私立法较为发达的美国在法律上也缺乏对隐私权的明确定义。近年来，美国各州提出的综合隐私法案数量以及通过的隐私法律数量稳步增加。2018 年，美国各地提出了 2 项法案，其中 1 项在加利福尼亚州获得通过。2019

---

[1] 刘静怡：《网络社会的信息隐私权保护架构：法律经济分析的初步观察》，资料来源：http://www.148cn.org/data/2006/0508/article_2154.htm，2024 年 12 月 4 日访问。

[2] 陈力：《我国网络隐私权法律保护存在的问题及对策》，载《开封大学学报》2008 年第 3 期。

年，美国各地共提出了 15 项法案，但均未通过。美国各地在 2020 年提出的 24 项法案中，有 1 项获得通过，即对《加利福尼亚州消费者隐私法》的更新——《加利福尼亚州隐私权法》（California Privacy Rights Act）。2021 年，美国各地提出的 29 项法案中，有 2 项分别在弗吉尼亚州和科罗拉多州获得通过。2022 年，美国各地提出的 59 项法案中，有 2 项分别在犹他州和康涅狄格州成为法律。2023 年，美国各地提出的 54 项法案中，有 7 项分别在特拉华州、印第安纳州、爱荷华州、蒙大拿州、俄勒冈州、田纳西州和得克萨斯州成为法律。[1]

第二，隐私权和信息权的范围有所不同。从隐私的内涵来看，隐私指的是人们不愿意公开的私事。而在金融信息保护内容中涉及的一些信息本身就是人们准备公开的，如姓名，这些信息不能上升到隐私的层面。同时，金融信息可以分为两个部分：一部分是敏感信息，即隐私部分，对这部分信息要进行高度保护，以便维护主体的隐私权；另一部分是一般信息，这部分信息的敏感度较低，对其采取的保护程序和强度都有别于隐私。在这里，笔者需要强调的是金融信息权仍具有人格权属性，具有较强的人身依赖性。因此，具体到个人时，每个信息的敏感程度不同，不同的敏感信息应该予以区别对待。[2]

第三，金融信息权的表述相较于金融隐私权更适合我国立法现状。2016 年《中国人民银行金融消费者权益保护实施办法》使用的是"个人金融信息"的表述，2020 年新法颁布后却改成了"消费者金融信息"。个人金融信息从属于个人信息，然而在《个人信息保护法》起草过程中，

---

[1] See GAO. Privacy: Federal Financial Regulators Should Take Additional Actions to Enhance Their Protection of Personal Information, 2022.

[2] 丁丽雪：《域外金融信息保护的法律问题研究》，中国海洋大学 2010 年硕士学位论文，第 25—28 页。

学者们对此部法律的名称展开了激烈讨论，综合来看当时共有三种观点：一是仿效美国立法，表述为个人隐私保护法，即使用美国立法中的"personal privacy"；二是仿效欧盟立法，表述为个人数据保护法，使用"personal data"；三是表述为个人信息，即"personal information"，制定一部适合我国法治理念的个人信息保护法。最后我们选择了第三种观点，2021年施行的《个人信息保护法》明确采用"个人信息"这一表述。笔者认为，金融领域的信息保护必然受《个人信息保护法》规制，使用金融信息权代替金融隐私权更有助于实现我国立法上的统一。[1]

综上可见，金融信息权的外延显然大于金融隐私权，而且金融信息权也更加能够体现客户在金融信息领域享有权利的特殊性，更加能够体现我国立法的统一性。因此，笔者认为，我们应该使用金融信息权的表述代替金融隐私权。

第二节　个人金融信息的法律属性与法律保护

随着我国逐渐迈入信息社会，信息的价值也在逐步提高，公民的个人金融信息已然成为社会不可或缺的资源，"个人信息已经成为现代商业和政府运行的基础动力"。[2] 正是因为个人金融信息的巨大价值日益凸显，为获取不法利益，越来越多的不法分子使用各种非法手段疯狂攫取公民个人金融信息资源，公民个人金融信息被非法利用的案例层出不穷。因此，为有效应对频发的非法利用个人金融信息现象，对于金融信

---

[1] 当然，笔者更希望同时也能出台一部《金融信息保密法》，以此可以对个人金融信息进行更为全面、充分的保护。

[2] Perri, The Future of Privacy（Volume 1）: Private Life and Public Policy. London: Demos. 1998.23.

息所蕴藏和凸显的价值，我们也必须充分了解和认识。

一、个人金融信息的法律属性

在信息时代，个人金融信息作为人格尊严的体现、个人的财产以及信息社会的基本资源，其重要性不言而喻。它不仅关乎个人的隐私和尊严，还具有显著的财产价值，是推动信息社会发展的重要动力。因此，保护个人金融信息不仅是维护个人权益的必然要求，更是保障社会公平、促进经济健康发展的关键。

（一）个人金融信息是个人人格尊严的体现

人格尊严是一项根本的伦理原则，其原意是单个的人具有至高无上的内在价值和尊严。这种尊严是先于国家和社会存在的，是任何政府和制度设置都不能加以剥夺或限制的。就此而言，这种尊严是绝对的、自然的、不可剥夺的，只要生而为人，就拥有这样的一种价值地位。个人金融信息具有人格权利益和财产权利益，一旦发生个人金融信息侵权事件，不仅可能导致信息主体财产损失，更会直接侵犯信息主体的人格权利。国际社会理论界和立法界已基本达成共识，确保本人对个人信息的自主支配与利用，就是对其人格尊严的保护。[1]人们在日常生活中各类静态信息和交易行为的如实记录，总体上描绘了个人生活的轨迹，尊重和保护这些信息是尊重人格尊严的重要体现。在司法裁判领域，个人金融信息的概念并未被法院使用，现有司法实践仍按照隐私权或个人信息保护逻辑审理个人金融

---

[1] 朱伟彬：《我国个人金融信息保护法律问题研究》，载《西部金融》2014年第5期。

信息侵权案件。[1] 在《民法典》和《个人信息保护法》隐私权保护模式下，存在法律适用选择的难题，如果是非"私密信息"，可以适用《个人信息保护法》第六十九条的规定，但如果是"私密信息"，应该适用《民法典》规定的隐私权保护规则抑或适用《个人信息保护法》第六十九条的规则，就存在规则选择上的难题。隐私权保护与个人信息保护两种模式及立法差异造成法律适用上的难题[2]，毕竟两部法律规定了个人信息保护的两种保护逻辑，且没有明确的法律适用方面的释义，这势必会对司法实践中当事人的选择和法院的法律适用造成困难。

应当看到，很多国际公约和文件均是从保护基本人权的角度来看待隐私权保护的。《世界人权宣言》第十二条规定："任何人的私生活、家庭、住宅和通信不得任意干涉，他的荣誉和名誉不得加以攻击。人人有权享受法律保护，以免受这种干涉或攻击。"《公民权利和政治权利国际公约》第十七条规定："一、任何人之私生活、家庭、住宅或通信，不得无理或非法侵扰，其名誉及信用，亦不得非法破坏。二、对于此种侵扰或破坏，人人有受法律保护之权利。"由此可见，隐私权是人权的重要组成部分，人格尊严是隐私权的渊源。金融隐私权作为隐私权发展而来的新型权利，是人权的重要组成部分，金融隐私权的保护关乎人权和人格尊严的实现。在人权和人格尊严的实现意义上，公法部门应该确认与保护金融隐私权。[3] 因此，以金融信息为载体的金融隐私权作为隐私权发展而来的新型权利也是人权的重要组成部分，其保护关乎人权的切

---

[1] 郭金良：《数字经济时代个人金融信息侵权保护的困境与应对》，载《法学评论》2024年第5期。

[2] 丁晓东：《隐私权保护与个人信息保护关系的法理——兼论〈民法典〉与〈个人信息保护法〉的适用》，载《法商研究》2023年第6期。

[3] 万玲：《金融隐私权保护公权干预制度探析》，载《行政与法》2012年第12期。

实实现，也关乎人格尊严尊重。没有隐私保障，许多其他基本权利如财产权利、言论自由等，均会面临严重威胁。

（二）个人金融信息是个人的财产

如前所述，隐私权作为一项独立的民事权利已被许多国家的法律和世界人权组织的文件所确认和保护，由于隐私权是一项人格权，因此侵犯隐私权的行为通常表现为干扰他人的私生活、窃取和披露他人不愿为人所知的隐私等，侵犯的对象一般是不具有直接的财产性的内容。然而，金融隐私权不仅具有人格性，还具有财产性，其侵犯的对象通常是具有直接的财产性的内容。如此，随着科技的发展和网络的普及，银行客户的信用信息、交易信息等金融信息越来越成为被侵犯的主要对象。例如，2023 年 1 月，安徽宣城公安机关侦破了一起个人信息非法买卖案件，涉案平台是一家从事"居间助贷"的中介公司，该公司伪装成正规借贷公司在搜索引擎、网络短视频平台等发布广告，吸引有贷款需求人员填写公民个人信息，在当事人未授权的情况下，通过代理将相关信息出售给贷款人归属地的贷款公司牟利，涉案金额 1 600 余万元。[1]

此外，金融信息之所以是个人的重要财富，还体现在它是个人积累信誉财富的重要途径。目前，个人在申请银行贷款、信用卡等业务时，需要花费较长时间，提交大量材料，以证明自身信用。很多情况下，申请人还可能因无法证明自己的信用状况而无法获得贷款或其他金融服务。消费者每一次按时支付水、电、燃气、电话费，以及按时向银行还本付息等行为，都会积累一笔信誉财富。金融信息尤其个人信用信息主

---

[1] 公安部：《公安部发布打击侵犯公民个人信息犯罪十大典型案例》，资料来源：https://www.mps.gov.cn/n2254098/n4904352/c9148603/content.html，2025 年 3 月 3 日访问。

要应用于以下领域：（1）获取消费信贷；（2）购买保险；（3）签订劳动合同；（4）批准许可证照的申请；（5）租房等需要个人信息的领域等。由此可见，金融信息已经逐渐成为个人财富的重要组成部分。

（三）个人金融信息是信息社会的基本资源

尽管现行法律对个人信息处理设计了相应规则，但个人金融信息场景应用的复杂性消解了法律对信息权益保护的规则安排，一系列具有行为隐蔽性、作案周期长、涉案金额大等特点的个人金融信息侵权案件频发。[1] 现代社会是一个信息社会，信用已实现信息化。信用由各类相关基础信息构成，并在社会经济生活中以信息的形式体现出来，发挥着日益重要的作用。信用信息在金融市场上的一大作用是实现"市场信用的纪律约束"。这种约束表现为，金融服务提供者可以通过查看信用信息，了解消费者的资信状况，拒绝对有不良信用记录的消费者提供某些产品或者服务，从而有选择性地开展业务，以确保自身业务的运营质量。可见，金融信用信息的形成，在很大程度上依赖于信用信息流通和使用的规范化，而个人征信系统的建立，能够为金融机构以及其他经营主体便捷、迅速、准确且低成本地获取和筛选消费者的信用信息提供极大的便利。个人信用体系建设涵盖个人信用信息的采集与整理（即征信）、个人信用状况的评估、个人信用报告的提供与使用、个人信用服务的监管，以及相关的立法。[2]

金融信息是信息社会的基础资源，其开发和利用对于信息社会的进

---

[1] 许娟、黎浩田：《个人金融信息风险民事责任的实现》，载《江苏社会科学》2022年第1期。

[2] 曾文革、许栋才：《论个人信用体系建设中对隐私权的法律保护》，载《行政与法》2006年第3期。

一步发展意义重大。目前，我国个人信用信息基础数据库主要收录个人的基本身份信息、在金融机构借款和担保等信贷信息、个人学历信息、民事案件强制执行信息、缴纳各类社会保障费用和住房公积金信息、已公告的欠税信息等。上述个人信用征信体系中的个人信用资料数据绝大部分是个人的私人信息，而且其主体部分更是涉及金融隐私权的核心部分，如个人的收入状况、财产状况、家庭状况、消费习惯和信用信息等。在金融业混业经营与现代金融科技快速发展的推动之下，金融产品的设计与营销更加依赖于科技赋能下海量金融数据的分析成果，而被视为无形资源的个人金融信息数据不仅源于金融消费者，还可能源于金融机构及第三方机构。[1]

应当看到，金融信息资源的开发利用可以有效增进社会福利。政府既可以利用掌握的金融信息作出准确的政策决策，也可以利用收集的金融信息预防和惩治违法犯罪，民众也可以依据掌握的金融信息监督政府履职情况。金融信息资源的开发利用可以促进信用经济的形成。个人信用信息的开发和利用，是打造信用经济的前提。在整个社会信用体系建设中，个人信用体系是最核心的内容之一。征信征集的信息不仅包括个人基本信息、贷款信息、信用卡信息，随着条件的成熟，个人信用数据库将来还可能采集水电费缴纳信息、个人纳税信息、违法犯罪记录等。很显然，征信将成为名副其实的个人"经济身份证"。个人信用征信过程中可能会对金融隐私权造成侵害，要确保征信体系正常运转，就必须对金融信息提供充分的法律保护措施。健全的征信体系是市场经济走向成熟的重要标志。信用是现代市场经济有关商品流转和资金融通的

---

[1] 刘杨:《金融监管改革趋势下商业银行适应策略研究——基于个人金融信息保护视角》，载《北方金融》2024 年第 12 期。

核心，个人信用信息的收集与利用是经济运行的一个必备条件。金融信息资源的开发利用能为民众提供更多的消费便利和实现服务的个性化定制。[1]

二、个人金融信息的法律保护

随着经济的快速发展和金融行业的不断深化，金融服务日益融入社会公众的日常生活。金融机构在为客户提供金融服务的过程中，积累了大量的客户个人金融信息，个人金融信息所蕴含的商业价值逐渐被人们发现和利用。在利益驱使下，越来越多的商业机构或个人采取种种手段获取他人的金融信息，加之部分金融机构保护意识薄弱、防护能力不足，导致近年来非法利用个人金融信息行为频发，已引起社会广泛关注。个人金融信息的生命周期管理涉及客户、银行、商户、支付服务商乃至外部不法分子等诸多主体，也涉及人、系统、流程等要素，还涉及收集、使用、传输、销毁等环节，这使得个人金融信息的保护工作尤为复杂。如何合理收集、使用、对外提供个人金融信息，既关乎银行业务的正常开展，又涉及客户信息、个人隐私的保护。一旦出现与个人金融信息有关的不当行为，不仅会直接侵害客户的合法权益，还会增加银行的诉讼风险，导致运营成本上升。

（一）我国金融信息保护的相关法律规定

个人金融信息既是金融机构日常业务工作中积累的一项重要基础数

---

[1] 齐爱民：《个人信息开发利用与人格权保护之衡平——论我国个人信息保护法的宗旨》，载《社会科学家》2007年第2期。

据，也是金融机构客户个人隐私的重要内容。近年来，个人金融信息侵权行为时有发生，引起了社会的广泛关注。因此，强化个人金融信息保护和银行业金融机构法律意识，依法收集、使用和对外提供个人金融信息就显得十分必要。对个人金融信息的保护是银行业金融机构的一项法定义务，为了规范银行业金融机构收集、使用和对外提供个人金融信息行为，保护金融消费者合法权益，维护金融稳定，我国也颁布了诸多法律法规。我国金融信息保护的法律渊源主要包括法律、行政法规、规章及其他规范性文件。尽管初步形成了分行业领域保护的基本框架，但大部分规定都采用了十分原则性的表述。互联网企业鉴于自身业务的特殊性以及所要面临的法律风险，在各自隐私政策的规定上存在差异。《支付宝隐私权政策》将银行账户信息和银行预留手机号归为敏感个人信息；《美团外卖隐私政策》将个人财产信息，包括银行账号、消费和交易记录、信贷记录及虚拟财产信息归为敏感个人信息。[1]具体而言，这些企业通过明确《个人信息保护法》中金融账户信息的具体种类，以较小且确定的范围来约束自身行为，避免因义务范围过大而处于不利地位。互联网企业这种通过列举来缩小自身责任范围的行为，也反映出目前个人金融信息法律适用不明确的困境。

我国目前还没有出台个人金融信息保护法等针对金融信息保护的专门立法，相关内容仅零散地分布在一些法律条文中。根据这些条文所涉及内容的具体程度，我们可以将其分为概括性法律规定和具体性法律规定。

其一，金融信息保护的概括性法律规定。《宪法》第十三条第一款

---

[1] 尹华容、伍洋宇：《个人金融账户信息的法律界定》，载《财经理论与实践》2024年第3期。

规定："公民的合法的私有财产不受侵犯。"第三十三条第三款规定："国家尊重和保障人权。"第三十八条规定，"中华人民共和国公民的人格尊严不受侵犯"。《民法典》第一千零二十四条规定："民事主体享有名誉权。任何组织或者个人不得以侮辱、诽谤等方式侵害他人的名誉权。名誉是对民事主体的品德、声望、才能、信用等的社会评价。"第一百七十九条规定："承担民事责任的方式主要有：（一）停止侵害；（二）排除妨碍；（三）消除危险；（四）返还财产；（五）恢复原状；（六）修理、重作、更换；（七）继续履行；（八）赔偿损失；（九）支付违约金；（十）消除影响、恢复名誉；（十一）赔礼道歉。法律规定惩罚性赔偿的，依照其规定。本条规定的承担民事责任的方式，可以单独适用，也可以合并适用。"上述法律规定只是一般的概括性规定，虽然不涉及金融信息保护领域，但是这些法律规定能够反映出我国对隐私权及金融信息保护的法律传统理念，对我国金融信息保护立法缺失的应对以及金融信息保护的具体制度构建均具有重要的指导意义。

其二，金融信息保护的具体性法律规定。在法律层面，刑法属于"二次法"，被归入保障法范围。尤其需要注意的是，侵犯公民个人信息罪属于行政犯的范畴，理想的状况应是"刑法后行"，即先有前置法，而后由作为保障法的刑法加以规制。[1]然而，我国个人信息保护领域呈现明显的"刑法先行"发展脉络。2009年《刑法修正案（七）》在《刑法》第二百五十三条后增加一条，作为《刑法》第二百五十三条之一："国家机关或者金融、电信、交通、教育、医疗等单位的工作人员，违反国家规定，将本单位在履行职责或者提供服务过程中获得的公

---

[1] 喻海松：《"刑法先行"路径下侵犯公民个人信息罪犯罪圈的调适》，载《中国法律评论》2022年第6期。

民个人信息，出售或者非法提供给他人，情节严重的，处三年以下有期徒刑或者拘役，并处或者单处罚金。窃取或者以其他方法非法获取上述信息，情节严重的，依照前款的规定处罚。单位犯前两款罪的，对单位判处罚金，并对其直接负责的主管人员和其他直接责任人员，依照各该款的规定处罚。"出售、非法提供公民个人信息罪和非法获取公民个人信息罪的设立主要是因为，当时公民个人信息非法泄露的情况频发，部分泄露源头竟是一些国家机关以及电信、金融等提供公共服务的单位的员工。他们非法泄露在履行公务或提供服务的过程中获取的公民个人信息，如身份证号码、电话号码、家庭住址等，对公民的人身安全、财产安全和个人隐私构成了严重威胁。此次刑法修订增加这方面规定，有利于保护公民个人信息安全。2015 年 11 月 1 日起施行的《刑法修正案（九）》第十七条对《刑法》第二百五十三条之一作了修改完善，形成了统一的侵犯公民个人信息罪。这次重大修改显然是考虑到原条文在实践中遇到的尴尬，具有进步意义，主要体现在：（1）出售或者提供公民个人信息的犯罪不再区分主体，特定主体成为加重情节；（2）去掉了"上述信息"的表述，全部表述为公民个人信息，避免实践中对于"上述信息"的争议；（3）将法定最高刑提高至七年，加大了《刑法》的惩罚力度，规定了两个量刑幅度，使量刑更加科学准确。但同时《刑法修正案（九）》仍然没有解决"公民""个人信息"的范围界定、"情节严重""情节特别严重"的认定标准、"非法获取"行为如何把握等问题，相关法律条文仍需要进一步的完善。因此，《侵犯公民个人信息司法解释》在明确"公民个人信息"含义的同时，也对侵犯公民个人信息罪的行为模式、数额标准、"情节严重"的认定等进行了解释。

2015 年修正的《保险法》第一百一十六条规定，"保险公司及其工作人员在保险业务活动中不得有下列行为：……（十二）泄露在业务活动中知悉的投保人、被保险人的商业秘密"。[1]

2015 年修正的《商业银行法》在"总则"中将保护存款人的合法权益确立为基本原则之一，还设一章规定了具体的保护条款，如第六条规定："商业银行应当保障存款人的合法权益不受任何单位和个人的侵犯。"此外，该法第二十九条规定："商业银行办理个人储蓄存款业务，应当遵循存款自愿、取款自由、存款有息、为存款人保密的原则。对个人储蓄存款，商业银行有权拒绝任何单位或者个人查询、冻结、扣划，但法律另有规定的除外。"第三十条规定："对单位存款，商业银行有权拒绝任何单位或者个人查询，但法律、行政法规另有规定的除外；有权拒绝任何单位或者个人冻结、扣划，但法律另有规定的除外。"该法第五十三条又规定："商业银行的工作人员不得泄露其在任职期间知悉的国家秘密、商业秘密。"第八十七条规定："商业银行工作人员泄露在任职期间知悉的国家秘密、商业秘密的，应当给予纪律处分；构成犯罪的，依法追究刑事责任。"

2015 年修正的《税收征收管理法》第八条第二款规定："纳税人、扣缴义务人有权要求税务机关为纳税人、扣缴义务人的情况保密。税务机关应当依法为纳税人、扣缴义务人的情况保密。"第五十四条第六项规定："经县以上税务局（分局）局长批准，凭全国统一格式的检查存款帐（账）户许可证明，查询从事生产、经营的纳税人、扣缴义务人在银行或者其他金融机构的存款帐（账）户。税务机关在调查税收违法案

---

[1] 2002 年修正的《保险法》第三十二条规定："保险人或者再保险接受人对在办理保险业务中知道的投保人、被保险人或再保险分出人的业务和财产情况，负有保密的义务。"

件时，经设区的市、自治州以上税务局（分局）局长批准，可以查询案件涉嫌人员的储蓄存款。税务机关查询所获得的资料，不得用于税收以外的用途。"第八十七条规定："未按照本法规定为纳税人、扣缴义务人、检举人保密的，对直接负责的主管人员和其他直接责任人员，由所在单位或者有关单位依法给予行政处分。"

2016 年公布的《网络安全法》第二十二条第三款规定："网络产品、服务具有收集用户信息功能的，其提供者应当向用户明示并取得同意；涉及用户个人信息的，还应当遵守本法和有关法律、行政法规关于个人信息保护的规定。"第四十一条规定："网络运营者收集、使用个人信息，应当遵循合法、正当、必要的原则，公开收集、使用规则，明示收集、使用信息的目的、方式和范围，并经被收集者同意。网络运营者不得收集与其提供的服务无关的个人信息，不得违反法律、行政法规的规定和双方的约定收集、使用个人信息，并应当依照法律、行政法规的规定和与用户的约定，处理其保存的个人信息。"第四十四条规定："任何个人和组织不得窃取或者以其他非法方式获取个人信息，不得非法出售或者非法向他人提供个人信息。"

2017 年修正的《行政诉讼法》第六十五条规定："人民法院应当公开发生法律效力的判决书、裁定书，供公众查阅，但涉及国家秘密、商业秘密和个人隐私的内容除外。"

2018 年修正的《社会保险法》第八十一条规定："社会保险行政部门和其他有关行政部门、社会保险经办机构、社会保险费征收机构及其工作人员，应当依法为用人单位和个人的信息保密，不得以任何形式泄露。"第九十二条规定："社会保险行政部门和其他有关行政部门、社会保险经办机构、社会保险费征收机构及其工作人员泄露用人单位和个人信息的，对直接负责的主管人员和其他直接责任人员依法给予处分；给用人单位或者个人造成损失的，应当承担赔偿责任。"

2019 年修订的《证券法》第四十一条规定："证券交易场所、证券公司、证券登记结算机构、证券服务机构及其工作人员应当依法为投资者的信息保密，不得非法买卖、提供或者公开投资者的信息。证券交易场所、证券公司、证券登记结算机构、证券服务机构及其工作人员不得泄露所知悉的商业秘密。"第一百七十条规定："国务院证券监督管理机构依法履行职责，有权采取下列措施：……（五）查阅、复制当事人和与被调查事件有关的单位和个人的证券交易记录、登记过户记录、财务会计资料及其他相关文件和资料；对可能被转移、隐匿或者毁损的文件和资料，可以予以封存、扣押；（六）查询当事人和与被调查事件有关的单位和个人的资金账户、证券账户、银行账户以及其他具有支付、托管、结算等功能的账户信息，可以对有关文件和资料进行复制；对有证据证明已经或者可能转移或者隐匿违法资金、证券等涉案财产或者隐匿、伪造、毁损重要证据的，经国务院证券监督管理机构主要负责人或者其授权的其他负责人批准，可以冻结或者查封，期限为六个月；因特殊原因需要延长的，每次延长期限不得超过三个月，冻结、查封期限最长不得超过二年"。

2021 年《个人信息保护法》施行，在有关法律的基础上，该法进一步细化、完善个人信息保护应遵循的原则和个人信息处理规则，明确个人信息处理活动中的权利义务边界，健全个人信息保护工作体制机制。该法第二十八条规定："敏感个人信息是一旦泄露或者非法使用，容易导致自然人的人格尊严受到侵害或者人身、财产安全受到危害的个人信息，包括生物识别、宗教信仰、特定身份、医疗健康、金融账户、行踪轨迹等信息，以及不满十四周岁未成年人的个人信息。只有在具有特定的目的和充分的必要性，并采取严格保护措施的情形下，个人信息处理者方可处理敏感个人信息。"但也应该认识到，该法将金融账户信息纳入敏感个人信息的范围，但未作出明确的界定，界定标准的不明确将导致权利主体权益易损、义务主体责任不明、司法裁判依据不清等问题。[1]

2021年施行的《数据安全法》第三十二条规定："任何组织、个人收集数据，应当采取合法、正当的方式，不得窃取或者以其他非法方式获取数据。法律、行政法规对收集、使用数据的目的、范围有规定的，应当在法律、行政法规规定的目的和范围内收集、使用数据。"第三十三条规定："从事数据交易中介服务的机构提供服务，应当要求数据提供方说明数据来源，审核交易双方的身份，并留存审核、交易记录。"

2023年修正的《民事诉讼法》第二百五十三条规定："被执行人未按执行通知履行法律文书确定的义务，人民法院有权向有关单位查询被执行人的存款、债券、股票、基金份额等财产情况。人民法院有权根据不同情形扣押、冻结、划拨、变价被执行人的财产。人民法院查询、扣押、冻结、划拨、变价的财产不得超出被执行人应当履行义务的范围。人民法院决定扣押、冻结、划拨、变价财产，应当作出裁定，并发出协助执行通知书，有关单位必须办理。"

2024年修订的《反洗钱法》第七条规定："对依法履行反洗钱职责或者义务获得的客户身份资料和交易信息、反洗钱调查信息等反洗钱信

---

[1] 尹华容、伍洋宇：《个人金融账户信息的法律界定》，载《财经理论与实践》2024年第3期。

息，应当予以保密；非依法律规定，不得向任何单位和个人提供。反洗钱行政主管部门和其他依法负有反洗钱监督管理职责的部门履行反洗钱职责获得的客户身份资料和交易信息，只能用于反洗钱监督管理和行政调查工作。司法机关依照本法获得的客户身份资料和交易信息，只能用于反洗钱相关刑事诉讼。国家有关机关使用反洗钱信息应当依法保护国家秘密、商业秘密和个人隐私、个人信息。"

在行政法规、部门规章等层面，1993 年施行的《储蓄管理条例》是最早规定银行保密义务的法规，2011 年修订后，该条例在第五条、第三十二条、第三十四条分别规定了保护储户存款秘密的义务。其中第五条规定，储蓄机构办理储蓄业务，必须遵循"为储户保密"的原则。

2000 年发布的《个人存款账户实名制规定》第八条规定："金融机构及其工作人员负有为个人存款账户的情况保守秘密的责任。金融机构不得向任何单位或者个人提供有关个人存款账户的情况，并有权拒绝任何单位或者个人查询、冻结、扣划个人在金融机构的款项；但是，法律另有规定的除外。"

2003 年施行的《人民币银行结算账户管理办法》第九条规定："银行应依法为存款人的银行结算账户信息保密。对单位银行结算账户的存款和有关资料，除国家法律、行政法规另有规定外，银行有权拒绝任何单位或个人查询。对个人银行结算账户的存款和有关资料，除国家法律另有规定外，银行有权拒绝任何单位或个人查询。"

在互联网金融背景下，信息不对称与信用风险等问题愈发凸显，并在一定程度上制约着互联网金融市场的有序发展。一方面，陌生人之间的信赖是交易的前提，陌生人之间的信赖与互联网技术的结合，使互联网金融交易得以展开；另一方面，陌生人之间的信赖，又可以成为非对称信息的温床。[1] 中国人民银行于 2005 年正式通过了关于个人信息保护及安全的《个人信用信息基础数据库管理暂行办法》。该办法对个人信用信息采集、整理、保存、查询、异议处理、用户管理、安全管理等方面进行了规范，是我国颁布的第一部专门针对个人信用信息保护的部门规章，为进一步制定个人金融信息保护法规奠定了基础。其中第十三条规定，商业银行除在对已发放的个人信贷进行贷后风险管理时无需取得个人书面授权以外，"商业银行查询个人信用报告时应当取得被查询人的书面授权。书面授权可以通过在贷款、贷记卡、准贷记卡以及担保申请书中增加相应条款取得"。该条款要求商业银行获取个人信用信息必须取得当事人的同意，使当事人享有知情权。此外，该办法的罚则部分对征信机关、商业银行违反保护规定，泄露个人信用信息行为制定了相应的处罚措施，例如该办法第三十九条规定，商业银行越权查询个人信用数据库的，将查询结果用于本办法规定之外的其他目的的，由中国人民银行责令改正，并处一万元以上三万元以下罚款；涉嫌犯罪的，依法移交司法机关处理。

为了预防洗钱活动，中国人民银行于 2006 年发布了《金融机构反洗钱规定》。该文件第七条规定："中国人民银行及其工作人员应当对依法履行反洗钱职责获得的信息予以保密，不得违反规定对外提供。中国反洗钱监测分析中心及其工作人员应当对依法履行反洗钱职责获得的客户身份资料、大额交易和可疑交易信息予以保密；非依法律规定，不得向任何单位和个人提供。"此外，该文件第十五条第一款还规定："金融机构及其工作人员对依法履行反洗钱义务获得的客户身份资料和交易信

---

[1] 杨东：《互联网金融的法律规制——基于信息工具的视角》，载《中国社会科学》2015 年第 4 期。

息应当予以保密；非依法律规定，不得向任何单位和个人提供。"2006年《刑法修正案（六）》对洗钱罪作了修改，进一步扩充了洗钱罪的上游犯罪范围，增至现在的七类上游犯罪。2021年《刑法修正案（十一）》将"自洗钱"纳入刑法规制的范畴。

2006年施行的《电子银行业务管理办法》第三十八条第一款规定："金融机构应采用适当的加密技术和措施，保证电子交易数据传输的安全性与保密性，以及所传输交易数据的完整性、真实性和不可否认性。"第五十七条规定："金融机构根据业务发展或管理的需要，可以与非银行业金融机构直接交换或转移部分电子银行业务数据。金融机构向非银行业金融机构交换或转移部分电子银行业务数据时，应签订数据交换（转移）用途与范围明确、管理职责清晰的书面协议，并明确各方的数据保密责任。"

2006年施行的《互联网电子邮件服务管理办法》第九条规定："互联网电子邮件服务提供者对用户的个人注册信息和互联网电子邮件地址，负有保密的义务。互联网电子邮件服务提供者及其工作人员不得非法使用用户的个人注册信息资料和互联网电子邮件地址；未经用户同意，不得泄露用户的个人注册信息和互联网电子邮件地址，但法律、行政法规另有规定的除外。"

2007年施行的《信托公司管理办法》第二十七条规定："信托公司对委托人、受益人以及所处理信托事务的情况和资料负有依法保密的义务，但法律法规另有规定或者信托文件另有约定的除外。"

2007年施行的《金融机构客户身份识别和客户身份资料及交易记录保存管理办法》是我国为防范、打击洗钱和恐怖融资活动而专门制定的规范金融机构获取、使用、流通及处置个人金融信息的部门规章。该办法第二十八条规定："金融机构应采取必要管理措施和技术措施，防止客户身份资料和交易记录的缺失、损毁，防止泄漏（露）客户身份信息和交易信息。金融机构应采取切实可行的措施保存客户身份资料和交易记录，便于反洗钱调查和监督管理。"

2011年，在香港八达通公司出售客户资料事件引起广泛关注之后，中国人民银行随即发布了《人民银行关于银行业金融机构做好个人金融信息保护工作的通知》（2023年3月16日失效）。该通知不但规定了个人金融信息的概念，还明确规定了银行业金融机构对个人金融信息的保护义务，规定"银行业金融机构不得篡改、违法使用个人金融信息。使用个人金融信息时，应当符合收集该信息的目的，并不得进行以下行为：（一）出售个人金融信息；（二）向本金融机构以外的其他机构和个人提供个人金融信息，但为个人办理相关业务所必需并经个人书面授权或同意的，以及法律法规和中国人民银行另有规定的除外；（三）在个人提出反对的情况下，将个人金融信息用于产生该信息以外的本金融机构其他营销活动"。然而，该通知并未明确银行业金融机构实施上述禁止性行为的处罚措施，这会导致该通知的施行效果大打折扣。

2012年"3·15"期间，中央电视台曝光了有关商业银行员工勾结不法分子出售客户信息的案件。[1]为此，中国人民银行再次发出《关于金融机构进一步做好客户个人金融信息保护工作的通知》（2023年3月16日失效），进一步规范金融机构个人金融信息管理工作，要求"各银行业金融机构必须严格遵守《中华人民共和国商业银行法》、《个人存款账户实名制规定》、《个人信用信息基础数据库管理暂行办法》（中国人

---

[1] 刘薇、高丽钦：《被曝"内鬼"兜售储户个人信息　招商银行昨晚公开道歉》，载《羊城晚报》2012年3月17日。

民银行令〔2005〕第 3 号发布）、《中国人民银行关于银行业金融机构做好个人金融信息保护工作的通知》（银发〔2011〕17 号）等法律、法规、规章和规范性文件的规定，依法合规收集、保存、使用和对外提供个人金融信息，不得向任何单位和个人出售客户个人金融信息，不得违规对外提供客户个人金融信息"。同时，要求"各银行业金融机构应采取有效措施确保客户个人金融信息安全，防止信息泄露和滥用。在制度上，应完善本机构相关内控制度，强化各部门、岗位和人员在客户个人金融信息保护方面的责任，堵塞漏洞，完善内部监督和责任追究机制；在技术上，应当严格权限管理，完善信息安全防范措施，有效降低个人金融信息被盗的风险；在员工教育上，应于近期在全辖范围内集中开展一次客户个人金融信息保护的培训教育工作，使员工充分了解、认真贯彻相关法律、法规、规章和规范性文件的规定，明确个人金融信息泄露和滥用对本机构及员工个人带来的法律后果，进一步落实本机构的各项内控制度"。

2013 年施行的《征信业管理条例》是目前重要的金融信息保护法律依据。在该条例全部 47 个条文中，有近一半的条文直接对个人信息权益的保护作出规定，主要有以下四个方面的措施。

其一，提高征信机构的设立条件、夯实信息保护的基础。征信机构汇集了来自金融机构、政府部门等多方信息，搭建起庞大的数据系统，并通过网络等途径为信息主体、信息使用者提供信息查询服务。个人金融信息具有敏感度高和精准识别性强的特点，一旦被泄露或被不当使用，都有可能造成严重的经济损失和信用风险。[1]因此，《征信业管理条例》要求征信机构必须配备符合要求的信息安全保障设施和设备，必

---

[1] 卓柳俊、左鹏飞、胡国华等：《个人金融信息全生命周期安全管理实践》，载《科技和产业》2024 年第 22 期。

须建立健全信息安全保障制度和措施，必须具备相应资质的管理人员，对征信机构的信息安全保障工作提出了更高的要求，为提高信息保护水平筑牢基础。

其二，完善征信业务规则，规范信息的采集和使用。为防范征信机构过度采集个人信息和滥用个人信息，该条例对个人信息的采集和使用均作出严格的规定：一是要求征信机构采集个人信息必须经过信息主体本人的同意；二是规定了征信机构禁止采集的个人信息；三是明确了不良信息的保存年限；四是要求征信机构只能将个人信息提供给经信息主体同意的信息使用者；五是要求信息使用者不得将获得的信息用作与信息主体约定之外的用途。这些规定将用来防范个人信息的滥用和传播，切实保护个人的身份信息和个人隐私。

其三，设立纠错机制，保障信用信息的准确。为防范错误信用信息对信息主体权益所带来的不良影响，该条例明确规定个人对本人信息享有查询、异议和投诉等权利。个人信息主体如果认为信息存在错误或遗漏，可以向征信机构或信息提供者提出异议，要求及时纠正错误信息。同时，个人信息主体也可以通过向监管机构投诉、向法院提起诉讼等方式，依法维护自身合法权益。

其四，严格法律责任，防范信息倒卖和不当使用。该条例对从事个人征信业务的机构实施准入许可，对征信机构、信息提供者、信息使用者违反规定泄露个人信息、非法采集和使用个人信息等侵犯个人信息主体权益的行为，均设定了严格的行政处罚措施，明确了这些主体的民事赔偿责任和刑事责任。[1]同时，该条例授权人民银行取缔非法从事征信

---

[1]　穆怀朋：《〈征信业管理条例〉的法律地位及意义》，载《中国金融》2013年第6期。

业务的机构，这一举措可以有效预防和打击一些机构和个人以征信活动之名、行信息倒卖之实的行为，从源头上遏制信息倒卖行为。[1]

2014 年修正的《电信服务质量监督管理暂行办法》第二十五条规定："电信管理机构工作人员对调查所得资料中涉及当事人隐私、商业秘密等事项有保密义务。"

2020 年施行的《中国人民银行金融消费者权益保护实施办法》第二十九条规定："银行、支付机构处理消费者金融信息，应当遵循合法、正当、必要原则，经金融消费者或者其监护人明示同意，但是法律、行政法规另有规定的除外。银行、支付机构不得收集与业务无关的消费者金融信息，不得采取不正当方式收集消费者金融信息，不得变相强制收集消费者金融信息。银行、支付机构不得以金融消费者不同意处理其金融信息为由拒绝提供金融产品或者服务，但处理其金融信息属于提供金融产品或者服务所必需的除外。金融消费者不能或者拒绝提供必要信息，致使银行、支付机构无法履行反洗钱义务的，银行、支付机构可以根据《中华人民共和国反洗钱法》的相关规定对其金融活动采取限制性措施；确有必要时，银行、支付机构可以依法拒绝提供金融产品或者服务。"第三十四条规定："银行、支付机构应当按照国家档案管理和电子数据管理等规定，采取技术措施和其他必要措施，妥善保管和存储所收集的消费者金融信息，防止信息遗失、毁损、泄露或者被篡改。银行、支付机构及其工作人员应当对消费者金融信息严格保密，不得泄露或者非法向他人提供。在确认信息发生泄露、毁损、丢失时，银行、支付机构应当立即采取补救措施；信息泄露、毁损、丢失可能危及

---

[1] 穆怀朋：《〈征信业管理条例〉的法律地位及意义》，载《中国金融》2013 年第 6 期。

金融消费者人身、财产安全的，应当立即向银行、支付机构住所地的中国人民银行分支机构报告并告知金融消费者；信息泄露、毁损、丢失可能对金融消费者产生其他不利影响的，应当及时告知金融消费者，并在72 小时以内报告银行、支付机构住所地的中国人民银行分支机构。中国人民银行分支机构接到报告后，视情况按照本办法第五十五条规定处理。"

2022 年施行的《数据出境安全评估办法》第十五条规定："参与安全评估工作的相关机构和人员对在履行职责中知悉的国家秘密、个人隐私、个人信息、商业秘密、保密商务信息等数据应当依法予以保密，不得泄露或者非法向他人提供、非法使用。"

2022 年修订的《证券登记结算管理办法》第十五条规定："证券登记结算机构及其工作人员依法对投资者的信息以及与证券登记结算业务有关的数据和资料负有保密义务。对投资者的信息以及与证券登记结算业务有关的数据和资料，证券登记结算机构应当拒绝查询，但有下列情形之一的，证券登记结算机构应当依法办理：（一）证券持有人查询其本人的有关证券资料；（二）证券质权人查询与其本人有关质押证券；（三）证券发行人查询其证券持有人名册及有关资料；（四）证券交易场所、中国金融期货交易所、依照法律、行政法规或者中国证监会规定设立的投资者保护机构依法履行职责要求证券登记结算机构提供相关数据和资料；（五）监察委员会、人民法院、人民检察院、公安机关和中国证监会依照法定的条件和程序进行查询和取证。证券登记结算机构应当采取有效措施，方便证券持有人查询其本人证券的持有记录。"

2024 年，为规范银行业保险业数据处理活动，保障数据安全、金融安全，促进数据合理开发利用，保护个人、组织的合法权益，维护国家安全和社会公共利益，国家金融监督管理总局印发了《银行保险机构数据安全管理办法》。该办法第五十四条规定："银行保险机构处理个人信息应当按照'明确告知、授权同意'的原则实施，法律、行政法规另有规定的除外，并在信息系统中实现相关功能控制。"第六十三条规定："发生或者可能发生个人信息泄露、篡改、丢失的，银行保险机构应当立即采取补救措施，同时通知个人并报送国家金融监督管理总局或者其派出机构。通知应当包括下列事项：（一）发生或者可能发生个人信息泄露、篡改、丢失的信息种类、原因和可能造成的危害；（二）银行保险机构采取的补救措施和个人可以采取的减轻危害的措施。银行保险机构采取措施能够有效避免信息泄露、篡改、丢失造成危害的，可以不通知个人；监管部门认为可能造成危害的，有权要求银行保险机构通知个人。"

2025年，国务院办公厅转发金融监管总局《关于加强监管防范风险推动信托业高质量发展的若干意见》的通知，其中第五点规定："加强信托业务全过程监管……严格履行反洗钱义务，按照反洗钱有关规定识别和保存受益所有人信息。"

除上述规定，其他金融监管部门、最高人民法院等也出台了一些部门规章、司法解释和规范性文件，部分行业标准也涉及相关内容。例如，2020年《个人金融信息保护技术规范》（JR/T 0171—2020）对个人金融信息的定义，信息的收集、传输、存储、使用、共享和转让等作出规定，但该标准仅为推荐性行业标准，效力层级较低。这些规范性文件对金融机构保护和利用个人金融信息行为进行了规范，对个人金融信息保护提出了准则性要求，从而与上述法律法规等共同初步构建起金融信息法律保护的制度体系。

（二）我国金融信息立法保护中存在的问题

应当看到，虽然近年来我国加强了对个人信息保护的法制建设，也初步构建起金融信息法律保护的制度体系，但从总体上看，关于个人金融信息保护的法律制度还存在诸多不足。总而言之，笔者认为，我国在个人金融信息保护立法中还存在如下问题。

1. 法律体系不完备，金融法律法规的规定不健全

一是立法保护范围不够全面。金融信息保护的法律理念源于隐私权的保护，我国在《民法典》中明确规定隐私权的概念和保护措施，个人金融信息通过隐私权保护机制得到间接保护。与我国隐私权保护模式不同，欧盟个人数据保护的立法构建是以人的尊严为基础，将个人数据作为个人发展的一部分[1]，欧盟《通用数据保护条例》（GDPR）中以个人数据为中心构建起包含知情权、访问权、更正权、删除权、限制处理权、数据可携带权、反对权、不受自动决策的权利等权利的个人信息保护体系。相比之下，我国目前的立法保护范围可能并不够全面。需要注意的是，在不同的社会和文化情境中，隐私的定义和人们对隐私的预期存在差异。个人对隐私的期望与特定的情境相关联，而不同的情境可能会对隐私提出不同的要求。[2]因此，我们需要从个人金融信息保护出发，立足隐私权，将涵摄范围内的权利保护纳入立法体系。如果我国立法只是泛泛规定金融机构具有保密义务，却未赋予信息所有人相应的权利，就会造成隐私权和金融信息权的保护出现法律空白。

---

[1] 高富平：《个人信息保护：从个人控制到社会控制》，载《法学研究》2018年第3期。

[2] 冯恺：《新科技时代个人信息保护法的适用出路》，载《浙江工商大学学报》2023年第6期。

  二是缺乏金融信息保护专门立法。目前我国对个人信息保护的民事法律依据主要源自《民法典》有关个人隐私权的规定,刑事法律依据主要源自《刑法》有关侵犯公民个人信息犯罪的规定,但还没有一部法律法规为个人金融信息提供直接的行政法保护,无法完整规制那些侵犯个人金融信息但尚未构成犯罪的行为,个人信息主体的权利得不到全面确认和保护,各类经济主体收集、保存、交换个人信息等所应遵循的基本原则、程序和制度也得不到统一的规范。金融机构处理个人金融信息的场景主要有个人金融信息的收集、共享与跨境传输三个环节。在收集阶段,金融消费者需要向金融机构提供相关的个人信息才可以获取对应的由金融机构提供的服务。[1]但是“相关的”个人金融信息的界限难以把握,金融机构非必要收集个人金融信息的现象普遍存在。在共享阶段,信息分为内部共享和金融机构与第三方机构之间的共享。大数据时代出现的开放银行就是金融机构与第三方机构之间进行信息共享的典型。在法律关系上,开放银行以一定的信息技术作为支撑,将其收集到的个人金融信息共享给第三方,该金融服务模式表现为“个人客户—银行—第三方—个人客户”。[2]在跨境传输阶段,个人在金融活动中生成的相关信息,可能在国际范围内进行传输和分享,如金融交易记录、信用评级、财务状况、账户信息等,可能会涉及个人身份、财务状况和交易记录等敏感信息。[3]因此,如果没有一部完整的专门的金融信息立法,金融信息将无法得到法律的有效保护,金融信息立法在实践中缺乏可操作性。此外,应当看到,目前我国被允许掌握个人征信数据的相关部门有

---

[1] 江海洋:《论大数据时代侵犯公民个人信息罪之告知同意原则》,载《湖北社会科学》2020年第9期。

[2] 赵吟:《开放银行模式下的个人数据共享的法律规制》,载《现代法学》2020年第3期。

[3] 邢会强、李泽荟:《我国个人数据跨境流动认证制度及其完善》,载《郑州大学学报(哲学社会科学版)》2023年第6期。

法院、公安、社保部门、仲裁机构、税务机关、人事机关、房地产登记机构等。众多机构掌握着个人金融信息，若没有一部统一的法律来规范这些机构获取、使用、分享、保密及处置个人金融信息的行为，就会为这些信息被泄露、被滥用，以及信息所有者权益受侵犯埋下隐患。

三是金融法规规定零散、针对性不强。《反洗钱法》《金融机构反洗钱规定》《金融机构客户身份识别和客户身份资料及交易记录保存管理办法》等虽对客户信息管理作出一些规定，但立法目的主要是加强反洗钱工作，并非聚焦个人金融信息保护。《征信业管理条例》主要是规范征信机构的业务活动及对征信机构的监督管理，而非规范掌握大量个人金融信息的金融机构。《个人存款账户实名制规定》《银行卡业务管理办法》等金融法规规章仅对某类个人金融信息，或者某个金融业务领域或环节作出保密规定，无法覆盖全部个人金融信息。

四是救济手段不足。金融信息保护立法应当以权利的构建和保护为核心，无救济就无权利。我国现行金融信息保护法律缺乏对信息所有人救济手段和救济途径的规定，导致客户的金融信息权利难以实现。法律对于金融隐私信息的规定很大一部分旨在满足行政和司法机关的履职需要，侧重于保障公共机构获得客户信息的权利，同时规定金融机构有配合的义务，但是在消费者隐私受到侵犯时，法律在救济渠道和手段方面的规定较为匮乏。欧盟《通用数据保护条例》第七条规定，如果信息处理者未能取得信息主体的明确同意而径行对其信息数据加以整理、加工、演算，信息主体可以寻求向监管机构申诉、针对信息控制者或处理者获得有效司法救济以得到赔偿等。[1]而目前我国对信息所有人的法

---

[1] Sharma S, Data Privacy and GDPR Handbook. John Wiley & Sons, Inc., 2020: 134.

律救济手段偏重行政责任追究，对民事责任和刑事责任仅作原则性规定，这导致受害者难以得到应有的救济。在金融信息保护的实践中，客户事前无知情权、事中无选择权、事后无救济权，处于典型的弱势地位，金融信息权利难以实现与保护。[1]对此，场景理论[2]提供了一种解决法律模糊问题的可能途径，并可以为不同场景下的金融信息保护提供了更为具体的指导方针。[3]

2. 针对金融机构收集、使用、披露、跨境提供个人金融信息等行为无专门规定

现行金融法律，如《商业银行法》《证券法》《保险法》等仅对金融机构保密义务进行原则性规定，未对个人金融信息范围，以及金融机构收集、保存、使用个人金融信息等行为作出专门规定，导致金融机构缺乏统一的标准和行为范式参照，其个人金融信息保护缺乏法律约束，而金融机构又面临商业经营和竞争的压力，致使它们保护个人金融信息的意愿和能力均不足，甚至出现侵害个人金融信息的情况。例如，需规定信息处理者不得以不公平的条件或不加区分的"一揽子协议"方式强制信息主体授权收集并处理金融信息。[4]如若不然，就会导致个人金融信息遭到侵害，主要表现在以下几个方面：一是在收集方面，金融机构以格式文本的形式，要求客户提供与业务关联度不高的信息，作为客户获

---

[1] 党玺：《欧美金融隐私保护法律制度比较研究》，载《国际经贸探索》2008 年第 9 期。

[2] 场景理论（Scenario Theory）是一种分析框架或方法论，主要用于探讨技术、社会、经济或环境发展中的未来可能性。它通过构建不同的"场景"，描述未来可能的发展路径，帮助决策者应对不确定性并制定灵活的策略。参见吴声：《场景革命：重构人与商业的连接》，机械工业出版社 2015 年版，第 10 页。

[3] 万秋伶、李德学：《以场景理论为基础的告知——同意规则完善研究》，载《安顺学院学报》2023 年第 5 期。

[4] 周汉华：《探索激励相容的个人数据治理之道》，载《法学研究》2018 年第 2 期。

得金融服务的先决条件，剥夺客户的自主选择权；二是在使用方面，金融机构利用提供金融服务过程中获得的个人金融信息进行电话、短信、邮件营销，侵扰客户应有的生活安宁；三是在披露方面，在无法律和客户授权的情形下，金融机构超出合理必要限度披露个人金融信息，侵犯客户隐私权，甚至个别金融机构内部员工受利益驱使，非法出售个人金融信息。另外，在信息跨境提供方面也存在诸多问题。当今金融国际化程度日益加深，外资金融机构纷纷在我国设立分支机构，这些分支机构出于数据处理、并表监管或反洗钱机构的需要，向境外监管机构、母行或总行报送我国个人金融信息，而我国现行法律体系对此尚未出台专门的禁止性规定，大大增加了我国金融机构客户个人金融信息外泄的风险。

3. 信息主体所享有的权益未作规定，且救济手段有限

个人金融信息应属信息主体所有，信息主体对其个人金融信息应享有知情权、异议权、索赔权等权利，而这在我国现行法律体系中未得到明确确认。从法律规定层面来看，现行法律体系中对于违反个人金融信息保护规定的责任条款多采用援引其他法律法规的方式。但在实践中正是由于缺乏个人金融信息保护方面的法律法规，导致现有的责任条款无法适用。一般而言，法律救济分为民事救济、行政救济和刑事救济，侵犯个人金融信息权的责任人应当承担相应的民事责任、行政责任和刑事责任。而从我国目前的情况来看，侵犯个人金融信息的违法者大多被要求承担行政责任和刑事责任，立法上也多采用行政加刑事的处罚模式。[1]可见，侵犯个人金融信息权往往会受到刑事处罚，但是这种刑事

---

[1] 例如2011年的《储蓄管理条例》第三十四条规定，违反本条例规定，有"泄露储户储蓄情况或者未经法定程序代为查询、冻结、划拨储蓄存款的"，"由中国人民银行或其分支机构责令纠正，并可以根据情节轻重处以罚款、停业整顿、吊销《经营金融业务许可证》；情节严重，构成犯罪的，依法追究刑事责任"。

处罚在处罚种类上力度较轻，未能对因非法利用行为给金融信息所有人造成的经济损失进行应有的补偿。从司法实践来看，个人金融信息遭受非法利用后，多数受害者只能选择停止侵害、消除影响等补偿方式，经济和精神赔偿请求基本得不到司法部门的支持。尤其是因个人金融信息泄露导致的诈骗、资金被窃以及众多垃圾信息滋扰等情况下，除犯罪分子被追究刑事责任外，权利主体难以获得经济赔偿。总体来看，非法利用个人金融信息的违法成本较低，无法对违法犯罪分子形成有力威慑，难以有效保护信息主体对个人金融信息的合法权益。

4. 金融监管部门行使职权的法律依据不足、监管手段欠缺

在实践中，个人金融信息遭受侵害的状况日趋严重，但现行法律体系缺乏对金融监管部门履行个人金融信息保护监管职责的充分授权，金融监管部门行政检查、处罚的法律依据不足。法律规范是形塑社会行为模式最关键的力量，具象上表现为政府通过行政手段介入个人金融信息的生命全周期。信息控制者对于个人信息具有较强的利用激励，缺乏同等程度的保护激励。法律规范模式的目标便是寻求信息控制者保护个人信息与在合法范围内最大化利用信息两种冲突理念的平衡。[1] 目前的立法对于个人金融信息的保护缺乏信息控制和利用的平衡，如《反洗钱法》规定对金融机构违反保密规定泄露有关信息的行为可以实施处罚，此处的"有关信息"仅指"金融机构履行反洗钱职责或者义务获得的客户身份资料和交易信息"；《商业银行法》规定对商业银行非法查询、冻结、扣划存款的行为予以查处，仅针对存款信息；《个人信用信息基础数据库管理暂行办法》也仅针对商业银行不按规定报送、越权查询个人

---

[1] 程威：《个人金融信息保护的规范取向与路径优化》，载《西北民族大学学报（哲学社会科学版）》2022 年第 2 期。

信用信息等行为规定了处罚措施。这些规定基本上仅针对特定类别的个人金融信息及特定行为，适用范围有限，没有针对非法收集、保存、使用个人金融信息等行为进行规制。[1]中国人民银行发布的《关于银行业金融机构做好个人金融信息保护工作的通知》尽管对个人金融信息收集、保存、使用、对外提供等作了较为全面的规定，但囿于效力层次，不能设立行政检查权和处罚权。中国人民银行对违反个人金融信息保护规定的金融机构只能采取"核实、约见谈话、责令整改、通报"等柔性处理措施，约束力较弱。[2]

5. 我国个人金融信息安全立法偏重国家利益、社会利益

对个人利益的忽视实际上体现了立法价值的偏差以及在制度设计上的缺陷。我国的法律从本质上来讲都是国家利益和社会利益高于集体利益和个人利益。这就导致在私法立法上存在着一定的法益保护偏差。出于国家安全等更高位阶的利益需要，要求个人金融信息的适当公开已经不可避免，实名制要求、反洗钱义务、反客户欺诈义务、投资者适当性管理等法定的义务规范[3]，令部分个人的金融信息特别是其中的负面内容在国家面前无所遁形。笔者认为，个人金融信息作为一种私权，首先要保护该信息所有者的安全，而不是使用者的利益。从立法价值的取向上来看，保护个人金融信息的义务应该是首要的、无条件的，而对个人金融信息保护的例外则是次要的、有条件的。我们必须承认，在一个信

---

[1] 中国人民银行条法司：《完善我国个人金融信息保护的法律构想——以欧盟模式为例》，载《金融发展评论》2012 年第 5 期；周学东：《关于完善个人金融信息保护法律体系的思考》，载《金融时报》2013 年 3 月 18 日，第 4 版。

[2] 周学东：《关于完善个人金融信息保护法律体系的思考》，载《金融时报》2013 年 3 月 18 日，第 10 版。

[3] 邢会强：《大数据时代个人金融信息的保护与利用》，载《东方法学》2021 年第 1 期。

息高度发达的社会，信息的所有人对自身信息的控制力是较弱的，因为他必须分享自己的信息，才能获取其他有利的机会。当这些信息游离于信息所有者自身时，他就必须借助外力来保护其基于这些信息所享有的合法权益，一般来说这个外力就是公力保护和救济。法律实质主义认为信息是现有私法体系之外的事物，法律本身的不完备性决定了对信息的处理必须考虑公共政策、群体利益与各方期待等。因此，信息处理者通过机器学习等技术对信息数据进行加工编码运算时，应当采用公平合理的算法设计，禁止因敏感数据的分类差异实行歧视性对待，避免出现违反平等原则的事件，伤害部分信息主体的应有信息利益。[1]然而，通过研究我国当前的个人金融信息立法可以发现，这些法律对个人金融信息的保护，特别是对个人金融信息的所有者的保护是十分简单和原则性的，而对公共机构和金融机构在获取、使用个人金融信息的例外条款却规定的具体和详尽。[2]

6. 对金融信息保护范围缺乏统一、具体的规定，且法律效力层级较低

在《商业银行法》中，根据确立的"为存款人保密"的基本原则，金融信息保护对象仅为存款人，但对贷款人、中间业务参与者等非存款人的金融信息，金融机构是否负有保密责任与义务则没有明确规定。[3]

---

[1] 崔靖梓：《算法歧视挑战下平等权保护的危机与应对》，载《法律科学》2019年第3期。

[2] 2021年中国人民银行颁布的《征信业务管理办法》第七条规定："采集个人信用信息，应当采取合法、正当的方式，遵循最小、必要的原则，不得过度采集。"第十四条规定："个人征信机构应当将与其合作，进行个人信用信息采集、整理、加工和分析的信息提供者，向中国人民银行报告。个人征信机构应当规范与信息提供者的合作协议内容。信息提供者应当就个人信用信息处理事项接受个人征信机构的风险评估和中国人民银行的情况核实。"整体来看，征信机构采集和使用信息更加便捷，并未附加过多的义务，反观现在许多的金融服务都是提供信息处理的格式条款，个人信息提供者实质上无法拒绝。

[3] 张伟锋、李建霞：《互联网金融背景下金融信息保护的法律监管研究》，载《西部金融》2014年第5期。

因此，信息主体与信息处理者的对价化交易须在更新观念的条件下实现。在观念层面，当前对于信息法律关系，由于企业为个人提供了"免费"服务，如金融机构为客户提供免费的存款和资金保全服务，且个人并不需要在此过程中给付金钱，所以认为二者之间形成了以信息换取服务的无偿合同关系。但是信息收集者对信息的商业化处理所获利益超过了信息主体的免费使用收益，两者之间的利益严重失衡，"承认个人信息的财产价值，从而可通过损害赔偿或不当得利等制度，从根源上遏制经营者不法利用个人信息的经济动机"。[1] 从《反洗钱法》的规定来看，信息保护的范围为客户身份资料和交易记录，前者包括记载客户身份信息、资料以及反映金融机构开展客户身份识别工作情况的各种记录和资料，后者包括关于每笔交易的数据信息、业务凭证、账簿以及有关规定要求的反映交易真实情况的合同、业务凭证、单据、业务函件和其他资料。从《征信业管理条例》的相关规定来看，金融信息的保护范围限定为企业或个人的信用信息。如果说《商业银行法》对保护范围仅作出了一个概括性、原则性的规定，那么后来制定的《反洗钱法》则对保护范围首次作出明确，包括客户身份资料和交易记录。《关于银行业金融机构做好个人金融信息保护工作的通知》与《个人金融信息保护技术规范》对个人金融信息保护的范围进行了全面细致的规定，即使如此，仍然存在两个方面的问题。一是就法律形式而言，上述通知既不是行政法规亦非部门规章，仅是人民银行制定的规范性文件，因为行政法规应由国务院组织制定，部门规章应由人民银行行长签署中国人民银行令予以公布，而《个人金融信息保护技术规范》则仅是推荐性行业标

---

[1] 郑观：《个人信息对价化及其基本制度构建》，载《中外法学》2019年第2期。

准。[1]所以在法律效力上，两者对个人金融信息范围的界定，不构成对个人金融信息的法律解释，只是一个行政性或行业性的业务说明，因为根据《立法法》的规定，对法律的解释权属于全国人民代表大会常务委员会。显然，在金融信息保护的范围界定上，该规范性文件虽然是全面具体的，但在法律效力层级上却是最低的，这势必给金融信息保护的具体执行带来刚性不足、依据偏弱的先天缺陷。二是从涉及内容来看，两者仅是对个人即自然人金融信息的明确和细化，尚未涉及法人、其他组织和个体工商户的保护。这将使得客户身份资料和交易记录之外的企业金融信息保护，在互联网金融迅速发展的背景下，面临金融信息被违法收集、使用与对外提供等问题，金融信息领域的法律风险将更加突出。[2]

7. 金融信息保护义务尚未覆盖到互联网新型金融主体，存在监管真空

近年来我国已设立由政府、企业、产业联盟分别主导的各种类型的大数据交易平台，并出台了与数据交易、数据结算、资源管理、确权分权、资格审核等相关的一系列规则，成为信息产业发展的重要保障。但其数据交易的上位立法仍有缺失，治理组织的职能分散造成交易行为无序化、"信息孤岛"与碎片化等问题。[3]《商业银行法》的适用对象为银行业金融机构，《反洗钱法》将适用对象扩展到金融机构，指依法设

---

[1] 张伟锋、李建霞：《互联网金融背景下金融信息保护的法律监管研究》，载《西部金融》2014年第5期。

[2] 张伟锋、李建霞：《互联网金融背景下金融信息保护的法律监管研究》，载《西部金融》2014年第5期。

[3] 梁宇、郑易平：《我国数据市场治理的困境与突破路径》，载《新疆社会科学》2021年第1期。

立的从事金融业务的政策性银行、商业银行、信用合作社、邮政储汇机构、信托投资公司、证券公司、期货经纪公司、保险公司以及国务院反洗钱行政主管部门确定并公布的从事金融业务的其他机构。显然，除银行业金融机构，证券业、保险业、期货业、信托业均包含其中。《非金融机构支付服务管理办法》将在收付款人之间作为中介机构的第三方支付机构，以及提供部分或全部货币资金转移服务的非金融机构纳入监管范围，明确其也应履行金融信息保护义务。从上述监管法律法规来看，尽管信息保护的具体范围不尽相同，但履行金融信息保护义务的主体范围在不断扩大，已从最初的主要集中于银行业金融机构，逐渐向银行、证券、保险金融机构甚至第三方支付机构拓展。应当看到，在互联网金融迅猛发展的大背景下，网络借贷平台、众筹融资、网络小额贷款等新兴互联网金融平台不断涌现。若仍然将金融信息保护的主体范围限定于既有的金融业主体，未能及时将新型互联网金融主体纳入监管范围，势必会出现监管真空和漏洞。这不仅会为金融信息的非法收集、使用创造可乘之机，加大金融信息泄露、滥用的风险，还会影响金融稳定。[1]

第三节　非法利用个人金融信息行为的内涵与外延

个人金融信息的滥用风险源于信息所具有的人格与财产权益属性。当支付工具电子化大规模替代实物现金点对点、面对面交易后，交易数据的迅速流转加速了金融业态的嬗变，原来负载在纸币交易中的隐私无忧论，在步入电子环境后发生改变，信息容易被科技公司挖掘、利用和

---

[1]　张伟锋、李建霞：《互联网金融背景下金融信息保护的法律监管研究》，载《西部金融》2014 年第 5 期。

泄露，由此造成人格权益的减损和财产权益的损失，这种风险及焦虑构成信息主体的主要受损形态。[1]但并非所有非法利用个人金融信息的行为均属于刑法规制的范畴或均有必要用刑法加以规制。因此，我们首先需对非法利用个人金融信息行为的内涵与外延进行界定。

一、非法利用个人金融信息行为的内涵

界定侵犯个人金融信息行为或对该类行为进行刑法规制首先需要明确个人金融信息保护所体现的法益。在个人信息传播、利用还不是十分广泛，人类社会尚未进入信息社会时，传统理论就将个人信息纳入隐私权的保障范围。现代意义上的隐私权最早产生于美国。《隐私权》一文指出："在任何情况下，一个人都被赋予决定自己所有的信息是否公之于众的权利。"[2]国际上通常认为隐私权包括四个方面的内容："信息隐私权、身体隐私权、通信隐私权、地域隐私权。"可见，隐私权大致被认为是一种排除他人干扰的权利，是一种消极防御性的权利与自由。而随着信息技术的发展，信息的收集更加便利、迅捷和广泛。特别是在网络环境下，人更像是"玻璃人"或"透明人"，个人信息权随时随地都可能受到侵害，而且这种侵害往往难以察觉和排除。传统隐私权被动地排除侵害已难以适应现代社会对个人信息保护和个人合法权益维护的要求，有些情况也是传统隐私权所不能涵盖的，如要求更正错误的个人信息、将个人信息用于商业交易等。"因此，个人数据的集中管理本身就

---

[1] 蒋姗:《金融消费者的个人金融信息保护制度研究》，载《成都行政学院学报》2013年第4期。

[2] Samuel D. Warren, Louis D. Brandeis. The Right to Privacy, *Harvard Law Review*, 1890, 5: 193—220.

大大提高了侵犯隐私的可能性……作为'信息控制权'的个人隐私未必与'私生活的公开''隐匿性'相关。不如说是作为'对与自身存在相关的信息可以选择其公开范围的权利',应该认识到,即使不是普通人想隐匿的信息,且无论是不是正面评价的信息,只要是与自身相关的信息,自己就有权决定其以何种形式、在何处传送和存放。"[1]隐私权不仅包含消极的防御功能,还应当包含对自己私人领域内事物的支配功能。[2]

目前,将隐私权延伸至信息控制权的理论与立法实践日益成为国际主流观念。笔者认为,从个人金融信息保护的实际来看,作为积极权利概念的信息控制权的使用是合适的,个人隐私是个人金融信息属性的一面,但个人金融信息也有"经济人"个人信用、财益信息的另一面,公民更应被赋予控制个人金融信息的积极权利去实现金融交易的经济与效益最大化。我国学界也在逐步接受积极性的个人信息控制权的观念,这一观念也成为个人信息保护立法的基础概念。但个人信息控制权是否能够完全涵盖个人金融信息呢?笔者认为,个人金融信息虽然属于个人信息,但其也有自身的特性,最为突出的特征就是其既具有很强的信用价值,也具有显著的财益性。此外,个人金融信息还对应着公民个人的信用权和信息财产性利益。

关于"信用权"的概念,有学者指出,"信用权是民事主体对其所具有的偿债能力在社会上获得的相应信赖与评价而享有的利用、保有和维护的权利。该项权利的客体即信用利益属于一种无形财产。在民事权

---

[1] [日]小林麻理:《IT的发展与个人信息保护》,夏平等译,经济日报出版社2007年版,第169页。

[2] 谢远扬:《信息论视角下个人信息的价值——兼对隐私权保护模式的检讨》,载《清华法学》2015年第3期。

利体系中，信用权是受到法律保护的资信利益，是一种与所有权、债权、知识产权与人身权相区别的无形财产权"。[1]笔者认为，这种对信用权性质的定位是较为准确的。信用权是公民对其享有的资讯利益的排他性权利，是一种外在于公民主观感受的客观评价，具有直接的经济利益性。这实际上与个人信息权的人格权属性侧重保护公民的主体尊严与自由而一般不直接关联财产权益有所不同。金融隐私披露或者说消费者对自身金融隐私的让渡是金融契约得以建立的前提。[2]例如，恶意散布公民虚假、错误个人金融信息的行为，虽然亦属于对个人金融信息的侵犯，但也是个人信息权刑法保护所未能涉及的。信息财产权是近年来引起学界思考和争议的概念，但某些个人信息特别是个人金融信息本身或处理后的形态具有财产利益性是不能否认的现实。在个人金融信息的收集场景下，信息主体是信息收集过程中最核心的角色，是个人金融信息的所有者，包括个人客户、账户持有人、贷款申请人等。[3]应当看到，侵犯某些具有财益性的个人金融信息时，如果刑法仅按照个人信息权的思路去保护，则是不完善的，甚至会存在较大漏洞。例如，侵犯个人金融信息往往需要侵犯大量个人金融信息才能认定为严重危害，而单个个人金融信息即具有财产利益上的重要性，如果仅按个人信息权来保护，可能就无法进行规制。还需指出的是，为保护公民个人信息权益，有关部门陆续制定了专门的法律、行政法规、规章等规范性文件，构筑了相关的个人信息保护制度，故而有些不当侵犯个人金融信息的行为还会侵

---

[1] 吴汉东：《论信用权》，载《法学》2001年第1期。

[2] 朱宝丽、马运全：《个人金融信息管理：隐私保护与金融交易》，中国社会科学出版社2018年版，第2页。

[3] 李东方、李耕坤：《数字经济时代个人金融信息的经济法分析与对策——从"立法碎片化"到〈个人金融信息保护法〉》，载《中国政法大学学报》2023年第1期。

犯国家相关的个人信息保护制度。[1]

综上所述，笔者认为，个人信息权、信用权、信息财产权、国家个人信息保护制度、金融管理秩序等，均是刑法针对侵犯个人金融信息行为所要保护的法益，某个侵犯个人金融信息的行为侵犯了何种法益需具体考量。当然，个人信息权是所有侵犯个人金融信息行为都会侵犯的法益，个人金融信息涵盖了信用信息、交易信息、风险偏好等私密信息。借由预测分析、客户画像等处理技术，个人金融信息利用与金融效率、金融安全等法益牢固绑定。[2]因此，非法利用个人金融信息行为则是指因非法利用个人金融信息而侵害公民个人信息权、信用权和信息财产利益，破坏国家对公民个人信息保护制度和金融管理秩序的行为。

二、非法利用个人金融信息行为的外延

如何将侵害个人金融信息的行为入罪，首先需要考虑侵犯公民个人信息罪中的"公民个人信息"是否需与其他法律规范保持一致，学界主要存在"一致说"和"差别说"两种观点。"一致说"认为，公民个人信息作为法律共同保护的对象，无论是刑法还是民法、行政法等其他法律规范，各种法律保护的信息类型范围应当是一致的。只是各种规范根据公民个人信息所被侵犯的严重程度而采取了不同的规制手段，其中只有达到刑法所规定的"情节严重"的程度，刑法才予以规制。[3]另外，法秩序统一性要求各个法律部门之间就某一概念不得作出不尽相同甚至

---

[1] 杨帆:《个人金融信息的刑法保护初探》，载《上海金融》2009年第4期。
[2] 方乐:《个人金融信息保护的逻辑演进与立法完善》，载《现代经济探讨》2022年第3期。
[3] 王哲:《侵犯公民个人信息罪中"个人信息"的限定》，载《青少年犯罪问题》2021年第3期。

对立、冲突的解释。[1]因此，侵犯公民个人信息罪中的"公民个人信息"在范围上应与《民法典》等规范中的"公民个人信息"保持一致。[2]"差别说"则认为，由于刑法与其他法律规范在规制手段的严厉性上存在悬殊差异，故而二者对公民个人信息的保护范围也当有所区别。因此，侵犯公民个人信息罪中"公民个人信息"的概念不能完全照搬其他法律规范的界定。[3]根据非法利用个人金融信息行为的内涵，我们即可确定其外延。笔者认为，非法利用个人金融信息的行为类型可以归纳为以下三种。

（一）非法获取个人金融信息

1. 通过技术手段窃取个人金融信息

所谓窃取个人金融信息，是指以秘密的不为人知的手段（包括偷窥、拍摄、复印，以及其他高科技方法等）获取公民个人金融信息的行为。例如，犯罪嫌疑人沈某和周某利用黑客软件，采取攻击入侵他人电脑的方式，窃取个人和公司的金融信息，贩卖给调查公司等机构，牟取暴利。截至犯罪嫌疑人归案前，两人共作案数十起，涉案金额 20 多万元，涉及全国调查公司 100 多家。[4]在当今社会，由于互联网和科技的迅猛发展，网络在给人们带来便利的同时，也成了行为人窃取信息的主要途径，利用网络视频偷拍公民个人隐私生活，利用木马进入计算机用户的个人电脑中盗取个人信息，利用虚假的网页套取公民银行的个人账

---

[1] 李振林：《非法取得或利用人脸识别信息行为刑法规制论》，载《苏州大学学报（哲学社会科学版）》2022 年第 1 期。

[2] ［日］松宫孝明：《刑法总论讲义》，钱叶六译，中国人民大学出版社 2013 年版，第 81 页。

[3] 李振林：《非法取得或利用人脸识别信息行为刑法规制论》，载《苏州大学学报（哲学社会科学版）》2022 年第 1 期。

[4] 张秀兰：《网络隐私权保护研究》，北京图书馆出版社 2006 年版，第 103 页。

户密码从而盗取其银行存款等不胜枚举。随着科技的不断进步，窃取个人金融信息的手段也日益多样化和高技术化。

（1）技术破解信息。不法分子取得被害人的电子设备，直接破解设备的密码，从而获取相关的个人金融信息。在"黄某聪等侵犯公民个人信息案"中，黄某聪、魏某飞在一个专门用于 iPhone ID 手机解锁的 QQ 群中结识。被告人黄某聪使用 QQ 同被告人魏某飞联系，将从他人处获取的 iPhone 手机所有人的批量信息（姓名、DSID 码、iPhone 手机 ID 账号即个人邮箱账号、居住城市、国籍、手机号码等）发送给被告人魏某飞，由被告人魏某飞联系下家破解密码，再将破解后的信息通过被告人黄某聪向其上家反馈。法院认为，被告人黄某聪、魏某飞违反国家有关规定，向他人出售或者提供公民个人信息，情节严重，其行为已共同构成侵犯公民个人信息罪。[1]

（2）公共 Wi-Fi 攻击。在公共场所，不法分子可能会设置一个看似正常的免费 Wi-Fi 热点。当用户连接到这个热点并进行网上银行操作或其他涉及个人金融信息的活动时，不法分子可以通过监控网络流量获取用户的登录凭证和交易信息。例如，在咖啡厅或机场等公共场所，用户可能连接到一个名为"Free Public Wi-Fi"的热点，但该热点实际上由不法分子所控制。用户在该网络下进行网上购物或银行转账时，其输入的信用卡信息和密码可能被不法分子截获。

2. 通过欺骗、诱导等方式获取个人金融信息

通过欺骗、诱导获取个人金融信息的行为，是指以虚构事实、隐瞒真相或利用技术手段，诱使被害人主动提供或授权获取其金融账户、信

---

[1] 广东省广州市越秀区人民法院（2017）粤 0104 刑初 312 号刑事判决书。

用记录、交易数据等敏感信息，进而实施诈骗、非法牟利或数据倒卖的行为。其核心在于"非自愿性"和"信息滥用性"，侵害客体包括公民财产权、隐私权及金融管理秩序。[1]这类行为的具体表现形式主要有以下三种。

（1）使用钓鱼软件。不法分子会创建包含恶意软件或钓鱼网站链接的二维码，通过社交媒体、短信或电子邮件进行传播，诱骗用户输入个人金融信息，一旦用户安装并输入信息，这些信息就会被发送到不法分子的服务器上，从而导致信息泄露。在2016年最高人民法院发布的6件惩治电信诈骗犯罪典型案例之四"林某、胡某浪诈骗案"中，被告人林某、胡某浪和杨某昊（另案处理）经事先共谋，由杨某昊提供伪基站并事先编辑好诈骗短信，指使被告人林某、胡某浪在F市多地使用伪基站，屏蔽干扰以该伪基站为中心一定范围内的通信运营商信号，搜取屏蔽范围内用户手机卡信息，冒充"95533、10086、95588"等相关客服号码向手机用户发送虚假短信30801条，企图骗取手机用户的信任，诱使用户点击短信中的钓鱼网站、填写相关银行账户信息，以达到骗取手机用户钱款的目的。

（2）社交媒体诈骗。不法分子通过社交媒体平台与用户建立联系，然后以各种理由诱骗用户透露个人金融信息。例如，他们可能会冒充银行客服，声称用户的账户存在安全风险，需要验证信息。在2023年最高人民检察院发布的11件检察机关依法惩治电信网络诈骗及其关联犯罪典型案例之五"鲍某等人侵犯公民个人信息案"中，鲍某通过网络接单为他人提供公民个人信息，并收取高额费用。鲍某组织话务员冒充证

---

[1] 参见张雷、杨伟：《哄骗持卡人绑定作案手机窃取信用卡资金构成何罪》，载《检察日报》2018年6月10日，第5版。

券公司客服，按上游犯罪团伙提供的电话号码拨打电话，以"免费提供股票咨询"等话术，引诱对方添加微信好友，以获取对方微信号、微信昵称、手机号码、微信实名认证信息（俗称"微信号四件套"）及朋友圈截图、微信和支付宝实名认证截图等信息，诱骗被害人添加上游犯罪团伙提供的"客户经理"微信号、进入"股票交流"微信群。法院认为，这种冒充证券公司客服以提供股票咨询为名获取"微信号四件套"，为上游犯罪团伙"引流"的行为，构成侵犯公民个人信息罪。

（3）虚假宣传。不法分子通过虚假的投资项目、贷款承诺等，诱骗受害者提供个人金融信息。例如，他们可能会宣传高回报的投资机会，但要求受害者先支付一定的"保证金"或提供银行账户信息进行"审核"。在2020年最高人民检察院发布的6件打击整治养老诈骗犯罪典型案例之五"夏某等人诈骗、侵犯公民个人信息案"中，夏某指使董某松通过互联网购买老年人个人信息98 000多条。获取个人信息后，夏某指使其雇用的董某松、刘某慧、孙某旭、高某、郭某峰、闫某风等人，分工负责，冒充国家扶贫办、药监局、民政局等部门的工作人员给老年人打电话，了解其身体、家庭、收入情况，逐步取得其信任，再以帮助办理"养老抚恤金""慢性病补贴""扶贫款"等虚假名目，收取材料费、保证金、异地转让金等费用，骗取老年人钱财。

（二）非法出售、提供个人金融信息

1. 将非法获取的个人金融信息出售、提供给他人

将非法获取的个人金融信息出售、提供给他人，是指未经授权或违反法律规定，将通过不正当手段获取的个人金融信息，如银行账户、密码、信用卡信息、个人信用报告等，出售或提供给其他个人、组织或机

构。这种行为的核心在于"非法获取"和"非法传播",即行为人通过非法手段获取了本不应获取的个人金融信息,并进一步将这些信息传播给他人,以牟取非法利益或达到其他不法目的。因此,将非法获取的个人金融信息出售、提供给他人通常会包括两类违法行为:第一,非法获取行为,行为人通过非法手段获取个人金融信息,如通过网络攻击、数据泄露、诈骗等方式窃取信息;第二,非法传播行为,行为人将非法获取的信息出售或提供给他人,扩大了信息的传播范围,增加了信息被滥用的风险。行为人实施上述行为的主观目的为牟利,即通过出售或提供个人金融信息获取经济利益。

其中,非法传播行为中的非法"提供"公民个人金融信息,是指掌握公民个人金融信息的单位或其工作人员,不以获得利益为目的,违反国家有关规定将个人金融信息提供给他人的行为。商业银行现有的个人金融信息保护的理念传导、措施落实上还不够到位。与第三方合作仅通过签订保密条款来划分责任,对信息泄露缺乏监督检查和制约措施。[1]有学者认为,"非法提供行为包含了出售行为,二者并不能用'或者'连接,而应当将出售行为与非法提供行为的规定直接表述为'非法提供给他人'。因为'非法提供'既包括有偿的非法提供,也包含无偿的非法提供,而出售属于有偿的非法提供行为,所以二者应是包容关系而非法条所体现的并列关系"。[2]法条将侵犯公民个人信息罪的行为方式表述为"出售或者提供"不无道理。就行为人犯罪目的而言,出售行为的目的在于获取经济上的利益,而非法提供行为可以基于获利以外的

[1] 中国工商银行江苏省分行课题组:《我国商业银行个人金融信息保护策略研究》,载《金融纵横》2018年第7期。
[2] 孟传香:《公民个人信息疑难问题的刑法保护》,载《山西省政法管理干部学院学报》2011年第6期。

任何目的，如报复、感恩、为亲朋好友帮忙等；就立法初衷而言，二者所强调的侧重点也存在较大差异，"出售"强调的是获取经济上的利益，而非法"提供"强调的是基于其他目的而提供。可见，"出售"与非法"提供"应是各有侧重的并列关系。因此，在对非法"提供"行为进行认定时，应从公民个人私益的角度出发，以是否严重侵犯公民个人信息权进行认定。[1]

2. 将在履行职责或者提供服务过程中获得的个人金融信息出售、提供给他人

将在履行职责或者提供服务过程中获得的个人金融信息出售、提供给他人，是指在职业活动或服务过程中，合法获取个人金融信息并将其出售或提供给其他个人、组织或机构以牟取非法利益的行为。这种行为的核心在于"合法获取"和"非法传播"，即行为人通过合法手段获取了本不应获取的个人金融信息，并进一步将这些信息传播给他人，以牟取非法利益或达到其他不法目的。《侵犯公民个人信息司法解释》第四条规定："违反国家有关规定，通过购买、收受、交换等方式获取公民个人信息，或者在履行职责、提供服务过程中收集公民个人信息的，属于刑法第二百五十三条之一第三款规定的'以其他方法非法获取公民个人信息'。"虽然该司法解释的规定可以在一定程度上缓解司法认定不一的问题，但该司法解释同时又自我限制，将"以其他方法非法获取公民个人信息"限定为"通过购买、收受、交换等方式获取公民个人信息，或者在履行职责、提供服务过程中收集公民个人信息"的情况。如此，对于行为人利用刑法和该司法解释均没有明确规定的方法非法获取公民

---

[1] 李振林：《非法利用个人金融信息行为之刑法规制限度》，载《法学》2017年第2期。

个人信息的行为，就无法追究其刑事责任。[1]

（三）非法使用个人金融信息

非法使用个人金融信息主要包括利用个人金融信息实施违法犯罪活动或利用个人金融信息进行商业活动等行为。

1. 利用个人金融信息实施违法犯罪活动

利用个人金融信息实施违法犯罪活动，主要指行为人在获得他人的金融信息后利用这些信息实施诈骗、洗钱等违法犯罪活动。因为金融信息包括银行账户、手机号码、指纹、人脸识别信息等信息，这些信息与个人的经济、金融活动紧密相关，故而特别容易被掌握信息的主体用于实施诈骗、洗钱等经济、金融违法犯罪行为。

2. 利用个人金融信息进行商业活动

利用个人金融信息进行商业活动，主要指行为人在获取他人金融信息后用于开展商业营销、信用评估等商业活动。例如，金融机构未经消费者同意，擅自共享个人信息。当然，也有一些金融机构因业务操作疏忽等非主观故意因素导致个人金融信息的泄露。例如，个别商业银行在将信用卡业务外包给第三方专业机构时，全面提供客户资料，忽略了对客户个人信息的保护。此外，目前金融机构电子银行业务发展迅猛，如果没有建立完善的安全管理制度和科学规范的业务操作规程或者怠于解决系统中的各种技术问题，极易造成系统被侵入、信息泄露、身份盗用等问题。[2] 金融机构还需要强化个人金融信息的加密工作并且应用相关

---

[1] 李振林：《非法利用个人金融信息行为刑法规制强化论》，载《华东政法大学学报》2019 年第 1 期。
[2] 谭晓峰：《个人信用信息领域金融消费者权益保护研究》，载《金融纵横》2010 年第 10 期。

安全技术，对金融机构内部存储和传输中的敏感信息进行强加密，保障个人金融信息在传输和储存环节的安全性，在信息技术日益发展的当下确保安全保障技术的更新。[1]在市场经济条件下，个人金融信息极有可能成为有价值的商业信息。受利益驱使，一些金融机构内部员工极易铤而走险，非法出售个人金融信息，损害金融消费者的信息权益。

---

[1] 张晨原：《元宇宙发展对个人信息保护的挑战及应对——兼论个人生物识别信息的概念重构》，载《法学论坛》2023 年第 2 期。

第二章

非法利用个人金融信息行为刑法规制现状

对于时下愈演愈烈的非法利用个人金融信息行为，现行刑法并未坐视不管。实际上，无论是刑事立法抑或刑事司法，都对非法利用个人金融信息行为进行了一定程度的规制。只是相关刑事立法与司法存在的诸多问题以及非法利用个人金融信息行为的变化与发展，使得目前的刑法规制体系已经远远无法满足惩治和预防非法利用个人金融信息行为的需要。

第一节　非法利用个人金融信息行为的刑事立法规制现状

近年来，因个人金融信息被泄露而导致的侵权、侵财等违法行为和犯罪案件频发，不仅严重侵害了个人的隐私权，有些也直接给民众造成了重大财产损失，同时还损害了银行业金融机构的声誉，阻碍了银行业务的发展，对地区金融稳定和金融环境造成了负面影响。导致个人金融信息遭受非法利用的原因有许多，但法律规制尤其是刑法规制的欠缺无疑是其中一个重要原因。

一、现行刑法中可以规制非法利用个人金融信息行为的罪名

虽然现行刑法中没有针对非法利用个人金融信息行为的专门罪名，但对于某些非法利用个人金融信息的行为，现行刑法的一些相关罪名可以进行规制。

（一）侵犯公民个人信息罪

2015 年 8 月 29 日，第十二届全国人民代表大会常务委员会第十六次会议通过《刑法修正案（九）》，将《刑法》第二百五十三条之一修改为："违反国家有关规定，向他人出售或者提供公民个人信息，情节严重的，处三年以下有期徒刑或者拘役，并处或者单处罚金；情节特别严重的，处三年以上七年以下有期徒刑，并处罚金。违反国家有关规定，将在履行职责或者提供服务过程中获得的公民个人信息，出售或者提供给他人的，依照前款的规定从重处罚。窃取或者以其他方法非法获取公民个人信息的，依照第一款的规定处罚。单位犯前三款罪的，对单位判处罚金，并对其直接负责的主管人员和其他直接责任人员，依照各该款的规定处罚。"2015 年 10 月 30 日，最高人民法院、最高人民检察院发布的《关于执行〈中华人民共和国刑法〉确定罪名的补充规定（六）》将修改后的《刑法》第二百五十三条之一的罪名确定为侵犯公民个人信息罪，并取消了出售、非法提供公民个人信息罪和非法获取公民个人信息罪这两个罪名。出售、非法提供公民个人信息罪与非法获取公民个人信息罪被合并规定于同一法条中并最终合并为同一个罪名，可

见这两个行为的重大关联性。当时，出售、非法提供公民个人信息罪与非法获取公民个人信息罪的设立主要目的在于应对当时社会上普遍存在的非法买卖个人信息现象。非法买卖个人信息的存在，使得一些政府行政部门以及涉及公民生活方方面面的公共服务领域频繁发生个人信息泄露事件，严重扰乱了公民正常生活秩序。应当看到，公民个人信息必然包含公民个人金融信息，因此，如果行为人出售、非法提供或非法获取公民个人金融信息，则可以侵犯公民个人信息罪定罪处罚。通过刑法修正案设立并修订的这一罪名是否能够真正解决目前个人信息保护面临的各种问题，还需要通过立法解读来研判。

1. 犯罪客体

关于侵犯公民个人信息罪的法益，学界的观点较多，整体上可以概括为个人法益观、超个人法益观和"个人法益和超个人法益兼具"的混合法益观。[1]有观点认为"个人法益和超个人法益兼具"的混合法益观的内在逻辑有待商榷。因为个人法益观着眼于对个人利益的保护，而超个人法益观则着眼于对社会利益的保护，这种保护立场的不同决定了立法者只能在二者中选择一种。[2]从个人法益观角度来看，隐私权说、个人信息权说、个人信息受保护权说都将权利作为一种法益。隐私权说认为侵犯公民个人信息罪保护的是公民生活的平稳状态。[3]个人信息权说认为侵犯公民个人信息罪保护的是与个人信息相关的财产权[4]、人格

---

[1] 张勇：《APP 个人信息的刑法保护：以知情同意为视角》，载《法学》2020 年第 8 期。
[2] 曹岚欣：《侵犯公民个人信息罪的规范目的与出罪路径》，载《西南政法大学学报》2025 年第 1 期。
[3] 王昭武、肖凯：《侵犯公民个人信息犯罪认定中的若干问题》，载《法学》2009 年第 12 期。
[4] 李淑兰、张奕然：《民刑衔接视阈下侵犯公民个人信息罪法益证成——以信息安全与信息权利二分为框架》，载《中国刑警学院学报》2023 年第 4 期。

权[1]。个人信息受保护权说认为刑法保护个人信息不是为了确权，而是为了规避风险。因此，个人信息受保护权是一种公法权利而非私法权利。同时，该说又认为，个人信息受保护权仍然是一种个人法益。[2]从超个人法益观的角度来看，超个人法益观中的公共信息安全说认为，侵犯公民个人信息罪保护的是公共信息安全。[3]这一观点尽管将公共信息安全作为独立的法益，但公共信息安全的内涵比较空洞，刑法不可能仅保护信息本身而不考虑更深层次的利益。该说虽然认为侵犯公民个人信息罪保护的是不特定或者多数人的重大人身、财产安全[4]，但忽视了侵犯公民个人信息罪中"违反国家有关规定"的前置性构成要件要素，而实践中确实存在未违反国家规定但间接造成人身、财产损害的情形。

笔者认为，侵犯公民个人信息罪的犯罪客体为双重客体。该罪名是由我国《刑法》第二百五十三条之一所规定的，属于《刑法》第四章侵犯公民人身权利、民主权利罪的内容，因而本罪的主要客体是公民人身权利与民主权利。具体而言，该罪主要侵犯的是公民对其个人信息的控制权。一般来说，任何个人信息的处理行为都应当征得信息主体的同意，否则就侵犯了公民对其个人信息的控制权。同样，在未征得信息主体同意的情况下，随意获取该信息主体任何信息的行为，均属于侵犯主体权利的行为。至于"人格权说"或者"人权说"，它们都属于上阶位的概念，与笔者的认定不存在矛盾，而"隐私权说"或"宪法隐私权

---

[1]　黎宏：《刑法学（第2版）》，法律出版社2016年版，第269—270页。
[2]　欧阳本祺：《侵犯公民个人信息罪的法益重构：从私法权利回归公法权利》，载《比较法研究》2021年第3期。
[3]　皮勇、王肃之：《大数据环境下侵犯个人信息犯罪的法益和危害行为问题》，载《海南大学学报（人文社会科学版）》2017年第5期。
[4]　曲新久：《论刑法中的"公共安全"》，载《人民检察》2010年第9期。

说"由于存在理论上的不完整性，不能成为本罪客体认定的理论渊源。

除此之外，该罪还存在社会管理秩序这一次要客体。社会信息管理秩序说认为，侵犯公民个人信息罪保护的是国家对信息的管理秩序，对获取和利用个人信息的行为进行规制是为了防止个人信息被滥用，同时保证个人信息被正当获取和利用，从而促进个人信息的流通，创造经济价值和社会价值。[1]国家机关或者金融、电信、交通、教育、医疗等单位所掌握的个人信息实际上构成的是一个个数据库。现代社会中，信息数据的收集与运用绝不仅是技术领域的事情，更是一种社会变革的标志。正如美国第四任总统詹姆斯·麦迪逊（James Madison）所言，一个公众的政府，如果缺乏公众的信息，或者缺乏收集信息的方法和手段，那它只不过是一个短暂的序幕，开启的将是一场闹剧或悲剧，也可能既是闹剧又是悲剧。[2]政府信息公开制度与政府对各种信息的收集、管理及运用一样，在现代社会中与国家行政密不可分。同样，在现代商业运作模式中，由各种个人信息生成的数据模式成为商业行为的风向标。以零售业为例，通过对各种顾客数据进行分析可以从宏观上把握顾客的结构、流量、购买周期以及利润贡献率较高的消费群体。若具体分析，则可计算每位顾客的购买频率，从而预测出其消费倾向以及流失可能性等。可见，除政府部门、公共机构，社会经济的发展也需要依靠对包括公民个人信息在内的各种信息的收集，首先对收集到的信息加以分析，然后通过信息公开或是反馈的形式使信息流通成为可能。在此情形下，公民与社会之间存在一种信息交换，而这种信息交换必须以信任为前

---

［1］ 刘古琛：《侵犯公民个人信息罪的法益转向——从个人法益到信息管理秩序》，载《北京警察学院学报》2022年第5期。

［2］ Letter from James Madison to W. T. Barry（August 4，1822）.

提。否则，没有人愿意透露自己的个人信息，哪怕是国家机关的征集行为都有可能遭遇抵制。长此以往，则可能因个人信息无法正常收集而影响整个社会经济的发展。[1]

社会信息化进程的推进使得个人金融信息价值变得多元，其不仅具有人格尊严与自由价值，也具备商业价值和公共管理价值。[2]由此，侵犯公民个人信息罪的犯罪对象应为国家机关或者金融、电信、交通、教育、医疗等单位在履行职责或者提供服务过程中获得的"公民个人信息"。通说认为，关于犯罪对象的定义只限于犯罪行为所指向的具体的人或物，至于具体人的行为与物的位置则不在犯罪对象所考量的范围之内。按照这一传统观点，论及个人信息犯罪的对象首先考虑的就是个人信息，但个人信息本身不同于一般物体，它必须依附于载体而存在于物质世界。从另外一个角度来看，无数的个人信息又需要经过各种排列组合后才能为人所用，比如姓名人人皆有，而且毫无疑问地属于个人信息的范畴，但如果拥有成百上千人的姓名，而无其他信息，恐怕对任何人来说都难有实际价值。因此，刑法所需要保护的个人信息具有很大的变动性。根据一般理解，侵犯公民个人信息罪中的公民个人信息主要是指公民的姓名、住址、身份证号码、电话号码、银行账号、银行卡号和财产状况等能够识别公民个人身份等情况的信息。同时，这些信息必须满足单位在履行职责或者提供服务过程中获得的条件。也就是说，非法出售或提供行为中的公民个人信息是利用公权力或者提供公共服务过程中依法获得的信息。问题在于非法获取公民个人信息行为的犯罪对象。

---

[1]　吴苌弘：《个人信息的刑法保护研究》，华东政法大学 2013 年博士学位论文，第 82—90 页。

[2]　张新宝：《我国个人信息保护法立法主要矛盾研讨》，载《吉林大学社会科学学报》2018 年第 5 期。

《刑法修正案（九）》生效之前的《刑法》第二百五十三条之一第二款规定，窃取或者以其他方法非法获取上述信息，情节严重的，依照前款的规定处罚。对于本条款中"上述信息"的含义，一般有两种理解：第一，"上述信息"是指国家机关或者金融、电信、交通、教育、医疗等单位在履行职责或者提供服务过程中获得的公民个人信息；第二，"上述信息"泛指所有的公民个人信息。理论上，上述两种解释均有依据可循，但无论是学界还是司法实践都较倾向于后者，即非法获取公民个人信息行为的犯罪对象除国家机关或电信、金融、交通、教育、医疗等行业依法获得的公民个人信息，还包括其他非法获得的公民个人信息。[1]

2. 犯罪客观要件

犯罪客观要件是依据刑法所规定的构成本罪所必需的各项客观事实。本罪在客观上表现为违反国家有关规定，向他人出售或者提供公民个人信息，且情节严重的行为，以及窃取或者以其他方法非法获取公民个人信息的行为。

（1）违反国家有关规定。"违反国家有关规定"是本罪成立的前提条件，因而如何理解"违反国家有关规定"成为本罪讨论焦点之一。我国《刑法》第九十六条规定："本法所称违反国家规定，是指违反全国人民代表大会及其常务委员会制定的法律和决定，国务院制定的行政法规、规定的行政措施、发布的决定和命令。"但这一范围较窄，难以涵盖个人信息保护领域复杂的规范体系。因此，《刑法修正案（九）》将侵犯公民个人信息罪中的"违反国家规定"修改为"违反国家有关规定"，扩张了前置法的范围。新表述就将法律依据扩大到包括部门规章、

---

[1] 吴长弘：《个人信息的刑法保护研究》，华东政法大学 2013 年博士学位论文，第 82—90 页。

地方性法规等更广泛的规范性文件。例如，原银保监会、工信部等部委制定的部门规章等均可作为认定违法的依据。如此更符合个人信息保护的实际需求。因为许多具体规则分散在部门规章或行业规范中。这一修改体现了立法者对个人信息保护的高度重视，也反映了刑法在数字经济时代适应社会治理需求的灵活性。但需要注意的是，尽管立法扩大了法律依据范围，但"国家有关规定"仍应是具备规范效力的文件，不能包括一般性政策、行业规范或内部文件。司法机关在适用时仍需审查相关规定的合法性和明确性，避免随意扩大打击面。

（2）出售或非法提供给他人。无论是出售还是非法提供，都是有对象存在的。因此，这里的"他人"，可以指个人也可以指单位，但必须是实际存在的。"出售"是一种纯粹的积极主动的行为，是指将自己掌握的公民个人信息卖给他人，并从中牟利的行为。"非法提供"是指将自己掌握的公民个人信息，在不应该提供给他人的情况下予以提供的行为。例如，现实生活中公民办理信用卡业务，需将个人的身份证号提供给银行工作人员，如果银行的工作人员将公民的身份证号提供给他人，应当属于非法提供。

（3）情节严重。"情节严重"的界定一般是从数额、数量、频率、危害性后果等方面予以考量的，如屡次出售他人信息、一次出售多人信息、获得赃款数额较大等情形。另外，所出售的公民个人信息被他人使用后，如果给公民造成了经济上的重大损失或者严重影响到公民个人的正常生活的，则应当根据具体情节，由司法机关依法认定行为性质。上述关于情节严重的分析，只是基于一般情况而言。同时，笔者认为，鉴于本罪侵犯的对象为个人信息，因此，从信息的性质来看，如果涉及敏感信息，也可以根据实际情况视为情节严重。

虽然《刑法修正案（九）》删除了非法获取公民个人信息行为中"情节严重"的要求，但这并不意味着任何非法获取公民个人信息行为均应追究刑事责任。我国立法机关工作人员在解读侵犯公民个人信息罪的"情节严重"要素时指出："'情节严重'一般是指大量出售公民个人信息的，多次出售公民个人信息的，出售公民个人信息获利数额较大的，以及公民个人信息被他人使用后，给公民造成了经济上的重大损失或者严重影响到公民个人的正常生活等情况。"[1]笔者认为，只有当非法获取公民个人信息行为具备下列情形之一时方可考虑入罪。一是获取他人信息的手段本身具有一定的社会危害性。二是非法获取大量的他人信息。显然，在侵犯个人信息案件中，以侵犯数据库中的信息所造成的负面影响最为深远。三是以牟利为目的，多次窃取或非法获取他人信息的行为。一般而言，屡次实施侵害个人信息的行为人多数以牟利为目的，有的行为人甚至以贩卖个人信息为职业。因此，单纯从目的角度来说，这类行为人的侵害行为就比以提供帮助为目的而非法获取个人信息行为的情节更为严重。四是非法获取的对象为敏感信息的。尽管立法也没有对敏感信息作出界定，但一些涉及金融等领域的个人信息在法律上应给予特别保护。[2]《刑法》第一百七十七条之一规定的窃取、收买或者非法提供他人信用卡信息罪足可说明，在个人信息中应当对一些可能使被害人遭受重大损失的个人信息特别对待。五是行为人的非法获取行为致使受害人遭受严重损失的情形。

（4）窃取或者以其他方法非法获取。"窃取"是指采用秘密的或者

---

[1] 臧铁伟、李寿伟：《中华人民共和国刑法修正案（九）——条文说明、立法理由及相关规定》，北京大学出版社2016年版，第123页。
[2] 吴苌弘：《个人信息的刑法保护研究》，华东政法大学2013年博士学位论文，第98页。

其他不为人知的方法获取他人个人信息的行为方式，既包括传统意义上的盗窃行为，也包括利用仪器采用偷窥或拍摄的方式获取个人信息的行为，如秘密获取他人银行卡密码、卡号或身份证号以及通过网络技术手段以非法入侵他人电脑系统的方式获取他人的个人信息等情况。可以说，本罪中的窃取有别于传统刑法中盗窃罪的行为方式，这是由窃取对象的特殊性所决定的。也就是说，个人信息区别于一般意义上的物，行为人实施窃取行为在多数情况下是对他人信息的实际控制权，而这种实际控制权是基于对原有信息的复制，而不存在实际控制权的转移。"其他方法"是指通过窃取以外的其他非正当手段非法获取他人个人信息的行为方式，如购买、骗取等方式。在侵犯公民个人信息罪的诸多客观行为方式中，以"非法获取"为判断关键之所在。[1]在《刑法修正案（九）》将相关行为合并为一个罪名后，"非法获取"作为客观行为方式表述被沿用。所谓"非法"，从一个角度可理解为没有法律根据而获取，从另一个角度则可理解为"违反法律法规的禁止性规定"。[2]在个人信息处理模式方面，《刑法》第二百五十三条之一规定的是出售、提供、窃取，《民法典》第一千零三十五条规定的是收集、存储、使用、加工、传输、提供、公开等，《个人信息保护法》第四条规定的是收集、存储、使用、加工、传输、提供、公开、删除。《个人信息保护法》在《民法典》的基础上增加了"删除"，细化了个人信息处理模式，满足公民对个人信息的控制自治和信息自由[3]，但是刑事司法在存储、加工、传输、公开、删除等环节上存在衔接空缺，增加了违法性认识错误的产生

---

[1]　吴苌弘：《个人信息的刑法保护研究》，华东政法大学 2013 年博士学位论文，第 80 页。

[2]　王绍武、肖凯：《侵犯公民个人信息犯罪认定中的若干问题》，载《法学》2009 年第 12 期。

[3]　阮晨欣：《被遗忘权作为新型权利之确证与实践展开》，载《安徽大学学报（哲学社会科学版）》2022 年第 3 期。

概率。

侵犯公民个人信息罪所保护的核心利益只有先经由前置性法规确认，使得保护法益与法条描述的构成要件相融洽[1]，才能成为统一法秩序中的法益而为刑法所保护。笔者认为，就行为方式本身而言，不是所有未通过正规渠道获取公民个人信息的行为都是非法的行为。也就是说，实践中存在利用合法手段获取个人信息的行为，如以拾得或者从网上下载等免费且法律并未予以禁止的方式获取公民个人信息。[2]对于这一类行为，笔者认为不构成本罪的客观要件。

3. 犯罪主体

在《刑法修正案（九）》生效之前，出售、非法提供公民个人信息罪与非法获取公民个人信息罪所指向的犯罪主体存在显著差异，即出售、非法提供公民个人信息罪的犯罪主体依照规定属于特殊主体——国家机关或者金融、电信、交通、教育、医疗等单位的工作人员。而非法获取公民个人信息罪的主体在法条中未予以限制，即一般主体，结合《刑法》第二百五十三条之一第三款的规定，既可以是自然人，也可以是单位。但经过《刑法修正案（九）》的修订，两者的犯罪主体归为一致，前者的犯罪主体已经由特殊主体变为一般主体，只是对刑法原条文规定的特殊主体实施的出售、非法提供公民个人信息行为予以从重处罚。

（二）非法获取计算机信息系统数据罪

《刑法》第二百八十五条第二款非法获取计算机信息系统数据、非

---

[1] 张明楷：《具体犯罪保护法益的确定标准》，载《法学》2023年第12期。
[2] 吴苌弘：《个人信息的刑法保护研究》，华东政法大学2013年博士学位论文，第85页。

法控制计算机信息系统罪规定："违反国家规定，侵入前款规定[1]以外的计算机信息系统或者采用其他技术手段，获取该计算机信息系统中存储、处理或者传输的数据，或者对该计算机信息系统实施非法控制，情节严重的，处三年以下有期徒刑或者拘役，并处或者单处罚金；情节特别严重的，处三年以上七年以下有期徒刑，并处罚金。"虽然非法获取计算机信息系统数据罪也是针对侵害信息行为的立法，但与侵犯个人信息犯罪的关联并不十分密切，只有被非法获取的计算机信息系统数据来自个人信息数据库时，该法条才能被视为针对个人信息的专门保护规定。[2]非法获取计算机信息系统数据罪的构成要件具体分析如下。

1. 犯罪客体

非法获取计算机信息系统数据罪的客体是计算机信息系统的安全和正常运行秩序，以及其中存储、处理或传输的数据的保密性、完整性和可用性。当这种行为用于侵害个人金融信息时，其客体还包括个人的隐私权、财产权和金融管理秩序。在当今数字化时代，对个人金融信息的保护尤为重要，因为其涉及公民的核心利益和金融安全。

2. 犯罪客观要件

在客观要件方面，行为人需违反国家有关规定，采用技术手段非法侵入计算机信息系统，或通过其他方式获取系统内存储、处理或传输的个人金融信息。例如，黑客利用漏洞侵入银行系统窃取用户数据，或内部人员滥用权限非法导出客户金融信息等。这些行为均构成对计算机信

---

[1]《刑法》第二百八十五条第一款规定："违反国家规定，侵入国家事务、国防建设、尖端科学技术领域的计算机信息系统的，处三年以下有期徒刑或者拘役。"
[2] 吴苌弘：《个人信息的刑法保护研究》，华东政法大学 2013 年博士学位论文，第 110 页。

息系统数据的非法获取，侵害了个人金融信息的安全。具体表现形式包括但不限于以下几种：（1）网络攻击，通过黑客技术攻击金融机构或个人的网络系统，窃取个人金融信息；（2）数据泄露，利用系统漏洞或内部人员的违规操作，获取大量个人金融信息；（3）恶意软件，开发或传播恶意软件，如木马、病毒等，窃取用户的金融信息；（4）社交工程，通过电话、短信或社交媒体等渠道，冒充金融机构工作人员，诱骗受害者提供金融信息。

3. 犯罪主观要件

在主观要件方面，行为人需具有故意，即明知自己的行为会侵犯他人权益和扰乱计算机信息系统秩序，仍希望或放任结果发生。在非法利用个人金融信息的案件中，行为人往往以非法占有、牟利或损害他人利益为目的，如出售窃取的金融信息、将金融信息用于诈骗等。这种主观故意体现了行为人对法律和社会规范的公然蔑视，也反映了其行为的严重社会危害性。

（三）非法利用信息网络罪

在信息网络快速发展的背景下，个人金融信息的保护面临着严峻挑战，非法利用信息网络罪的设立则是刑事立法应对网络犯罪新态势的一种尝试。2015年，《刑法修正案（九）》增设了《刑法》第二百八十七条之一非法利用信息网络罪，将原本仅规制网络犯罪实行行为的刑法触角延伸至设立网站、设立通讯群组、发布信息等网络犯罪的预备行为。应当看到，这种注重网络风险社会多元分析的立法着实有利于遏制网络犯罪的高发态势，并能减轻司法机关的证明责任。但同时也需要注意的是，其略显笼统化、概括化、粗略化的立法也导致司法实践对非法利用信息网络罪的理解与适用产生了诸多困惑。[1]

我国《刑法》第二十二条规定了预备犯的普遍处罚原则，但与此形成鲜明对照的是，基于预备行为对法益的侵害抽象而遥远且证明存在困难等原因，司法实践中往往通过宽宥的刑事政策、"但书"规定、目的论限缩解释、刑事证明的疑罪从无等路径对预备犯不予处罚。但随着网络时代的到来，这一做法的合理性逐渐受到质疑。一方面，相较于传统犯罪，网络犯罪具备较强的弥散性特征。以诈骗罪为例，通过信息网络设立网站、通讯群组或者发布相关诈骗信息，往往能够在短时间内被不特定公众浏览、知悉、获取甚至转发，继而在网络空间内无限弥散。这种弥散性不仅降低了社会信任关系，引发了国民对成为潜在的网络犯罪被害人的普遍紧张心理，而且可能使众多的缺乏必要戒备心理和防范能力的网民产生错误认识，并可能基于错误认识随时处分其财产。[2]另一方面，网络犯罪的跨区、跨境作案已经成为普遍现象。当实行犯及违法所得藏匿于境内或境外的多个区域时，司法机关往往无法一一查实犯罪分子利用信息网络实施的各类危害性行为。[3]即使能够抓获零星数量的外围犯罪人，但在实行犯无法抓获、犯罪数额难以计算的情况下，也难以追究外围犯罪人的刑事责任。[4]

由此可见，基于网络犯罪的弥散性、跨区域性等特征，其预备行为对他人法益造成的威胁便不能说是抽象而遥远的，而应认为已经具备了较强的现实紧迫性。在此背景下，若仍然秉持预备犯不具备实质可罚性

---

[1]　陈伟、熊波：《网络犯罪的特质性与立法技术——基于"双层社会"形态的考察》，载《大连理工大学学报（社会科学版）》2020年第2期。

[2]　梁根林：《预备犯普遍处罚原则的困境与突围——〈刑法〉第22条的解读与重构》，载《中国法学》2011年第2期。

[3]　喻海松：《网络犯罪的立法扩张与司法适用》，载《法律适用》2016年第9期。

[4]　皮勇：《论新型网络犯罪立法及其适用》，载《中国社会科学》2018年第10期。

的立场，必将使刑法难以及时有效保护一些重大法益。立法机关正是意识到"需要根据情况的变化及时研究调整刑法惩处网络犯罪的策略"[1]，需要遵循"打早打小"的刑事政策，以重典规制为网络犯罪准备工具、制造条件的行为。[2]但立法机关同时也警惕到，不能仅出于减轻公诉机关的证明责任、消除处罚预备犯的形式合法性危机的实用主义考虑，而不加选择地将所有网络犯罪预备行为任意拟制为实质预备犯。[3]为此，立法者依据社会经验事实，对日常多发、危害性大且与网络犯罪具有高度盖然性和紧密相关性的设立网站、设立通讯群组、发布信息这三项行为作出专门规定，将这种实质上的预备行为提升为具体犯罪构成中的实行行为，以严厉打击网络犯罪。如此不仅能在实现网络犯罪预备行为实行化目的的前提下，克服处罚所有网络犯罪预备行为的恣意性，也能够满足实质预备犯对行为的类型性、定型性的要求。[4]

需要注意的是，虽然非法利用信息网络罪属于网络违法犯罪预备行为实行化的立法范式，但据此认为"这里规定的'设立网站、通讯群组'或者'发布信息'，并不是相关'违法犯罪'的实行行为，也不是其帮助行为，而是这些'违法犯罪'的预备行为"[5]并不妥当。预备行为实行化固然是本罪设立的一项重要理由，但仍需承认的是，本罪同样存在帮助行为实行化的色彩。由于本罪并非如帮助信息网络犯罪活动罪

---

[1] 郎胜主编：《中华人民共和国刑法释义》，法律出版社 2015 年版，第 505 页。

[2] 徐永胜、许韬：《跨境电信网络诈骗犯罪规律特征与对策研究》，载《青少年犯罪问题》2021 年第 4 期。

[3] 梁根林：《预备犯普遍处罚原则的困境与突围——〈刑法〉第 22 条的解读与重构》，载《中国法学》2011 年第 2 期。

[4] 阎二鹏：《预备行为实行化的法教义学审视与重构——基于〈中华人民共和国刑法修正案（九）〉的思考》，载《法商研究》2016 年第 5 期。

[5] 欧阳本祺、王倩：《〈刑法修正案（九）〉新增网络犯罪的法律适用》，载《江苏行政学院学报》2016 年第 4 期。

一样在罪状中明确限制行为人仅能为他人而实施，因此本罪中的非法利用信息网络行为既可以为他人而实施，也可以为行为人自己实施。对于帮助他人实施违法犯罪活动，开展设立网站、设立通讯群组、发布信息的行为，从犯罪阶段来看，其固然属于目的犯罪的预备行为，但从犯罪参与的角度来看，其也属于目的犯罪的帮助行为。[1]因此，本罪在具备预备行为实行化这一本质属性的基础上，也兼具帮助行为实行化的色彩。[2]

1. 犯罪客体

非法利用信息网络罪的客体是国家对正常信息网络环境的管理秩序和社会公共利益，以及公民的合法权益。在非法利用个人金融信息的行为中，该罪名的设立主要保护公民的隐私权、财产权等重要权益不受非法侵害。

2. 犯罪客观要件

根据刑法的规定，非法利用信息网络罪的客观要件包括以下三个方面。

（1）设立网站、通讯群组。行为人通过信息网络设立用于实施诈骗、传授犯罪方法、制作或者销售违禁物品、管制物品等违法犯罪活动的网站、通讯群组。在非法利用个人金融信息的场景下，这可能表现为设立专门用于买卖、交换个人金融信息的网站或群组。

（2）发布信息。行为人通过信息网络发布有关制作或者销售毒品、枪支、淫秽物品等违禁物品、管制物品或者其他违法犯罪信息。就非法利用个人金融信息而言，这可能表现为在网络上公开发布求购或出售个人金融信息的广告、帖子等。

---

[1] 秦宗川：《非法利用信息网络罪司法认定现状、误区及其匡正》，载《澳门法学》2021年第1期。

[2] 李振林：《非法利用信息网络罪与关联犯罪关系之厘清》，载《人民司法》2022年第28期。

（3）为实施犯罪发布信息。行为人通过信息网络为实施诈骗等违法犯罪活动发布信息。例如，行为人以非法获取的个人金融信息为基础，通过网络平台向受害者发送虚假的金融交易信息、诈骗链接等，诱导受害者进一步泄露敏感信息或进行不当的资金操作。

3. 犯罪主观要件

非法利用信息网络罪的主观要件是故意，即行为人明知自己的行为会危害社会公共利益、侵犯公民合法权益，仍然决意实施。在侵犯个人金融信息的行为中，行为人往往具有非法获取、利用、传播或销售个人金融信息以谋取不正当利益的主观故意。

（四）诈骗罪

利用获取的个人金融信息进行诈骗等犯罪的表现形式也经历过变迁，21 世纪初，诈骗犯罪多以信用卡诈骗为主，互联网发展后犯罪模式发生变化，多以网络诈骗为主。2005 年 2 月 28 日通过的《刑法修正案（五）》第一条规定，在《刑法》第一百七十七条后增加一条，作为第一百七十七条之一，其中第二款是关于窃取、收买或者非法提供他人信用卡信息资料的犯罪及其处罚的规定。同时，该修正案将《刑法》第一百九十六条第一款第一项的"使用伪造的信用卡的"修改为"使用伪造的信用卡，或者使用以虚假的身份证明骗领的信用卡的"。由此，信用卡犯罪链中的每个环节都已成为刑法的规制对象，即在立法中使用截断的犯罪构成理论。[1]这对于许多以非法获取他人信息资料

[1] 此处截断的犯罪构成理论是指信用卡犯罪中，原本自非法获取信用卡信息资料始直至信用卡诈骗犯罪完成止，可适用信用卡诈骗罪的犯罪构成理论，但由于信用卡犯罪链上游的一些行为具有独立的客观表现形式，同时在认定这些行为构成信用卡诈骗罪或伪造金融票证罪时存在一定的困难，因此，立法部门将信用卡犯罪链中的各个环节截断，根据不同的犯罪构成分别制定各自的罪名与相应的刑罚。此举的目的在于从根本上遏制信用卡犯罪的发生。

为基础的犯罪而言，具有深入研究的价值。作为信用卡诈骗的前置保护条款，该罪名并没有对信用卡信息的数量设置要求，其保护力度之大可见一斑。

随着互联网技术和数字经济的发展，信用卡逐渐退出物理世界，转而出现多种利用互联网的犯罪，比如电信网络诈骗犯罪、帮助信息网络犯罪活动罪等。因此，对于利用个人金融信息实施诈骗，或者通过诈骗手段获取个人金融信息的行为，需要区分是构成犯罪抑或仅是民事侵权行为。刑民交叉突出体现在民事欺诈与刑事诈骗的认定上[1]，在刑民交叉的诸多案件中，刑民欺诈交织的案件最为疑难复杂。[2]基于诈骗罪与民事欺诈在客观构成要件方面的相似性，建立在主观目的实质化基础上的非法占有目的说长期以来为我国刑法理论界与实务界所推崇。该说认为，非法占有目的"承载着限制刑法介入财产关系范围的机能"[3]，诈骗罪的成立以存在非法占有目的为必要，原因在于民事欺诈的本质特征是欺诈人企图通过欺诈行为获取利益，而诈骗罪中的行为人旨在通过实施欺诈行为从而非法占有公私财物。

而说到主观要件，传统理论注重被害人的"处分意识"，其目的在于界定"处分行为"的有无，落点在于解释行为人取得财产的具体方式。究其本质，这种区分方法建立在将诈骗罪构造中的"欺骗行为—错误认识—处分财物"作为诈骗罪成立条件的基础上，这样被害人的"处分意识"才能对行为人的行为具有定性作用。在此路径下，关于"处分意识"的讨论主要围绕"处分意识必要说"和"处分意识不要说"展

[1] 夏伟：《刑民交叉的理论构造》，法律出版社2020年版，第6页。

[2] 陈兴良：《民事欺诈和刑事欺诈的界分》，载《法治现代化研究》2019年第5期。

[3] 何荣功：《非法占有目的与诈骗案件的刑民界分》，载《中国刑事法杂志》2022年第3期。

开，"处分意识必要说"大致分为"严格的处分意识必要说"[1]和"缓和的处分意识必要说"[2]。而"处分意识不要说"可分为"严格的处分意识不要说"和"缓和的处分意识不要说"。[3]综观以上学说，纷繁复杂的学说争论和盘根错节的教义纠葛的背后其实是对"处分意识"理解的偏差。对于"处分意识"存在两种理解：一是将"处分意识"理解为知悉"财产减损效果"；二是将"处分意识"解读为知悉具体财产内容（如种类、数量、质量、价值等）的移转。不难看出，除了"严格的处分意识必要说"和"严格的处分意识不要说"，"缓和的处分意识必要说"和"缓和的处分意识不要说"其实是趋向同一的，山口厚亦认为，"如果对交付意思的内容作相对宽泛的理解，两种学说之间的对立就止于表面（并不存在根本性对立）"[4]。然而，以被害人视角展开的传统区分路径看似合理，实则与诈骗罪教义学存在二律背反。[5]

在当今信息爆炸的大数据时代，个人金融信息不仅具有身份上的意义，而且能够产生巨大的经济利益，在很多领域都有着广泛的用途。与此同时，非法利用个人金融信息行为日益猖獗，从而导致个人金融信息被广泛地不当使用和传播。应当看到，个人金融信息被不当使用和传播

---

[1] 严格的处分意识必要说主张被害人在处分财物时，必须对所处分的财物的内容（例如种类、数量、质量等）、价值都存在明确认识，才能够成立"自愿"的交付（处分）。参见周光权：《刑法各论》，中国人民大学出版社2021年版，第143页。

[2] 缓和的处分意识必要说认为"被害人只要'认可占有转移'就属于被欺骗后实施了处分行为，而不需要被害人对自己所处分财物的内容、价值存在具体认识，也不要求另外存在处分意识"，但在具体缓和程度上不同学者持有不同的观点。

[3] 严格的处分意识不要说认为被害人只需要实施处分的外观行为即可完成处分，在主观上不需要任何的处分意识；而缓和的处分意识不要说则认为成立处分行为只需要认识到"财产减损"的意义即可。

[4] ［日］山口厚：《刑法各论》，王昭武译，中国人民大学出版社2011年版，第302页。

[5] 蔡超凡：《风险样态视阈下诈骗罪与盗窃罪的界限——以新型支付手段为例》，载《北京化工大学学报（社会科学版）》2024年第5期。

的直接后果是不法分子获取了大量个人金融信息，并由此成为诸多犯罪的源头。《刑法》第二百六十六条诈骗罪在此的表现形式，往往是利用个人金融信息进行诈骗，被获取的个人金融信息成为电信诈骗犯罪的最佳"原料"。个人金融信息含有丰富的财产信息内容，不法分子获取后，往往会利用其进行电信诈骗。在近期发生的多起电信诈骗案件中，均存在受害者个人金融信息被不当使用和传播的情况。此外，被获取的个人金融信息还为冒名办理信用卡套现、复制银行卡盗取资金提供了诸多便利。一些不法分子在获取足够的个人金融信息后，便通过冒名办理信用卡、复制银行卡等手段，盗取客户资金，并且严重影响了真实客户的金融信用，而互联网的发展和普及则加剧了这些后果。同时，随着科技的发展，出现了更多可以存储数据的工具，如移动硬盘，各种网站的服务器、U盘、PC机、带库等。这些设备的出现使得大量的数据能够被存储、传递、流通进而被利用。如果不法分子利用互联网获取他人金融信息，这些信息再被存储设备记录下来，被泄露的金融信息就被永久地保存在信息主体完全不能控制的地方，随时有被再次传播的风险，导致人们对自己金融信息安全的信心大大降低。如果以诈骗罪规制非法利用个人金融信息的行为，可以从以下两个方面进行分析。

1. 犯罪客体

诈骗罪的客体是公私财产所有权以及市场经济秩序。在非法利用个人金融信息的行为中，犯罪行为不仅侵犯了公民的财产安全，还扰乱了正常的金融市场秩序。

2. 犯罪客观要件

诈骗罪的客观要件包括以下三个方面。

（1）实施欺骗行为。行为人通过虚构事实或隐瞒真相的方式，使被害人产生错误认识。在非法利用个人金融信息的场景下，这可能表现为行为人冒充银行工作人员、金融机构客服等，以虚假的理由获取被害人的信任。

（2）被害人基于错误认识处分财产。被害人因为行为人的欺骗而自愿处分自己的财产，如将资金转入行为人指定的账户。从被害人意志角度来看，诈骗罪则建立在被害人有瑕疵的同意的基础之上。据此，"非法占有目的"对于诈骗罪而言实际上是一个不太准确、作用不明的概念。[1]尽管我国刑法对于一些特殊诈骗罪明文规定了须具备"非法占有目的"，但其实也可以理解为对诈骗故意的重复和强调，因为事实上，非法占有目的并不具有独立于诈骗故意之外的更多内容。[2]

（3）行为人非法获取财物。行为人通过欺骗手段最终获得被害人的财物，造成被害人的财产损失。诈骗罪的不法本质在于被害人在交易重要事项上受到欺骗而基于瑕疵意识处分了财产。[3]

综上所述，以诈骗罪规制非法利用个人金融信息的行为，需要证明行为人通过欺骗手段使被害人产生错误认识并处分财产，从而非法获取财物，且行为人具有非法占有的主观故意。

（五）其他涉及金融信息犯罪的刑法规定

《刑法》中另有一些罪名虽未直接针对金融信息保护，但与金融信息或多或少地存在一些联系。对此，笔者进行了一些梳理，将认为能起

---

[1] 周奕澄：《刑民交叉视角下诈骗罪认定实质化研究》，载《刑事法评论》2024年第1期。

[2] 陈璇：《财产罪中非法占有目的要素之批判分析》，载《苏州大学学报（法学版）》2016年第4期。

[3] [日]桥爪隆：《论诈骗罪的实质性界限》，王昭武译，载《法治现代化研究》2020年第2期。

到保护个人信息作用的法条予以整理和分析。

1. 涉及个人隐私的信息保护

《刑法》第二百五十二条侵犯通信自由罪规定："隐匿、毁弃或者非法开拆他人信件，侵犯公民通信自由权利，情节严重的，处一年以下有期徒刑或者拘役。"第二百五十三条私自开拆、隐匿、毁弃邮件、电报罪规定："邮政工作人员私自开拆或者隐匿、毁弃邮件、电报的，处二年以下有期徒刑或者拘役。"上述两条立法是基于《宪法》第四十条中"中华人民共和国公民的通信自由和通信秘密受法律的保护"而制定的。其中第二百五十二条是1979年《刑法》第一百四十九条的规定，而第二百五十三条是1997年修订刑法时在1979年《刑法》第一百九十一条私自开拆、隐匿、毁弃邮件、电报罪的基础上进行修订的。前者的犯罪主体不限，包括非邮政工作人员等一般主体，而后者仅限于邮政工作人员这一特殊主体，但由于时代变迁，如今使用的通信手段远不止邮政信件、电报等，普通公民之间邮寄信件的现象越来越少，因此从时代效应来看，上述两条立法的效果可能不如立法初时。值得注意的是，司法实践中存在故意隐匿他人信件尤其是隐匿银行寄给客户的对账信函的行为，其目的在于获取其中的个人信息，以实施信用卡诈骗等犯罪行为。

《刑法》第二百八十四条非法使用窃听、窃照专用器材罪规定："非法使用窃听、窃照专用器材，造成严重后果的，处二年以下有期徒刑、拘役或管制。"本条实质是针对在一些不正当竞争中或是为了实现其他个人目的，非法使用窃听、窃照专用器材的行为，目的在于对上述严重扰乱单位、公民正常工作、生活秩序的行为予以打击，但实质上也是对个人隐私的一种保护。只是在客观要件方面，行为需要满足造成严重后果的要求，如由于非法使用窃听、窃照专用器材，造成他人自杀、精神失常，引发杀人、伤害等犯罪行为或者造成重大经济损失等严重后果。[1]

《刑法》第二百四十六条侮辱罪、诽谤罪规定："以暴力或者其他方法公然侮辱他人或者捏造事实诽谤他人，情节严重的，处三年以下有期徒刑、拘役、管制或者剥夺政治权利。"本条由1979年《刑法》设立，设立背景是"文革"期间侮辱、诽谤行为泛滥，1997年《刑法》修订时删除了一些具有时代特征的用语，对侮辱罪和诽谤罪作出了较为科学的界定。乍看本条似乎并未有与个人信息相关的内容，但在司法实践中，本条却能发挥保护个人信息的作用。众所周知，如今的网络时代信息传播速度之快、范围之广远非飞鸽传书的年代所能比拟。毫不夸张地说，一经网络公布的个人信息可以在数小时内传播至地球的另一端。信息主体往往会成为个人信息公开的侵害对象，尽管基于维护公共利益的需要，我们需要在一定程度上容忍在信息公开体制下的监督行为，但如果曝光的个人信息有差误或虚假，侵犯了普通公民的个人信息权，又应当如何处置？《刑法》第二百四十六条可以说是目前在刑法中唯一能够保护信息主体的规定。尽管其在司法运用中尚存在一定技术上的困难，但在立法上毕竟是针对个人隐私的一种保护。[2]

2. 涉及身份的个人信息保护

《刑法》第二百七十九条招摇撞骗罪规定："冒充国家机关工作人员招摇撞骗的，处三年以下有期徒刑、拘役、管制或者剥夺政治权利；情节严重的，处三年以上十年以下有期徒刑。冒充人民警察招摇撞骗的，

---

[1] 全国人大常委会法制工作委员会刑法室编：《中华人民共和国刑法条文说明、立法理由及相关规定》，北京大学出版社2009年版，第589页。

[2] 吴苌弘：《个人信息的刑法保护研究》，华东政法大学2013年博士学位论文，第113页。

依照前款的规定从重处罚。"本罪可视为《刑法》中对身份信息的一种保护，但是这种保护不是针对某个个人的，而是针对非特定对象的。也就是说，本罪罪状中冒充国家机关工作人员这一要件中所指的国家机关工作人员不要求为特定对象，所以本罪保护的不是某个人的个人权益，而是国家机关的形象、威信和正常活动。但如果行为人冒充了某个具体国家机关工作人员的身份，则当然涉及对个人信息的保护，但这种情况可能较为少见。《刑法》第二百八十条第一款伪造、变造、买卖国家机关公文、证件、印章罪，第二款伪造公司、企业、事业单位、人民团体印章罪，第三款伪造、变造、买卖身份证件罪均与依靠非法获取的个人信息伪造身份的行为具有密切关系。尤其是第三款伪造、变造、买卖身份证件罪规定："伪造、变造、买卖居民身份证、护照、社会保障卡、驾驶证等依法可以用于证明身份的证件的，处三年以下有期徒刑、拘役、管制或者剥夺政治权利，并处罚金；情节严重的，处三年以上七年以下有期徒刑，并处罚金。"在冒充身份的过程中，伪造证件的行为屡见不鲜。我国现行《刑法》对于冒名顶替的行为并没有具体规定，但如果在冒名顶替过程中伪造了居民身份证，国家机关公文、证件的则可依据《刑法》第二百八十条的规定予以惩处。尽管《刑法》第二百八十条的立法目的在于维护国家法定证件的严肃性，保护社会管理秩序，但在实践中，利用本条维护公民个人信息的案例同样存在。与此类似的还有《刑法》第三百一十九条骗取出境证件罪，第三百二十条提供伪造、变造的出入境证件罪，出售出入境证件罪，第三百七十五条第一款伪造、变造、买卖武装部队公文、证件、印章罪等。

3. 对个人信息数据库的保护

有学者指出，《刑法》第二百八十五条第二款非法获取计算机信息系统数据罪的保护法益是数据安全在保密性侧面的类型化表达。[1]这一观点也得到了审判机关的背书，在全国首例"爬虫"入刑案中，主审法官认为尽管被告单位采用爬虫技术获取的是"公开视频信息"，但"公开信息"不代表作为信息载体的数据保密性亦被宣告放弃。因此，加工视频过程中冗余的数据代码是独立于其所表征信息的，被告单位所侵害的也正是对于数据本身独立于信息的保密性。[2]如前所述，数据的保密性系指其免受未授权人探知、获悉或使用的状态。现行刑法对个人信息数据库的保护主要体现在《刑法》第二百八十五条第二款关于非法获取计算机信息系统数据、非法控制计算机信息系统罪的规定。

4. 特殊的个人信息保护

对于单位是否可以成为保护个人信息的主体的问题，许多国家都曾探讨过，但世界范围内至今也未就此问题达成一致意见。美国不采用"个人金融信息"这一概念，而使用"隐私权"这一概念。在证券领域，美国证券交易委员会于 2000 年颁布了《消费者金融信息及个人信息保护条例》(Regulation S-P: Privacy of Consumer Financial Information and Safeguarding Personal Information)，对证券机构的隐私权保护进行了规定。[3]2010 年，美国发布《多德-弗兰克华尔街改革和消费者保护法》，该法案在第十章规定建立消费者金融保护局，并授权消费者金融保护局对消费者的金融隐私进行行政监管保护。[4]而在州的层面，美国亦通过

---

[1] 杨志琼：《我国数据犯罪的司法困境与出路：以数据安全法益为中心》，载《环球法律评论》2019 年第 6 期。

[2] 北京市海淀区人民法院〔2017〕京 0108 刑初 2384 号刑事判决书。

[3] See 17CFR248, Privacy of Consumer Financial Information (Regulation S-P).

[4] 参见个人信息保护课题组：《个人信息保护国际比较研究》，中国金融出版社 2021 年版，第 58 页。

一些立法来对个人金融信息进行行政监管保护。例如，加利福尼亚州于 2018 年通过了被称为美国最严格的个人隐私保护立法的《加州消费者隐私法案》（以下简称"CCPA"）。CCPA 对隐私保护作出了一些新的、具有开创性的规定，在 2020 年，该州通过了《加州隐私权法案》（以下简称"CPRA"），该法案对 CCPA 进行了一定的补充，其中对独立的行政监管机构的创建作出了规定。欧盟采取的是统一立法的模式，没有对个人金融信息进行专门立法，而是通过 2016 年颁布的《通用数据保护条例》对各领域的个人信息进行行政监管保护。在《通用数据保护条例》的规定下，欧盟各国设立或者修改本国的数据保护立法，并设立专门的信息保护机构。德国《联邦数据保护法》在第四章专章规定了对公共机构的监管保护主体即数据保护和信息自由专员，而对于非公共机构的个人信息的监管保护主体，该法则在第三章对其进行了规定，依据该法的规定，数据保护官为其行政监管保护主体。[1]《德国刑法典》也将商业秘密视为私人秘密予以保护。[2]

我国《刑法》第二百一十九条侵犯商业秘密罪规定："有下列侵犯商业秘密行为之一，情节严重的，处三年以下有期徒刑，并处或者单处罚金；情节特别严重的，处三年以上十年以下有期徒刑，并处罚金：（一）以盗窃、贿赂、欺诈、胁迫、电子侵入或者其他不正当手段获取权利人的商业秘密的；（二）披露、使用或者允许他人使用以前项手段获取的权利人的商业秘密的；（三）违反保密义务或者违反权利人有关

---

[1] Bundesdatenschutzgesetz vom 30. Juni2017（BGBI. IS. 2097）.

[2]《德国刑法典》第十五章"侵害私人生活和秘密"第二百零四条利用他人秘密罪规定："依第二百零三条的规定有义务为他人保密之人，未经授权而利用他人秘密，尤其是利用企业或商业秘密的，处三年以下自由刑或罚金刑。"参见《德国刑法典》，徐久生译，北京大学出版社 2019 年版，第 152 页。

保守商业秘密的要求，披露、使用或者允许他人使用其所掌握的商业秘密的。明知前款所列行为，获取、披露、使用或者允许他人使用该商业秘密的，以侵犯商业秘密论。本条所称权利人，是指商业秘密的所有人和经商业秘密所有人许可的商业秘密使用人。"而关于商业秘密的定义，立法曾进行过修改。在《刑法修正案（十一）》颁布之前，我国《刑法》对商业秘密有着明确的定义，《刑法》原第二百一十九条第三款规定："本条所称商业秘密，是指不为公众所知悉，能为权利人带来经济利益，具有实用性并经权利人采取保密措施的技术信息和经营信息。"在《刑法修正案（十一）（草案一次审议稿）》中，该款的表述被修改为"本条所称商业秘密，是指不为公众所知悉、具有商业价值并经权利人采取相应保密措施的技术信息、经营信息等商业信息"。然而，《刑法修正案（十一）》的二次审议稿及最终稿均删除了关于商业秘密定义的规定。如何认定商业秘密，某种意义上成为我国现行《刑法》规定中的"空白"。可见，"商业秘密"的认定具有一定的复杂性，这主要与其自身特点、时代发展过程及司法实践经验缺乏有关。侵犯商业秘密罪本质上是制度依存性犯罪，立足于激励理论；只有当行为人的侵权行为严重破坏了市场创新激励机制，扰乱了市场竞争秩序，才应动用刑法予以制裁。[1]此外，根据《保守国家秘密法》第十三条规定："下列涉及国家安全和利益的事项，泄露后可能损害国家在政治、经济、国防、外交等领域的安全和利益的，应当确定为国家秘密：（一）国家事务重大决策中的秘密事项；（二）国防建设和武装力量活动中的秘密事项；（三）外交和外事活动中的秘密事项以及对外承担保密义务的秘密事项；

---

[1] 王志远：《侵犯商业秘密罪保护法益的秩序化界定及其教义学展开》，载《政治与法律》
2021年第6期。

（四）国民经济和社会发展中的秘密事项；（五）科学技术中的秘密事项；（六）维护国家安全活动和追查刑事犯罪中的秘密事项；（七）经国家保密行政管理部门确定的其他秘密事项。政党的秘密事项中符合前款规定的，属于国家秘密。"因此，对于那些属于国家秘密的个人信息，《刑法》中有专门的规定，其中比较典型的有《刑法》第一百一十一条为境外窃取、刺探、收买、非法提供国家秘密、情报罪，第二百八十二条第一款非法获取国家秘密罪，第二款非法持有国家绝密、机密文件、资料、物品罪，第三百九十八条故意泄露国家秘密罪、过失泄露国家秘密罪等。

5. 以获取个人信息为手段的其他犯罪

现实中存在一些侵犯个人信息的行为，因出于其他的犯罪目的，客观表现也完全符合其他犯罪构成，所以一般不适用直接针对个人信息保护所设立的罪名，而在这一类犯罪活动中，又以诈骗类犯罪居多[1]，如《刑法》第一百九十一条洗钱罪、第一百九十六条信用卡诈骗罪、第一百九十七条有价证券诈骗罪、第一百九十八条保险诈骗罪、第二百六十六条诈骗罪、第二百七十四条敲诈勒索罪等。需要注意的是，其中一类较为典型也可以视为特例的犯罪就是信用卡犯罪。之所以称其为特例，是因为立法已经将窃取、收买、非法提供信用卡信息行为单独入罪。这意味着，即使无法证明获取信用卡信息与信用卡诈骗存在关联，也能为诈骗行为的定罪量刑提供依据。

---

[1] 关于这一点，从美国针对身份盗窃的立法就可知侵犯个人信息与诈骗的密切联系。《美国联邦法典》（Code of Federal Regulation）将身份盗窃定义为：使用或试图使用欺诈手段，在未经他人许可的情况下使用他人身份（识别）信息。也就是说，身份盗窃的实质是行为人使用未经他人许可而获得的身份进行诈骗的行为。

二、非法利用个人金融信息行为刑事立法规制中存在的问题

现行刑法及相关司法解释在非法利用个人金融信息行为的刑事立法规制方面存在不足，主要表现在罪名设置不够完善、缺乏针对性，如《刑法》第二百五十三条之一规定的侵犯公民个人信息罪等罪名，无法全面涵盖实践中多样化的非法利用个人金融信息的行为。同时，侵犯公民个人信息罪的法律适用存在争议，特别是"情节严重"这一关键构成要件缺乏明确的司法解释，导致各地司法机关在理解和适用方面不一致，影响了司法的统一性和打击犯罪的力度。此外，单位犯罪的认定与处罚在实践中较少见，对非法利用个人金融信息行为的惩处和打击力度有限，导致犯罪成本较低，进一步削弱了刑事司法规制的有效性。

（一）罪名设置不完善，缺乏针对性

综观现行刑法，其中专门适用于规制侵犯个人信息行为的罪名不多，仅有《刑法》第二百五十三条之一的侵犯公民个人信息罪，以及第一百七十七条之一的窃取、收买、非法提供信用卡信息罪。虽然《刑法修正案（九）》对罪名合并之前的出售、非法提供个人信息罪和非法获取公民个人信息罪的修订，扩大了出售、非法提供公民个人信息行为的主体范围，降低了非法获取公民个人信息行为的入罪要求[1]，但该罪名

---

[1] 能够大量收集他人个人信息的单位不限于国家机关或者金融、电信、交通、教育、医疗等行业，其他单位如电商网站、网络游戏公司、职介所、婚介所等也同样能够接触到大量公民个人信息。因此，在实践中个人信息的泄露源头有许多。而且，由于在上述领域之外的行业中，部分尚属于新兴产业，对员工规范可能相对也较差，侵犯个人信息的情况可能会更严重，因而对于那些侵害个人信息的行为也同样应当纳入刑法的规制。如果（转下页）

在保护范围上仍然较为狭窄，很多侵犯个人金融信息的行为还不能予以规制。

1. 侵犯公民个人信息罪规定的行为方式单一

在《刑法》第二百五十三条之一侵犯公民个人信息罪中，侵犯公民个人信息的行为方式被规定为"出售""非法提供"或者"非法获取"，但实践中还存在其他侵犯公民个人信息安全的行为，如冒用公民个人信息，或者为达成自己的目的、未经信息主体同意而利用信息等诸多行为。

其中，"出售"和"非法提供"这两种行为方式的成立有一个前提，即合法取得。出售是指以获取利益为目的将信息进行有偿转让。非法提供是指在没有法律依据的情况下将合法获得的信息提供给没有获取资格的人，使个人信息非法泄露。向特定人提供公民个人信息，属于提供公民个人信息，对此不存在异议。但是对于通过信息网络或者其他途径发布公民个人信息是否属于提供公民个人信息，则存在不同认识。最高人民法院认为，通过信息网络或者其他途径发布公民个人信息，实际是向不特定多数人提供公民个人信息，既然向特定人提供公民个人信息的行

（接上页）不这样做，刑法可能会作出罪与非罪的不同评价，如此便会直接导致规范的不平等与打击面的失衡，也违背了打击个人信息犯罪和保护公民隐私和权利的立法初衷。参见吴苌弘：《个人信息的刑法保护研究》，华东政法大学 2013 年博士学位论文，第 46—50 页。也正是由于此，《刑法修正案（九）》将《刑法》第二百五十三条之一修改为："违反国家有关规定，向他人出售或者提供公民个人信息，情节严重的，处三年以下有期徒刑或者拘役，并处或者单处罚金；情节特别严重的，处三年以上七年以下有期徒刑，并处罚金。违反国家有关规定，将在履行职责或者提供服务过程中获得的公民个人信息，出售或者提供给他人的，依照前款的规定从重处罚。窃取或者以其他方法非法获取公民个人信息的，依照第一款的规定处罚。单位犯前三款罪的，对单位判处罚金，并对其直接负责的主管人员和其他直接责任人员，依照各该款的规定处罚。"从而解决了出售、非法提供公民个人信息罪的主体范围过窄的问题。

为属于"提供",基于"举轻以明重"的法理,前者更应当认定为"提供"。[1]刑法将出售与非法提供规定为并列的两种行为方式,这两种行为方式最实质的区别在于是否以获取利益为目的,一个是有偿转让,而另一个是无偿转让。对刑法进行解释适用要遵循刑法的基本原则——罪刑法定原则。按照刑法规定,出售、非法提供属于本罪的行为方式,但是在司法实践中,侵犯公民个人金融信息的行为方式不仅有这两种,还有非法使用个人金融信息的行为、擅自披露个人金融信息的行为。这些行为同样会带来危害。随着信息网络的发展和普及,获取公民个人金融信息的途径更加便捷,在社会生活中,侵犯公民个人金融信息的行为方式不仅是出售与非法提供,所以现行刑法对行为方式的规定明显过于狭窄。

窃取或者以其他方法非法获取金融信息的行为似乎可以认定为现行《刑法》第二百五十三条之一第三款规定的"窃取或者以其他方法非法获取公民个人信息"。然而,该规定中的"非法"如何认定?笔者认为,对"非法"二字的含义,可以根据体系解释的原理进行确定。"法律条文只有当它处于与它有关的所有条文的整体之中才显出其真正的含义,或它所出现的项目会明确该条文的真正含义。有时,把它与其他的条文——同一法令或同一法典的其他条款——进行比较,其含义也就明确了。"[2]有学者认为,非法获取公民个人信息中的"非法"与"违反国家有关规定"应作同样理解。[3]笔者认为,"非法"是指行为人违反了法

---

[1] 周加海、邹涛、喻海松:《〈关于办理侵犯公民个人信息刑事案件适用法律若干问题的解释〉的理解与适用》,载《人民司法》2017年第19期。

[2] [法]亨利·莱维·布律尔:《法律社会学》,许钧译,上海人民出版社1987年版,第243页。

[3] 刘宪权、房慧颖:《侵犯公民个人信息罪定罪量刑标准再析》,载《华东政法大学学报》2017年第6期。

律法规的禁止性规定而非行为没有法律根据。第一，对于普通公民来说，法不禁止即允许；第二，在生活中，我们可以通过很多途径获取他人信息，但并非全部方式都具有法律根据，若均加以处罚，难免打击范围过大，侵犯公民自由，反而使得"非法"失去限定的作用。因此，"非法"应理解为违反法律的禁止性规定。窃取即秘密盗窃，对于其他方法，刑法没有规定，实践中非法获取公民金融信息的行为方式多种多样，如骗取、侵占、非法收集、夺取等行为，但哪些行为应入罪，刑法规范并没有予以明确，由此给司法适用带来了困难。当然，入罪的行为应当与窃取行为在性质上具有相当程度的社会危害性，而这需要刑法给予明确规定。

此外，该罪名没有涵盖未经授权搜集信息并出售这一社会危害性日益凸显的行为。侵犯公民个人信息罪的客观方面是将履职或服务中所获信息予以出售、非法提供且情节严重的行为，以及窃取或者以其他方法非法获取他人信息的行为。但是随着信息时代的加速发展以及网络开放程度的加深，未经授权搜集他人信息并出售的行为也逐渐出现且具有严重的社会危害性。但由于这种侵犯公民个人信息的行为无法被现有犯罪所列举的行为内容所涵盖，即未经授权的搜集行为既不属于非法获取行为，也不属于工作职责或者提供服务行为，从而造成司法操作上的困难。因此，综合三种行为来看，搜集信息后的出售、非法提供行为均属于未经授权的非法利用行为。

应当看到，信息网络时代带来的快捷性和技术性，使得公民原本就难以掌控的公民个人信息权面临着更大的挑战。目前《个人信息保护法》对风险预防类措施的规定具体体现为第五十一条的安全事件应急预案制度、第五十五条和第五十六条的影响评估制度以及第六十四条的约谈与合规审计制度等。[1] 此外，诸如告知同意制度、市场准入制度、安全审查制度、监管沙箱制度、认证制度等措施亦属于风险预防类的行政监管保护措施。[2] 笔者认为，虽然公开在网络上的信息可以在一定程度上视为信息主体对于自己部分信息予以公开的认可，但是并不意味着行为人对这些信息进行大量搜集并出售就可以免于法律规范的制裁。信息搜集后的出售行为将直接扩大信息主体权利受侵犯的范围，实质上这种行为大多为后续的下游犯罪提供了温床。况且，在现实中，大多是信息所有者在不知情的情况下，其公民个人信息被他人公布在网站上。在信息网络时代，无论是享有合法获取权限的单位或个人，还是通过非法手段获取信息的黑客，一旦他们将自己拥有的用户信息公布在网站上，其他单位或个人就能通过网络搜索到上述信息加以整理并出售，其行为的社会危害性并不亚于前两个行为。

2. 侵犯公民个人信息罪修正前其中"违反国家规定"的限制

"违反国家规定"是出售、非法提供公民个人信息行为成立犯罪的前提条件，而我国《刑法》第九十六条明确规定："本法所称违反国家规定，是指违反全国人民代表大会及其常务委员会制定的法律和决定，国务院制定的行政法规、规定的行政措施、发布的决定和命令。"也就是说，该罪不包括违反地方性法律、法规、规章、命令等的侵害行为。[3] 因此，对"违反国家规定"的限定，便会导致以下两个问题。

第一，"违反国家规定"的限定导致无法追究相关行为人侵害公民

---

[1] 张涛：《风险预防原则在个人信息保护中的适用与展开》，载《现代法学》2023 年第 5 期。

[2] 崔聪聪：《个人信息保护的行政监管及展开》，载《苏州大学学报（哲学社会科学版）》2022 年第 5 期。

[3] 刘宪权、房慧颖：《侵犯公民个人信息罪定罪量刑标准再析》，载《华东政法大学学报》2017 年第 6 期。

个人金融信息行为的刑事责任。目前，我国关于个人金融信息保护的行政性法律法规还很不完善。全国人大常委会颁布的《个人信息保护法》是我国正式通过的第一部个人信息保护法律，其余有关个人信息保护的法律条文均散见于各部门法、行政法规、决定和命令等，如《民法典》《关于维护互联网安全的决定》《电信条例》等。但这些前置法还无法涵盖所有行业中可能出现的侵犯公民个人金融信息的行为。因此，一旦缺乏相关国家规定，相关行为人侵害公民个人信息的行为就会出现无法满足本罪构成要件的情形。

第二，"违反国家规定"的限定可能使一些行业规定等成为空文。例如，推荐性行业标准《个人金融信息保护技术规范》根据信息遭到未经授权的查看或未经授权的变更后所产生的影响和危害，将个人金融信息按敏感程度从高到低分为 C3、C2、C1 三个类别，但由于行业标准效力较低，侵犯公民个人信息罪无法将其作为入罪的前置条件，但对于行为的刑法认定来说，国家规定又是必不可少的。因此，这种限定性规则的制定会使法律的适用出现障碍，陷入一种有明文规定却无据可循的怪圈。

3. 新型网络搜集个人信息行为刑法规制的阙如

司法实践中出现了越来越多的行为人通过网络公开渠道海量搜集他人信息并予以出售的行为，具有严重的社会危害性。"开盒挂人"是一种新式网络暴力违法犯罪行为，不法分子通过非法手段进行网络搜索、挖掘，搜集个人隐私信息，包括姓名、个人照片、身份证号、家庭住址、手机号码、社交账号等，将这些内容在网络公开发布。被"开盒"人往往会遭遇网民的侮辱谩骂、造谣诋毁，甚至在现实生活中也会遭到骚扰，电话、短信等遭陌生人轮番"轰炸"。近期，某 13 岁女孩"开盒"网暴孕妇引起舆论哗然，公众对个人信息的泄露表示担忧。[1] 2023 年最高人民法院、最高人民检察院、公安部印发《关于依法惩治网络暴力违法犯罪的指导意见》，其中第 4 条规定，"组织'人肉搜索'，违法收集并向不特定多数人发布公民个人信息，情节严重，符合刑法第二百五十三条之一规定的，以侵犯公民个人信息罪定罪处罚；依照刑法和司法解释规定，同时构成其他犯罪的，依照处罚较重的规定定罪处罚"。"开盒挂人"就属于"人肉搜索"行为的一种，甚至具有更大的社会危害性。

在信息化程度不断提升的今天，越来越多的个人信息被公布在网络平台上，每个人的信息都变得公开透明，行为人只要稍微留心就可以将其他人在网络上被公布的信息予以搜集，如果此时不法分子利用网络开放性的特征将这些通过公开渠道获取的用户信息予以出售或非法提供给他人，势必会对用户的个人信息安全造成严重威胁，其社会危害程度并不亚于现有刑法条文规定的犯罪行为。笔者在登录百度云公共账号时就切身体会到公民个人信息可能被公开搜集的情况。笔者曾无意间将手机短信备份至百度云，事后通过多种途径在百度云上找到被备份的短信，同时，笔者发现系统中还有其他用户被备份的短信信息，笔者只要任意选取一项点开，就可以轻松获取到该用户的信息内容，其中甚至包括银行消费提醒。试想，如果这些信息被不法分子利用实施违法犯罪行为，所带来的严重后果难以想象。而现有刑法条文对于侵犯公民个人信息犯罪的规定并未将此种情况纳入其中，笔者认为刑法规范应当在条件成熟时，结合社会发展出现的新情况给予积极的法律回应，将此类行为纳入刑法规制范畴。实际上，《征信业管理条例》已经规定可以对征信机构、

---

[1]《起底新型网暴"开盒挂人"这些操作违法了》，载微信公众号"央视新闻"，2025 年 3 月 21 日。

金融信用信息基础数据库运行机构采集禁止采集的个人信息或者未经同意采集个人信息的行为追究刑事责任,只是现行刑法中尚无相应的罪名。

(二)犯罪构成要件不明确,司法认定困难

非法利用个人金融信息行为的刑事立法规制存在犯罪构成要件不明确的问题,具体表现在犯罪客体界定模糊、客观方面认定难题、主体认定复杂以及主观要件判断困境等方面。这种不明确性导致司法实践中对非法利用个人金融信息行为的认定和处罚存在困难,表现为定罪量刑标准不统一、司法认定混乱、证明行为人主观故意困难,以及对行为人目的和动机考量缺乏指导等。

1. 犯罪客体的模糊性

第一,客体界定模糊。非法利用个人金融信息行为侵犯的客体较为复杂,不仅包括公民的个人隐私和财产安全,还涉及金融管理秩序和社会公共利益。然而,现行刑法条文对这类犯罪的客体规定不够明确和具体,导致在司法实践中难以准确界定和把握。

第二,多重客体的权衡。当非法利用个人金融信息行为同时侵犯多个客体时,如何确定主要客体和次要客体,以及如何在定罪量刑时综合考虑对不同客体的侵害程度,缺乏明确的指导原则,给司法机关带来了困扰。"公民个人信息"在信息时代之前并不是刑法所重点关注的对象,而是作为依附于国家法益、社会法益以及公司商业秘密的"附属性信息"得到保护。[1] 我国刑法关于"公民个人信息"保护的立法、司法思

---

[1] 我国刑法早期保护的"个人信息"更多地属于超个人法益的信息,如故意泄露国家秘密罪、非法获取国家秘密罪、泄露内幕信息罪、侵犯商业秘密罪的规定通过保护符合超个人法益的信息进行个人信息的保护。

路，无不体现着刑法对其他相关犯罪的预防性、前置性立法思维，而非单纯对"公民个人信息"的保护。[1]

2. 客观方面的认定难题

行为方式的多样性与法律滞后性之间存在矛盾。随着科技的飞速发展，非法利用个人金融信息的行为方式日益多样，如网络钓鱼、木马病毒、社交工程等新型手段不断涌现。然而，刑事立法往往具有滞后性，难以及时涵盖和明确所有新型犯罪行为，导致一些行为在法律适用上存在空白或争议。

第一，"非法性"判断标准不统一。对于非法获取、出售、提供个人金融信息等行为的"非法性"认定，缺乏明确统一的标准。例如，何种情况下构成"非法获取"，是否仅限于通过黑客手段、窃取等明显违法的方式，还是可以包括违反行业规范、职业操守等情形，不同司法机关可能存在不同的理解。

第二，"情节严重"的界定模糊。许多罪名要求达到"情节严重"才构成犯罪，但对于"情节严重"的具体界定不够清晰和详细。在司法判定时，是以非法获取的信息数量、违法所得金额为标准，还是以对被害人造成的实际损害程度、社会影响范围等为依据，这方面存在模糊地带，导致司法实践中对同一类型案件的定罪量刑存在差异。美国法上的隐私概念经历了从保护个人私生活安宁和私生活秘密，到将"隐私"扩张解释为其他个人数据的历程，逐步突出传统"隐私"的保护范围并不断完善，形成了关于"信息隐私权"的概念。[2]当前，个人隐私法已经

---

[1] 于冲：《侵犯公民个人信息罪中"公民个人信息"的法益属性与入罪边界》，载《政治与法律》2018年第4期。

[2] 赵宏：《从信息公开到信息保护：公法上信息权保护研究的风向流转与核心问题》，载《比较法研究》2017年第2期。

不再限于对隐私的保护[1]，而是涵盖了隐私以外的其他个人信息权利。

3. 主体认定的复杂性

第一，自然人与单位犯罪的差异。在非法利用个人金融信息的犯罪中，既可能涉及自然人，也可能涉及单位。然而，对于单位犯罪的认定标准、责任追究方式等，与自然人犯罪存在较大差异。现行法律在单位犯罪的构成要件和处罚方式等方面的规定不够完善，导致在司法实践中对单位犯罪的认定和处理存在困难。

第二，共同犯罪的认定。非法利用个人金融信息的行为往往涉及多个主体，如信息的提供者、中介人、使用者等，他们之间可能构成共同犯罪。但对于共同犯罪中各主体的主观故意、行为分工、责任划分等认定标准不够明确，容易导致司法实践中出现分歧和混乱。

4. 主观要件的判断困境

第一，主观故意的证明困难。现行刑法分则中故意犯罪的"明知"包括确实知道和应当知道两种状态。"应当知道"是一种推定知道，司法机关对于被告人明知的证明有比较充足的客观事实依据，只是没有得到被告人的印证。[2]故此，在一般故意犯罪中，证明行为人"应当知道"时，行为人有提出反证的义务，即必须证明其确实不知道，方可否定其"明知"。否则，"应当知道"的推定就成立。犯罪主观要件要求行为人具有故意，但在非法利用个人金融信息的案件中，证明行为人的主观故意往往较为困难。行为人可能会以过失、误解等为由进行辩解，而司法

---

[1] Danille Keats Gitron. "Resevoirs of Danger: The Evolution of Public amd Private Law at the Dawn of the Information Age"（2007）. Faculty Scholarship. 125.

[2] 刘宪权：《论信息网络技术滥用行为的刑事责任——〈刑法修正案（九）〉相关条款的理解与适用》，载《政法论坛》2015 年第 6 期。

机关在收集和审查证据以证明其主观故意时就会面临挑战。

第二，目的与动机的多样性。非法利用个人金融信息的行为人可能出于多种目的和动机，如经济利益、报复、好奇等。不同的目的和动机可能影响其行为方式和危害后果，但在现行刑事立法中，对这些因素在定罪量刑中的考量缺乏明确指导，使得司法机关在量刑时难以准确把握和体现差异。

（三）量刑标准不统一，处罚力度偏轻

《刑法修正案（九）》生效前的《刑法》第二百五十三条之一第一次将出售或非法提供公民个人信息、非法获取公民个人信息行为作为犯罪，显示出我国在刑事立法层面对个人金融信息保护的关注。但出售或非法提供公民个人信息、非法获取公民个人信息行为入罪需以情节严重为前提，而《刑法修正案（九）》仍然规定出售或者提供公民个人信息的行为入罪应情节严重，至于何谓情节严重，刑法并未明确规定，由此导致司法实践中对侵犯公民个人金融信息行为的定罪量刑不一。[1]实践中侵犯公民个人信息犯罪的行为人提供或者获取公民个人信息的数量动辄几十万甚至上百万条，以"十倍"作为认定"情节特别严重"的标准，客观上完全可能会导致对侵犯公民个人信息罪实际"量刑不平衡"甚至"量刑过高"的情况出现。[2]有的法院仅根据侵犯公民个人信息行为所造成的后果进行定罪处罚，如根据侵犯公民个人信息行为是

---

[1] 虽然《刑法修正案（九）》删去了"窃取或者以其他方法非法获取公民个人信息"行为入罪的"情节严重"的规定，但实际上刑法不可能对情节轻微的该行为进行定罪处罚。故而修正案的修订反而会导致更严重的司法不一现象。

[2] 刘宪权、房慧颖：《侵犯公民个人信息罪定罪量刑标准再析》，载《华东政法大学学报》2017年第6期。

否给公民个人造成严重财产损失或精神损害、是否导致大量公民个人信息泄露、是否造成恶劣社会影响等进行定罪处罚；[1]也有法院主要根据行为人的主观恶性、盈利情况，以及是否形成产业化等因素进行定罪处罚；[2]还有的法院主要根据行为人出售、非法提供或非法获取的公民个人信息的次数和数量等进行定罪处罚。[3]虽然《侵犯公民个人信息司法解释》明确了"情节严重"的标准，有利于维护司法的统一性，但其中仍存在一些悬而未决的问题。

1. 对"情节特别严重"的倍化标准规定不甚合理

横向比较来看，《侵犯公民个人信息司法解释》第五条规定的"情节特别严重"的标准是"情节严重"的十倍以上。十倍以上的数额看起来似乎难以达到，但结合"情节严重"的标准，我们就会发现，即使是不可能影响人身、财产安全的公民个人信息，只要数量达到五万条即属于情节特别严重。然而，应当看到，司法实践中大多数侵犯公民个人信息案件所涉及的个人信息数量动辄几百万条、几千万条，即大多案件均可达到情节特别严重的标准，由此势必会导致实践中大量侵犯公民个人

---

[1]　例如，福建省安溪县人民法院判定黄某某、廖某甲非法获取公民个人信息罪案的被告人构成非法获取公民个人信息罪，主要是因为被告人在互联网上购买学生资料等公民个人信息后又利用这些信息实施了诈骗，致使多名学生的财产遭受损失，进而认定其符合非法获取公民个人信息罪的"情节严重"的标准。参见福建省安溪县人民法院（2015）安刑初字第459号刑事判决书。

[2]　例如，河南省通许县人民法院判定陈某某、黄某某非法获取公民个人信息罪案的被告人构成非法获取公民个人信息罪，主要是因为被告人以查询或购买公民个人信息后再出售赚取差额为业，进而认定其符合非法获取公民个人信息罪的"情节严重"的标准。参见河南省通许县人民法院（2015）通刑初字第499号刑事判决书。

[3]　例如，广东省深圳市南山区人民法院判定曾令波非法获取公民个人信息案的被告人构成非法获取公民个人信息罪，主要是因为被告人以非法购买等方式大量获取公民的姓名、住址、联系电话等个人信息，且进行售卖牟利，严重侵犯他人权益，进而认定其符合非法获取公民个人信息罪的"情节严重"的标准。参见广东省深圳市南山区人民法院（2014）深南法刑初字第301号刑事判决书。

信息的案件均要适用侵犯公民个人信息罪中最重一档的法定刑，该罪法定刑的区分度和适应性明显降低。纵向比较来看，同样被规定为"情节特别严重"的"造成被害人死亡、重伤、精神失常或者被绑架等严重后果的""造成重大经济损失或者恶劣社会影响的"与"数量或者数额达到前款第三项至第八项规定标准十倍以上的"同时被规定于《侵犯公民个人信息司法解释》第五条第二款中，分别作为侵犯公民个人信息罪"情节特别严重"的独立认定标准，理当具有同质性或社会危害相当性。然而，"造成被害人死亡、重伤、精神失常或者被绑架等严重后果的"和"造成重大经济损失或者恶劣社会影响的"是侵犯公民个人信息行为难以导致的后果，故而是司法实践中较为少见的情形。但"数量或者数额达到前款第三项至第八项规定标准十倍以上的"则是侵犯公民个人行为十分容易实现的情形，故而是司法实践较为常见的情形。司法解释却将两种不具有同质性或社会危害并不相当且出现频率悬殊较大的情形同等对待，虽然体现了对侵犯公民个人信息行为的从严惩治，但明显会导致罪刑失衡。因此，笔者认为，《侵犯公民个人信息司法解释》对侵犯公民个人信息罪"情节特别严重"所规定的倍化标准的合理性值得商榷。

2. 规定了目的要素不同情况下的入罪标准却没有规定相应的法定刑升格标准

《侵犯公民个人信息司法解释》第六条第一款规定："为合法经营活动而非法购买、收受本解释第五条第一款第三项、第四项规定以外的公民个人信息，具有下列情形之一的，应当认定为刑法第二百五十三条之一规定的'情节严重'：（一）利用非法购买、收受的公民个人信息获利五万元以上的；（二）曾因侵犯公民个人信息受过刑事处罚或者二年内受过行政处罚，又非法购买、收受公民个人信息的……"由此规定可见，是否基于合法经营活动目的将直接影响侵犯公民个人信息罪"情节严重"的标准即入罪标准。换言之，如果行为人基于合法经营活动目的而实施侵犯公民个人信息行为，其入罪门槛就会较高，反之则会降低。然而，对于"情节特别严重"的标准即法定刑升格标准，《侵犯公民个人信息司法解释》却没有相应的规定，而仅在该司法解释第六条第二款规定："实施前款规定的行为，将购买、收受的公民个人信息非法出售或者提供的，定罪量刑标准适用本解释第五条的规定。"可见，该司法解释认为，在基于合法经营活动目的的情况下，非法购买和收受公民个人信息的行为通常社会危害性不大，无需升格法定刑，但如果其将购买、收受的个人信息非法出售或提供，造成信息流散的，方可认定为"情节特别严重"的情形以升格法定刑处罚。那么，问题是在基于合法经营活动目的的情况下，是否就一定不存在或不应该存在情节特别严重的情形？目的要素是否应该是侵犯公民个人信息罪量刑的最关键要素？对此，笔者认为，从《侵犯公民个人信息司法解释》第六条第一款的规定可知，在基于合法经营活动目的的情况下，既然利用非法购买、收受相关公民个人信息获利五万元以上的，可以构成侵犯公民个人信息罪，那么基于相同目的实施相同行为，如果获利数额是五万的数十倍、数百倍甚至数千数万倍的，是否仍然应当在相同的法定刑幅度内加以处罚？既然曾因侵犯公民个人信息受过刑事处罚或者二年内受过行政处罚，又非法购买、收受公民个人信息的，可以构成侵犯公民个人信息罪，那么在因侵犯公民个人信息受过多次刑事处罚或者一年内甚至半年内多次受过行政处罚，又非法购买、收受公民个人信息的，是否也仍然应当在相同的法定刑幅度内处罚？答案不言自明，既然相同类型的行为或情形可以构成犯罪，那么势必应当在其罪量增加到一定程度的情况下予以升格法定刑。《侵犯公民个人信息司法解释》规定了目的要素不同情况下的入罪标准却没有规定相应的法定刑升格标准，这样就无法根据罪量分别适用不同幅度的刑罚，如此势必会导致罪刑失衡。

3. 对"以其他方法非法获取公民个人信息"的规定并不周延

根据《刑法》第二百五十三条之一第三款的规定，窃取或者以其他方法非法获取公民个人信息的行为也依照侵犯公民个人信息罪定罪处罚。窃取即秘密盗窃，但对于何谓"其他方法"，刑法并没有规定，而实践中非法获取公民个人信息的行为方式多种多样，如盗取、骗取、非法收集、购买等。但具体哪些行为应入罪，各地司法机关做法不一，有的法院将安装定位器、派人跟踪等手段获取个人信息的行为认定为"其他方法"；[1]有的法院将购买个人信息的方法认定为"其他方法"；[2]也有的法院将向他人索取个人信息行为认定为"其他方法"；[3]还有的法院将互联网搜索个人信息的行为认定为"其他方法"。[4]由此可见，由于立法规定的原则性以及相关司法解释的缺乏，司法实践中对"其他方法"的认定存在一定程度的混乱。

---

[1] 例如，李德发非法获取公民个人信息案中的被告人实施的安装定位器、派人跟踪等手段获取公民个人信息行为，被苏州市虎丘区人民法院认定为"以其他方法非法获取"行为。参见苏州市虎丘区人民法院（2016）苏 0505 刑初 1 号刑事判决书。

[2] 例如，刘文明、刘某甲非法获取公民个人信息案中的被告人实施的以购买的方法获取公民个人信息的行为，被福建省安溪县人民法院认定为"以其他方法非法获取"行为。参见福建省安溪县人民法院（2015）安刑初字第 482 号刑事判决书。

[3] 例如，吴某甲非法获取公民个人信息案中被告人在未经信息所有者同意的情况下采用索取等方式从他人处获取小区业主个人信息用于业务活动的行为，被江苏省张家港市人民法院认定为"以其他方法非法获取"行为。参见江苏省张家港市人民法院（2015）张刑初字第00871 号刑事判决书。

[4] 例如，林某某非法获取公民个人信息案中的被告人实施的通过互联网搜索等方式非法获取公民个人信息行为，被福建省安溪县人民法院认定为"以其他方法非法获取"行为。参见福建省安溪县人民法院（2015）安刑初字第 602 号刑事判决书。

第二节　非法利用个人金融信息行为的刑事司法规制现状

笔者以"个人信息"为关键词在北大法宝的中国裁判文书库中搜索侵犯公民个人信息犯罪案件，截至 2025 年 1 月 1 日，搜索到 14 181 个侵犯公民个人信息犯罪案件，其中涉及侵害个人金融信息的案件有 583 个。这些案例基本上反映了我国对非法利用个人金融信息行为的刑事司法规制现状，其中较为突出的问题主要有以下三个方面。

一、相关司法解释阙如，法律适用存在争议

从我国目前的立法现状来看，对侵犯个人金融信息的违法犯罪者多采用行政责任加刑事责任的处罚模式。[1]《刑法修正案（九）》生效之前的《刑法》第二百五十三条之一第一次将金融机构及其工作人员出售或非法提供公民个人信息等行为作为犯罪，显示出我国在立法层面对个人金融信息保护的关注。但构成该犯罪以情节严重为前提，何谓情节严重，相关司法解释尚未给出确切答案。

网络犯罪定量标准往往比传统犯罪要复杂得多，其犯罪对象的多元化、犯罪目的的复杂性、犯罪结果的不可控性决定了定量标准计算的难度，因此《侵犯公民个人信息司法解释》明确了"公民个人信息"的分类、分级保护制度，对不同安全类型和等级的个人信息，在入罪的门槛设计上进行了差异化的设置。整体上讲，"情节严重"的类型除了根据

---

[1]《反洗钱法》第 52 条至第 62 条、《个人信息保护法》第 66 条至第 71 条。

不同"公民个人信息"类型设定不同入罪数量,《侵犯公民个人信息司法解释》还进一步将违法所得数额、信息用途、行为人主体身份、犯罪记录等作为定量标准,基本上涵盖了影响侵犯公民个人信息的大部分情节因素。但同时,我们也应看到侵犯公民个人信息犯罪逐渐具有链条化、团伙化、多元化特征,侵犯公民个人信息往往只是其他违法犯罪的开始,在非法获取公民个人信息之后必然流向下游的关联犯罪,这也在某种程度上决定了侵犯个人信息犯罪的社会危害性特征。[1] 因此,关于"公民个人信息"的链条化保护逐渐成为法律的重要关注点。例如,德国刑法对于侵犯个人数据犯罪构建了严密的罪名体系,实现了犯罪各阶段的全链条评价。其第二百零二条规定了侵害通信秘密罪,并且分别在第二百零二条 a、第二百零二条 b、第二百零二条 c、第二百零二条 d 规定了探知数据、截获数据、探知和截获数据的预备、数据窝藏等行为。[2] 而且,实际上也确实很难判断行为人的行为是否达到"情节严重"的程度,具体到现实生活中,同一种泄露公民个人信息的行为,对于不同的人会产生截然不同的结果。比如,手机号码泄密,对于普通人来说,可能仅是多收取几天垃圾短信,但如果是出镜率高的公众人物,正常的生活则可能完全被打乱。由此,有人担心本罪"情节严重"的规定会大大增加审理此类案件的难度。但是,笔者对此不能认同。依笔者之见,《刑法修正案(七)》在本罪的构成要件上规定"情节严重"是完全必要的。这是因为,刑事责任的追究,针对的是社会危害性较为严重的违法行为,具体到公民个人信息权的法律保护,对于一般的侵犯公

---

[1] 于冲:《侵犯公民个人信息罪中"公民个人信息"的法益属性与入罪边界》,载《政治与法律》2018 年第 4 期。
[2] 《德国刑法典》,徐久生译,北京大学出版社 2019 年版,第 148—150 页。

民个人信息的违法行为，完全可以通过民事和行政的途径追究其违法责任，而不必动辄启动刑法追究其刑事责任。任意扩大刑事责任的适用范围不符合刑法基本原理和"宽严相济"的刑事政策，《刑法修正案（七）》将"情节严重"作为本罪的构成要件体现的也是这一精神。[1]而且，在实际办案过程中，各地司法机关对"情节严重"的把握尺度各不相同。虽然各地可根据实际情况适度裁量，但如果始终缺乏统一标准予以规制，那么一旦行为人利用网络技术流窜作案，就会因管辖地点的不同而被施以不同处罚，甚至影响罪与非罪的认定，这明显违背公平原则。也正是由于此，《刑法修正案（九）》在对《刑法》第二百五十三条之一进行修订时仍将"情节严重"作为构成出售或者非法提供公民个人信息行为入罪的必要条件。然而，对于何谓"情节严重"，《侵犯公民个人信息司法解释》采取列举的方式试图进行说明，但此种做法至少存在两个方面的改进空间：一是列举的方式虽然便于理解，但无法穷尽实践中存在的所有情形；二是相关的数额标准可能难以跟上社会的发展，容易出现滞后性。例如，"50条""5 000条""5 000元"等数额，显然不是一成不变的，无法适应不断变化的司法实践与社会生活。

二、侦查取证难度大，案件侦破率低

侦查取证难是公安机关在侦办非法利用个人金融信息犯罪过程中遇到的最大同时也是急需解决的问题之一。2020年全国公安机关共侦办侵犯公民个人信息刑事案件3 100余起，抓获犯罪嫌疑9 700余名，侦办

---

[1] 刘宪权、方晋晔：《个人信息权刑法保护的立法及完善》，载《华东政法大学学报》2009年第3期。

治安案件 3 400 余起，处理违法人员 3 600 余名。[1] 当前的侦查协作工作日趋规范，在打击跨区域犯罪方面发挥了较大的作用，但仍存在一些问题。其一，"条块结合，以块为主"的公安管理体制使侦查工作易受地方行政干预，从而滋生出侦查工作中的"地方保护主义"，难以在供给本区域所属侦查资源既定的情况下配合其他区域侦查部门的跨区域行动，从根源上束缚了侦查协作工作的开展。其二，实践中的侦查协作缺乏统一的侦查协作管理机构而仍旧依靠区域间"感情"维系协作，这就使得协作标准、程序、方式等协作内容因缺乏统一规范而难以保障协作水平与协作质量。其三，非法利用个人金融信息犯罪突破了传统物理空间内犯罪的易感知性。通过植入恶意程序、黑客撞库等手段窃取公民个人金融信息，而后在暗网上进行交易，整个犯罪行为都发生在网络虚拟空间，难以精准把握协作依据的数量与质量。其四，侦查协作与社会行业协作不畅。随着社会生产生活方式的转变，公民个人信息成为商业与社会管理领域的战略性资源，其重要性不言而喻。侦查部门与其他社会行业社会角色不同，因而各自的工作目的、方法、思维、制度等方面存在不小的差异。[2]

此外，非法利用个人金融信息犯罪在实践中表现出了不同于其他犯罪的新特点，侦查机关也应当根据此类犯罪的性质变革侦查机制，积极尝试各种新型侦查技术的应用。[3] 例如，网络远程取证的应用可以实现

---

[1] 中华人民共和国公安部：《2020 年公安机关侦办侵犯公民个人信息刑事案件 3 100 余起》，资料来源：https://www.mps.gov.cn/n7944517/n7944597/n7945888/c7603218/content.html，2025 年 1 月 15 日访问。

[2] 张志伟：《侵犯公民个人信息犯罪案件侦查难点及对策》，载《中国刑事警察》2019 年第 5 期。

[3] 杨锦璇、贾晓千：《侵犯公民个人信息案件侦查与防范研究》，载《湖南警察学院学报》2021 年第 6 期。

网上远程调查取证，依程序获取的数据信息可直接作为电子证据用于认定犯罪行为。这些新型技术手段的运用会极大地提高侦查机关的办案能力。具体的犯罪新特点主要体现在以下五个方面。

一是信息泄露途径和因素较多。侵财型的非法利用个人金融信息犯罪行为线索主要出现在网站、手机号码、银行账户、电子邮箱等领域，并且数量众多、纷繁复杂、查证难度较大。从已侦破的案件来看，造成公民个人信息泄露的因素有很多，在政府行政管理以及金融、电信、交通、医疗、物业管理、宾馆住宿服务、快递等诸多社会公共服务领域，只要有一环出现管理疏漏或者工作人员出售、泄露的情况，就将导致个人金融信息的非法流出。[1]

二是侦办周期长且取证难。对于涉及辖区外的线索，往往需要跨部门或跨区域协作作战，侦办时间长，大量证据难以快速搜集。此外，由于非法利用个人金融信息犯罪往往具有"非接触"的特点，大部分信息资料都通过网络进行互通，因而很多非法利用个人金融信息犯罪的证据均存放于存储设备内，对于一些具有较强反侦查能力的犯罪嫌疑人来说，一有任何风吹草动，其就会立即启动特定程序在极短的时间内销毁证据，从而加大了侦查取证的难度。[2]

三是受害者分散。全国各地甚至在境外都有受害者，受害人群难以被确认。有些人如"重金求缘"诈骗案受害者，要么不愿配合调查，要么怕自己名誉受损否认受骗。有的受害者则认为被骗被盗金额较小，或是没有任何损失，所以在对公安机关的配合调查上有很大的抵触情绪。

---

[1] 舒锐：《须从源头消除公民信息泄露的土壤》，载《民主与法制时报》2017年9月19日，第2版。

[2] 参见王丁：《论公民个人信息权的刑事法律保护》，大连海事大学2014年硕士学位论文，第36页。

四是主动报案少。目前大部分个人即使知道自己的金融信息被泄露、被窃取，通常情况下都不会选择报案，往往是简单地删除骚扰短信或对骚扰电话不予理睬，并不会向有关部门举报；即使向有关单位举报，又可能因为处理个人信息侵权的相关部门的不作为、敷衍而搁置；还可能因为当事人不期望通过投诉、诉讼途径得到救济而戛然而止。这就给公安机关及司法机关的打击工作带来了困难。

五是寻求相关单位的协作配合难。由于网络运营商、服务提供商和网站经营者之间具有一定的利益共享关系，他们往往以各种理由拒绝提供用户交易记录和注册资料，消极配合或者不予配合，更有甚者故意给犯罪嫌疑人通风报信，帮助其转移或毁灭有关证据。

三、惩处和打击力度有限，犯罪成本低

目前，对非法利用个人金融信息行为的惩治和打击只能依赖现有的刑法相关规定，如《刑法》第二百五十三条之一侵犯公民个人信息罪和《刑法》第一百七十七条之一第二款规定的窃取、收买、非法提供信用卡信息罪等罪名。然而，由于毕竟不是专门针对非法利用个人金融信息行为设置的罪名，而且这些罪名本身也存在立法疏漏问题，因而在适用这些罪名来规制非法利用个人金融信息行为的过程中，势必存在惩处和打击力度有限的问题。

（一）惩处和打击力度有限

1. 对单位犯罪处罚较少

事实上，《刑法修正案（九）》对侵犯公民个人信息的犯罪，除了

规定针对自然人的刑罚，还规定了对特殊主体即单位犯罪的制裁——"单位犯前三款罪的，对单位判处罚金，并对其直接负责的主管人员和其他直接责任人员，依照各该款的规定处罚"。但时至今日，全国范围内单位构成该罪的案例较少，截至 2025 年 1 月 1 日在北大法宝上仅检索到 166 例。在北京某文化传播有限公司等侵犯公民个人信息案中，该公司为推销由某公司推出的演讲培训课程，雇用被告人孙某伟等 20 余人从事电话销售工作，并通过入职培训、口口相传的方式授意被告人张某家等人利用网络登录 QQ 账号，并加入以信息资源交流为目的的群，通过交换等方式获取包括姓名、手机号码等在内的公民个人信息；被告人孙某伟等人任公司销售主管或见习销售主管，负责组内管理、业绩提升等，在明知组内人员通过交换方式非法获取及向他人提供公民个人信息仍予以支持帮助。法院判处单位和自然人分别构成侵犯公民个人信息罪。[1]

2. 入罪存在"情节严重"规定的过度限制[2]

在可以用以规制部分非法利用个人金融信息行为的《刑法》第二百五十三条之一第一款的规定中，出售或者非法提供公民个人信息行为构成犯罪存在一个前提条件和基本标准，就是"情节严重"。这一规定说明不是所有出售或者非法提供公民个人信息的行为都可以构成犯罪，而是必须满足一定的情节要求。如此规定既有利于缩小刑罚打击面，避免刑罚滥用，同时也可以合理限制司法机关自由裁量权的行使。但正如前文所述，刑法及其相关司法解释并没有明确何谓"情节严重"，

---

[1] 北京市通州区人民法院（2018）京 0112 刑初 389 号刑事判决书。
[2] 这里的"限制"并非认为刑法不应该设置"情节严重"的要求，恰恰相反，这个要求在犯罪需具有严重社会危害性的本质上是必要的，只不过，"情节严重"的规定设置必须相对明确，而不能模棱两可、似是而非，否则将会导致司法肆意降低或提高入罪门槛。

以致很多司法机关为避免法律适用不当，除非侵犯公民个人信息行为造成非常严重后果或产生非常恶劣的社会影响，否则一般不认定构成犯罪。这也就导致很多本应追究刑事责任的侵犯公民个人信息行为，因司法机关无法准确判断是否属于"情节严重"而最终没有入罪。

非法获取计算机信息系统数据罪中"情节严重"的规定，根据司法解释可以看出是指向背后法益"数据权主体所持数据之上所载的具体利益"。然而，数据之上所承载的具体利益（权益），虽然有相关司法解释的规定，但仍然不够明晰。即使是前置法的《民法典》，也未能给出一个清晰、明确的规定，而仅在《民法典》第一百二十七条中规定"法律对数据、网络虚拟财产的保护有规定的，依照其规定"。可以看出，数据之上所载有的利益（权益）内容是十分丰富且复杂的。[1]因此，有学者指出，应用"权利束"的理念观察数据利益（权益），数据利益（权益）是多项利益（权益）的集合。[2]还有学者指出，数据权利的特点是包含多元主体与多样权利，但这些权利都离不开数据。它是一组多个权利的集合，它既包含法律已经规定的人格权，也包含一些新型权利——由数据派生的财产权。[3]那么，回归到刑法中观察数据被保护的状态，可以发现刑法中对数据的保护也呈现出一种"法益束"的状态。刑法中的侵犯公民个人信息罪、盗窃罪、侵犯商业秘密罪、非法获取国家秘密罪等罪名，均在一定程度上对刑法中的数据提供了保护。但不可否认的是，数据法益是与数据相关的多项利益的集合，具有复合性的特征。刑法中的数据能否全面保护个人金融信息是值得商榷的，个人金融信息并

---

[1] 张强：《数据安全视野下非法获取计算机信息系统数据罪保护法益再解读》，载《数据法学》2024 年第 6 卷。

[2] 王利明：《论数据权益：以"权利束"为视角》，载《政治与法律》2022 年第 7 期。

[3] 闫立东：《以"权利束"视角探究数据权利》，载《东方法学》2019 年第 2 期。

不完全等于数据的概念，因此"情节严重"的认定存在困难。

（二）犯罪成本较低

从目前已经侦破的众多案件来看，公民个体防范意识薄弱是造成信息泄露的重要因素之一，大量的公民个人信息被有意无意地通过种种渠道泄露出去。因此，有关部门有必要采取综合措施提高公民的防范意识，使其充分认识到保护个人信息的重要性，懂得如何防范个人信息被侵犯。[1]此外，还要让公民形成对个人信息权利的尊重。[2]非法利用个人金融信息犯罪对每一个个体的正常生活造成影响，即使犯罪分子本人的信息也可能处在犯罪产业链的某个交易环节。从犯罪成本的角度分析行为人非法利用个人金融信息的原因，可能有以下三个方面。

1. 经济成本低

实施非法利用个人金融信息的行为所需的物质条件相对简单，主要依赖互联网技术和基本的计算机设备。这些设备和网络服务的获取成本较低，使得犯罪分子能够以较小的经济投入进行非法活动。例如，利用网络爬虫技术非法收集个人金融信息，或者通过简单的社交工程手段诱骗受害者提供信息，这些行为的实施成本相对较低，但可能带来较高的非法收益。

2. 时间成本低

随着信息技术的发展，非法获取和利用个人金融信息可以在短时间内完成。犯罪分子可以通过自动化工具和软件快速地收集、整理和分析

---

[1] 卢建平、常秀娇：《我国侵犯公民个人信息犯罪的治理》，载《法律适用》2013年第4期。

[2] 刘武俊：《用法律撑开公民个人信息安全保护伞》，载《人民公安报》2013年8月15日，第3版。

大量的个人金融信息，并迅速将其用于非法目的，如诈骗、洗钱等。这种高效性使得犯罪分子能够在较短的时间内实施多次犯罪行为，增加了司法机关的打击难度。

3. 法律成本低

尽管我国刑法对侵犯公民个人信息的行为进行了规定，但在实际操作中，由于相关法律条文的不够明确和完善，以及司法实践中存在的问题，我国对非法利用个人金融信息行为的法律制裁力度不够。这使得犯罪分子在实施犯罪行为时，面临的法律风险相对较低，由此进一步降低了犯罪成本。

第三章

非法利用个人金融信息行为刑法规制强化的合理性

在限制刑罚权扩张、反对重刑主义的社会时代背景下，强化对非法利用个人金融信息行为刑法规制的提出，似乎有点不合时宜。然而，刑法作为其他一切法律的保障法、作为社会公平正义的"最后一道防线"，其保障人权和社会保护的机能必须适时进行发挥，在非法利用个人金融信息行为社会危害性凸显的情形下，刑法就应当及时出手对这类行为进行有效规制。事实上，近年来，非法利用个人金融信息导致侵犯公民人身权和财产权的违法犯罪案件频发，并引发了洗钱、电信诈骗等诸多下游犯罪，不仅严重侵害了个人的隐私权，也严重侵害了民众的财产权，同时还损害了金融机构的声誉，阻碍了金融业的发展，给我国金融稳定和金融环境带来了诸多负面影响。因此，如何完善刑事立法并妥适司法，强化对非法利用个人金融信息行为的刑法规制，以实现对个人金融信息的充分有效保护，是值得我们深入研究的一个重要问题。[1]

第一节　非法利用个人金融信息行为刑法规制强化的必要性

现行刑法中的侵犯公民个人信息罪对侵犯公民个人信息行为进行了规制，但因个人信息范围的宽泛、含糊而无法突出对个人金融信息的特别保护，同时侵犯公民个人信息行为无法涵括所有非法利用个人金融信息行为。如同合同诈骗罪独立于诈骗罪，贷款诈骗罪等金融诈骗罪独立于合同诈骗罪，非法利用个人金融信息犯罪亦应独立于侵犯公民个人信息罪。强化对非法利用个人金融信息行为的刑法规制并非率性而为、心血来潮，而是基于非法利用个人金融信息行为所凸显的严重社会危害性，以及维护公民个人信息安全、维护金融管理秩序和社会稳定等现实需要。[2]

一、非法利用个人金融信息行为凸显严重社会危害性

在刑法视野中对某一行为的考察，关注核心是其社会危害性，社会危害性反映了一定时期内社会对某一行为的容忍程度，系刑事立法中罪名设置与刑罚确定的标尺。对此，贝卡利亚指出："什么是衡量犯罪的真正标尺，即犯罪对社会的危害。这是一条显而易见的真理，尽管认识这类明了的真理并不需要借助于象限仪和放大镜，而且它们的深浅程度

---

[1]　李振林：《非法利用个人金融信息行为刑法规制强化论》，载《华东政法大学学报》2019 年第 1 期。

[2]　李振林：《非法利用个人金融信息行为刑法规制强化论》，载《华东政法大学学报》2019 年第 1 期。

都不超出任何中等智力水平的认识范围。"[1]我国《刑法》第十三条也规定，情节显著轻微危害不大的行为，不认为是犯罪。[2]社会危害性是指行为对我国的社会主义社会关系实际造成的损害或者可能造成的损害。[3]犯罪与一般违法行为的区别在于社会危害性的程度不同，即犯罪行为具有严重的社会危害性，而一般违法行为的社会危害性尚未达到这样严重的程度。[4]刑法之所以将侵犯公民个人信息的行为纳入犯罪领域，是因为这种行为对社会的负面影响很大，具有严重的社会危害性，其他部门法不能充分保护信息所有者的合法权益。反之，如果其他部门法能够实现法益保护的目的，刑法也就没有规制的必要了。

随着信息化浪潮席卷全球，我国也迈入了信息化社会的转型与发展进程中，信息逐渐成为社会变革、产业转型升级的最重要资源。在信息化背景下，公民个人信息通过各种新型手段、渠道被获取与使用，例如各种 App、小程序等工具所要求的个人信息授权，加上网络处理手段的隐蔽性、传播性、便捷性特点，公民个人信息法益便悄无声息且轻而易举地被侵犯。鉴于如此迫切的保护需求，国家通过一系列立法活动，彰显出对公民个人信息的积极保护立场和对个人信息保护体系的切实完善[5]，这也是《刑法修正案（七）》将侵犯公民个人信息行为纳入刑法规制范畴的主要原因。侵犯公民个人信息行为的社会危害性随着信息

---

[1]　［意］切萨雷·贝卡利亚：《论犯罪与刑罚》，黄风译，中国法制出版社 2005 年版，第 21 页。

[2]　李振林：《非法利用个人金融信息行为刑法规制强化论》，载《华东政法大学学报》2019 年第 1 期。

[3]　马克昌主编：《犯罪通论》，武汉大学出版社 1999 年版，第 20 页。

[4]　马克昌主编：《犯罪通论》，武汉大学出版社 1999 年版，第 19 页。

[5]　杨天晓：《个人信息保护体系中"非法使用"行为的入罪化》，载《南大法学》2024 年第 6 期。

社会转型与信息产业发展出现了根本性变化。在其他部门法无法充分保护个人信息主体的合法权益、无法充分保障信息产业发展与信息社会深入转型的情况下，就有必要动用刑罚手段规制侵犯公民个人信息行为。[1]

　　然而，社会危害性也具有一定的模糊性，在不同的时期与不同的社会背景下，人们对某种行为的社会危害性的认识是不同的。在金融信息的保护领域，由于不同的人对信息的敏感程度和保护意识存在差异，对社会危害性的判断也会有不同的结果。[2]如前所述，随着经济的日益发达，金融信息不仅具有身份上的意义，即关联特定个人、反映个体特征、具有个体识别性[3]，更重要的是基于其金融性、财产性、信用性等特性，还能够为侵权人带来巨大的经济利益。"人是理性的经济动物，在判断、选择是否行为、如何行为前都要进行经济的衡量。"[4]在当今信息爆炸的大数据时代，金融信息因为其本身具有的各种属性，在很多领域都有着广泛的用途。与此同时，非法利用个人金融信息行为日益猖獗，从而导致个人金融信息被广泛地不当使用和传播。应当看到，个人金融信息被不当使用和传播的直接后果是，不法分子获取了大量个人金融信息，并由此成为诸多犯罪的源头。被获取的个人金融信息成为电信诈骗犯罪的最佳"原料"。个人金融信息含有丰富的财产信息内容，不

---

[1] 李振林：《非法利用个人金融信息行为刑法规制强化论》，载《华东政法大学学报》2019 年第 1 期。
[2] 李振林：《非法利用个人金融信息行为刑法规制强化论》，载《华东政法大学学报》2019 年第 1 期。
[3] 王利明：《论个人信息权的法律保护——以个人信息权与隐私权的界分为中心》，载《现代法学》2013 年第 4 期。
[4] 刘宪权、方晋晔：《个人信息权刑法保护的立法及完善》，载《华东政法大学学报》2009 年第 3 期。

法分子获取后，往往会利用其进行电信诈骗。在近来发生的多起电信诈骗案件中，均存在受害者个人金融信息被不当使用和传播的情况。[1]根据相关的数据统计，截至2024年12月，我国互联网的用户人数已经达到11.08亿。根据中国互联网络信息中心（CNNIC）发布的第55次《中国互联网络发展状况统计报告》，截至2024年12月，利用手机上网的人数达11.05亿人。中国互联网的普及率高出世界互联网平均普及率十几个百分点。[2]随着网络的普及和被高效利用，信息的传播速度和传播范围是以往任何一个时代都不可同日而语的。同时，科技不断发展，催生出更多可以存储数据的工具，如移动硬盘、各种网站的服务器、U盘、PC机等。这些设备的出现使大量的数据能够被存储、传递、流通进而被利用。如果人们利用互联网泄露他人金融信息，这些信息会被存储设备记录下来，永久保存在信息主体无法控制的地方，信息随时有再被传播的风险，极大地降低人们对自身信息安全的信心。[3]因此，在互联网普及应用的时代背景下，个人金融信息的泄露、散布会带来更大的危害。

个人金融信息被侵犯的过程主要包含以下三个环节。首先，公民基

---

[1] 例如，2022年下半年以来，虚假征信类电信网络诈骗案件在全国各地高发，已成为当前主要的电信网络诈骗类型之一，给人民群众造成严重损失。在这类案件中，诈骗分子往往冒充互联网金融平台客服，谎称因国家出台征信政策，要求受害人关闭在平台申请的金融业务、调低贷款利率或注销之前以学生身份在平台上申请的校园贷等，否则就会影响征信记录。诈骗分子借此诱导受害人下载在线会议软件并共享屏幕，通过分饰多角等方式实施诈骗，逐步诱骗受害人将其自有资金或在网络平台上申请的贷款转入由诈骗分子控制的指定账户。

[2] 参见中国互联网络信息中心2025年1月17日发布的第55次《中国互联网络发展状况统计报告》。

[3] 童园园：《大数据时代下刑法对个人信息的保护》，华东政法大学2014年硕士学位论文，第23页。

于信任或国家、社会、个人的需要，将金融信息提供给某单位或某个人（其间信息可能经过各种途径的合法传播和交换），部分金融机构或者金融信息平台服务商在提供网络平台金融服务时，要求客户填写种类繁多的个人信息并打包授予类型不明确、事项不清晰的信息使用权，客户往往为了获取服务而不得不填写并同意授权。[1] 其次，一些单位或一些个人违反国家规定，将公民个人金融信息出售或者非法提供给另外的个人或单位（有些公民个人信息是被窃取或用其他手段非法获取的），并经过多次转手交易。最后，得到公民个人金融信息的个人或单位通过公开、篡改甚至非法使用等方式，利用公民个人金融信息实施违法犯罪活动。在前述过程中，实际对公民个人金融信息产生危害的只有最后一个环节，前面两个环节只是为侵害公民个人金融信息提供了可能性。公民个人金融信息无论是被出售还是被他人非法获取，并不会对公民个人金融信息本身产生危害，主要侵犯的是公民对金融信息的营销禁止权和处分权。对公民产生实际生活影响的，是相关主体将公民个人金融信息作为工具进行公开、篡改甚至用于实施犯罪的行为。然而，刑法目前仅将出售或者非法提供、非法获取公民个人信息的行为规定为侵犯公民个人信息罪，却将滥用公民个人金融信息的其他行为作为其他犯罪的预备行为或者非罪行为处理。笔者认为如此设置并不妥当。

首先，仅从源头上制止公民个人金融信息犯罪往往事倍功半。出售或者非法提供、非法获取公民个人金融信息行为的隐蔽性极强，公安机关很难直接发现侵犯公民个人金融信息的犯罪。而待公民因金融信息的泄露导致实际生活受到影响时，公民个人金融信息的出售或者非法提

---

[1] 龚珊珊：《滥用公民个人金融信息行为的刑法规制——以重塑侵犯公民个人信息罪为视角》，载《金融监管研究》2021 年第 11 期。

供、非法获取行为早已结束，难以找到源头。信息具有一定时间的有效性，根据信息的不同，时效性可短可长，如手机号码等信息可能因手机号码的更换而失去金融信息价值，但是很多人身信息如医疗记录[1]等一旦泄露将在很长时间内有效存在。可以说，目前刑法规定的侵犯公民个人金融信息犯罪仅能通过刑法威慑力遏制一部分泄露和非法获取个人金融信息行为，其有效性值得怀疑。

其次，目前侵犯公民个人信息罪的设置缺乏与后续保护的衔接。我国刑法规定的侵犯公民个人信息罪仅规制出售或者非法提供、非法获取行为，而没有规制后续的使用行为。这就造成了只有刑法的提前介入罪名而没有本该予以惩罚的犯罪罪名，有本末倒置之嫌。因此，笔者认为侵犯公民个人信息罪应当将使用行为作为本罪的行为方式之一，如此，不仅可以从源头保护公民金融信息不被泄露、不被非法获得，而且可以在一定程度上防止已经泄露的公民金融信息被非法使用而导致权利人的金融隐私权遭到进一步侵害。[2]

最后，非法利用个人金融信息行为将产生社会负面影响。公民信息泄露给金融市场及个人财产安全带来很大冲击，新型金融诈骗犯罪案件多是通过泄露的公民信息实现的。个人金融信息泄露使得不法分子获取了大量个人信息，这些信息往往成为诸多犯罪的"源头"。第一，被泄露的个人金融信息成为电信诈骗的最佳"原材料"。个人金融信息含有

---

[1] 2024年6月6日，国务院办公厅发布《深化医药卫生体制改革2024年重点工作任务》，提出"改善基层医疗卫生机构基础设施条件，推广智慧医疗辅助信息系统"。在智慧医疗服务快速推广的当下，患者的就医记录大多以电子形式存在，并将在医院信息管理系统中长期存储。

[2] 参见公绪龙：《侵犯公民个人信息犯罪立法缺陷及完善研究》，华东政法大学2011年硕士学位论文，第22—25页。

丰富的内容，不法分子获取后，利用其进行电信诈骗是最为常见的危害。"威胁猎人"发布的《2023 年 Q1 数据资产泄露分析报告》显示，被泄露的数据往往会流入数据黑市，被转卖至销售企业、诈骗集团，不法分子利用这些数据进行精准电信诈骗或勒索，为个人生活安宁及财产安全带来了威胁。[1]第二，被泄露的个人金融信息为冒名办理信用卡套现、复制银行卡盗取资金提供了便利。信用主体的身份被他人盗用，致使出现虚假不良信贷记录，是形成不良信用记录的主要原因。[2]近年来发生的多起金融案件中，不法分子在获取足够的个人金融信息后，通过冒名办理信用卡及贷款、复制银行卡等手段，盗取客户资金，严重影响了客户信用。第三，个人金融信息泄露导致垃圾信息泛滥，严重影响了社会生活秩序。个人生活领域可分为私人领域和社会参与领域。在社会参与过程中，个体基于工作、生活等各种原因不可避免地要与社会进行物质、能量与信息的交换，并参与社会交往。这是人作为社会"政治动物"不可避免的活动。而在私人领域中，个人可以暂时脱离诸多社会的关联，回归与他人无涉的状态中，自由地发展、张扬个性。而对个人信息的侵犯不仅破坏社会参与秩序，更侵蚀私人领域空间，使个人生活的秩序、方式、内容等各个方面均遭受侵扰。相关单位在获取个人金融信息后，频繁推送营销信息，此类垃圾信息严重干扰人们正常生活，成为一种新型社会污染。[3]第四，非法利用个人金融信息的行为破坏了正常的信息管理和流动秩序。在现代社会，对信息的使用和依赖已经远远超越了前现代时期。信息的采集、处理、管理、流动等均已形成完整的制

---

[1] 李昊：《个人信息侵权责任的规范构造》，载《广东社会科学》2022 年第 1 期。

[2] 张钱：《个人征信侵权责任认定中存在的问题分析》，载《法律适用》2014 年第 3 期。

[3] 曲斯鸣：《信息化时代的个人金融信息保护》，载《河北经济日报》2013 年 3 月 25 日，第 10 版。

度体系。然而，非法利用个人金融信息的行为很显然对这一秩序的建立
和维系构成了严峻挑战。公众对自我信息的安全处于担忧状态，不愿意
提供、分享信息，这将导致社会运行成本显著增加。[1]

二、信息网络时代维护公民个人信息安全的迫切需要

随着信息网络时代特别是移动网络时代的到来，人们在随时随地分
享信息的同时，也被笼罩在信息网络所营造的"全景式监狱"之下，其
他人可以通过行为、社交、位置等信息对你进行身份识别。由于公民个
人信息的资源性质越来越凸显，互联网企业通过对用户信息的搜集和滥
用换取巨额的商业利益，再加上互联网企业对用户信息的监管存在缺
陷，公民个人信息安全形势十分严峻。

随着银行的电子化及网络技术的普遍应用，对个人金融信息的收
集、利用变得越来越容易，常常使得信息主体对自己的哪些信息被收
集、被收集的信息与实际情况是否相符都无从得知。金融机构通过影音
录像、签字等证据证明其已经履行相应的告知义务，但金融交易中个人
信息处理的告知义务常常混合在各类格式合同中，信息主体难以注意和
识别。[2]因而，为了保护信息主体的个人权利，应给予个人金融信息必
要的保护。公民个人信息在现实生活中能够识别特定个人的一切情况，
其法律属性是一种独立、新型的民事权利，即个人信息权。个人信息权
是数字时代的人格权新形式。在数字语境中论及对人格的尊重，具体表

---

[1]　周兰一:《论个人信息的刑法保护》，湖南师范大学 2011 年硕士学位论文，第 117 页。
[2]　郭金良:《数字经济时代个人金融信息侵权保护的困境与应对》，载《法学评论》2024 年第
　　　5 期。

现为对以个人信息为载体的人格权益的保护。[1]试想，如果公民个人金融信息得不到法律的保护，那么人格权中的姓名权、隐私权、名誉权等具体内容便很难得到根本保障。作为个人信息权子概念的个人金融信息权，同样要求得到法律的有效保护。尽管法律保护的手段多种多样，但金融信息的刑法保护是有效保护公民个人权利的必要举措。

第一，刑法保护是其他法律保护的保障。刑法所保护的社会关系具有广泛性的特点，没有刑法保护作为后盾与保障，其他法律保护手段往往难以得到彻底贯彻实施。仅有作为第一保护性规范的前置法规制，缺乏第二保护性规范的刑法作为后盾支撑，难以有效维护金融秩序稳定。由此可见，倘若金融前置法规制范围扩大、制裁力量增强至上限后，仍无法为前置法所确立、调整的法益提供有效保护时，刑法仍然保持克制，则有违刑事立法的分配正义规则。[2]

第二，刑法保护的强制性能够最大限度保障公民个人信息权的实现。任何法律都有强制性，任何违反法律的行为都必须承担相应的法律后果、受到国家强制力的干预。但在这些强制中，以刑法对犯罪分子适用的刑罚这种强制手段最为严厉。显然，刑法保护所具有的这种严厉的强制性，是其他法律保护手段所没有的。刑法的强制方法主要是刑罚，在侵害金融信息行为日益严重的今天，如果仅依靠其他制裁方式是不足以阻止这种行为蔓延的，只有通过刑罚这种最严厉的手段才能充分保护公民的合法权益。正如费尔巴哈所指出的，"为了防止犯罪，必须抑制行为人的感性的冲动，即科处作为害恶的刑罚，并使人们预先知道因犯罪受刑的痛苦大于因犯罪所能得到的快乐，才能抑制其心理上萌生犯罪

[1] 温昱：《处理者法律地位流变分析》，载《政法论坛》2025年第2期。
[2] 田宏杰：《金融安全的刑事法律保护：挑战与变革》，载《法律适用》2024年第9期。

的意念"。[1]

对于非法利用个人金融信息行为，其一，该行为不仅侵害了公民的财产权、人身权，还可能危及国家安全。随着全球反恐形势日益严峻，各个国家和地区无一例外地运用科技手段和数据信息甄别恐怖组织活动轨迹，因此对于恐怖主义分子及其关联人员而言，若能通过信息查验获得通信数据，便有可能规避重大骚乱或严重恐怖袭击。此外，对国家主要领导和机密人员个人信息的窃取和非法使用，当然有可能侵害国家安全或至少构成对国家安全的威胁。[2]其二，行为人之所以出售或者非法提供、非法获取金融信息，是因为他们能够从中获利。数据犯罪的核心在于获取数据后的销赃获利[3]，相较于遵守法律的无利可图，通过侵犯公民个人信息犯罪牟取暴利的行为无疑能给犯罪者带来巨大的快乐，并且可能是物质和精神上的双重"享受"。而公民是其个人信息的唯一所有权人，只有其本人才完全拥有信息收益权、信息支配权以及从中获取快乐的权利。其三，行为人在侵害他人金融信息安全的同时，又将这些信息置于诈骗罪、敲诈勒索罪等各种下游犯罪行为指向的靶心。这使得公民个人信息的持有者随时处于对其信息丧失控制并遭受损害的风险中。公民提供个人金融信息以获取金融机构的产品和服务，目的是用于管理自身的财产，但不希望面对个人金融信息泄露的风险。[4]如此，公民就会希望求助于国家强制力，当这样的现象越来越多，拥有此种诉求

---

[1]　马克昌主编：《近代西方刑法学说史》，中国人民公安大学出版社 2008 年版，第 99 页。

[2]　崔仕绣：《公民个人信息的法益属性与刑法保护路径》，载《中南民族大学学报（人文社会科学版）》2024 年第 11 期。

[3]　郭旨龙：《数字经济时代数据要素的法益识别与刑法保护——从公共秩序到财产安全、市场秩序》，载《财经法学》2025 年第 1 期。

[4]　李东方、李耕坤：《数字经济时代个人金融信息的经济法分析与对策——从"立法碎片化"到〈个人金融信息保护法〉》，载《中国政法大学学报》2023 年第 1 期。

的公民也就越来越多，以致达到一定规模时，国家就会考虑增设保护公民个人信息的刑法法条。这也印证了刑法保护绝大多数人的利益的要求。其四，金融信息权是人格利益的重要组成部分。从犯罪分子的角度来看，将这一人格权益从他人处夺走是符合其牟取暴利的快乐原则的；从持有人的角度来看，被人夺走自己的人格利益无疑是违反其快乐原则的。法律要实现最大多数人的最大幸福，就要保障个人基本权利，助力人们收获快乐和幸福，这也是作为社会公平正义"最后一道防线"的刑法所应坚持践行的理念。弗兰西斯·哈奇森（Francis Hutcheson）指出："凡产生最大多数之最大幸福的行为，便是最好的行为，反之，便是最坏的行为。"[1] 刑法源于公民生活又服务于此，保护绝大多数善良公民的生活是刑法的基础与根基，因此，刑法对公民个人权利肩负着义不容辞的保护责任。

三、维护金融管理秩序和社会稳定的必然要求

个人金融信息作为金融信息的基本要素，其受保护的程度关系到国家金融和信息体系的稳定和安全，个人金融信息的泄露将造成金融系统的混乱，破坏金融系统的稳定性和安全性。电子商务已成为金融交易的主力军，中国互联网络信息中心发布的第 55 次《中国互联网络发展状况统计报告》显示，截至 2024 年 12 月，网络购物用户规模达 9.74 亿人，较 2023 年 12 月增长 5 947 万人，占网民整体的 87.9%。[2] 数量如

---

[1] 周辅成编：《西方伦理学名著选辑（上卷）》，商务印书馆 1996 年版，第 807 页。
[2]《CNNIC 报告：我国网络购物用户规模达 9.74 亿人》，资料来源：https://baijiahao.baidu.com/s?id=1821479142855540379&wfr=spider&for=pc，2025 年 1 月 10 日访问。

此庞大的电子商务群体，若信息被泄露、盗取或被非法收集和利用，必然会严重阻碍我国电子商务的进一步发展。

此外，应当看到，非法利用个人金融信息行为的频发会影响社会稳定。个人金融信息频繁泄露的主要原因在于其本身具有一定的经济价值，在不少情况下，金融机构工作人员会通过非法出售的方式向外提供这些信息。在警方侦破的互联网金融信息泄露案件中，相当一部分嫌疑人来自金融消费、理财网站、车辆保险等行业的企业内部，这暴露出部分网络金融企业信息安全保护和内部管理存在诸多漏洞。[1]大量的个人金融信息被泄露或被非法利用，不仅使金融机构承担金融消费者的损失，还可能引发自身经营风险。更为重要的是，如果不遏制非法转让个人金融信息的现象，将导致个人金融信息保护处于无序、混乱的状态，金融机构会失去客户的信任，产生系统性风险，危及金融稳定。[2]传统金融科技监管模式过于重视金融科技的创新发展，忽视了对金融消费者的合法权益保护，导致各类金融消费者权益侵害问题层出不穷，严重制约了金融科技行业的稳健发展。[3]最后，对个人金融信息的侵犯不同于传统的物质性的侵害，个人金融信息一旦被非法披露，损害将无法弥补。而且，个人金融信息泄露会使个人暴露在风险中，还可能引致其他方面的利益侵害。正如有学者所说，在个人金融信息侵权案件中，"损害"已经不仅表现为精神创伤或痛苦，更多体现为对权利人信息"安全性"的损害，如擅自使用信息可能增加信息被非法盗取或利用的风险，

---

[1] 明乐齐：《互联网金融环境下个人信息保护的法律构建》，载《河南警察学院学报》2020 年第 3 期。

[2] 朱伟彬：《我国个人金融信息保护法律问题研究》，载《西部金融》2014 年第 5 期。

[3] 程雪军：《法律金融学视野中金融科技的监管困境与系统治理》，载《武汉大学学报（哲学社会科学版）》2024 年第 2 期。

或者造成权利人的"精神焦虑"。[1]

应当看到，对非法利用个人金融信息行为的刑法规制，有利于在犯罪预备阶段遏制严重犯罪的产生和发展，进而维护社会稳定。我国现行刑法对具有严重社会危害性的预备行为原则上采取处罚的态度，主要体现为通过立法修正分则增加实行行为类型，有时也体现为通过司法规则将原则上不处罚的预备行为按照实行行为进行处理。反恐立法中预备行为的实行化已经成为世界绝大多数国家的重要法律理念和技术。[2]但是对于处罚预备犯来说，犯罪故意的证明是非常困难的，将所有预备行为都宣告为刑事可罚，不仅违反刑法的经济性原则，而且容易造成国家刑罚权的滥用，无形中扩大了刑法处罚范围。非法利用个人金融信息行为往往会作为某个或某类严重犯罪的犯罪链中的预备行为而存在，对非法利用个人金融信息犯罪的打击，有利于从源头遏制后续侵财等更严重犯罪的产生和发展。一旦个人金融信息被不法采集、随意篡改、恶意使用乃至非法转卖牟利，轻则会导致公民信息权利遭受侵害，重则会造成直接经济损失甚至精神损害。例如，在涉信用卡犯罪中，一些行为人利用网络诱骗个人用户透露银行和金融账户信息或其他个人信息，再利用这些信息实施金融欺诈犯罪；还有行为人通过收购他人废置的信用卡，盗取其中的个人金融信息，为信用卡诈骗、行贿、赌博、洗钱等犯罪活动提供帮助。尽管公安机关在调查取证过程中容易查处非法收集个人信息的犯罪证据，但对于后续犯罪行为，在没有足够的证据支持下，不能仅凭主观臆断，就对行为人以其他罪名定罪处罚。因此，由于对后续犯罪

---

[1] 郭金良：《数字经济时代个人金融信息侵权保护的困境与应对》，载《法学评论》2024年第5期。

[2] 郭旨龙：《论预备行为的风险评价》，载《中外法学》2024年第5期。

行为的准备行为存在定罪量刑上的困难，加上目前也无法用现行罪名囊括所有社会危害性严重的非法利用个人金融信息行为，致使一些严重危害社会的非法利用个人金融信息行为无法受到有效规制。增设实质预备犯更多是出于减轻证明责任、降低证明难度、方便打击犯罪等功利目的。[1] 突出对非法利用个人金融信息行为的刑法规制，对后续犯罪行为从准备阶段加以遏制，则可弥补司法实践中证据不足难以用现有罪名的犯罪预备定罪处罚的问题，在某些犯罪链的起始阶段加以阻断，进而避免严重犯罪后果的出现。[2]

四、保障金融创新与经济发展的现实需要

强化金融信息刑法保护是维护我国金融创新和经济发展的需要。这主要体现在以下四个方面。

（一）强化金融信息刑法保护是应对日益严重的信息侵害型犯罪的需要

互联网金融市场在风险、成本等经济层面的有限性与可控性决定了信息侵害型犯罪的多发态势。在互联网金融市场中，信息侵害型犯罪主要是借助内容虚假、具有误导性的信息，或者利用信息发布者与信息接收者之间的利益冲突关系，影响资本市场投资者的行为或者资本配置决策，进而从金融产品的发行与交易中获取非法利益。互联网金融市场信

---

[1] 刘双阳：《论实质预备犯的处罚根据及其限度》，载《政治与法律》2024 年第 4 期。
[2] 李振林：《非法利用个人金融信息行为刑法规制强化论》，载《华东政法大学学报》2019 年第 1 期。

息侵害型犯罪的行为成本相对较低，具体表现为经济风险低、责任风险低和时间成本低等。[1]由此可见，信息侵害型犯罪在经济上的成本有限性激发了不同互联网金融市场参与者实施这种类型犯罪行为的经济驱动。犯罪是牵涉成本的危险"博弈"，当犯罪成本与犯罪收益严重失衡时，行为人就可能铤而走险选择犯罪。[2]故而互联网金融市场的刑法保护应当重点控制这种实施成本相对较低的金融犯罪类型。

（二）强化金融信息刑法保护是促进我国电子商务发展的需要

随着信息化的不断发展，电子商务已经成为人们越来越熟悉的交易方式。在传统消费模式下，买卖双方面对面交易，商家一般不要求消费者提供联络方式、家庭住址等具有一定隐私性的个人信息，更不用说身份证号码、银行账号甚至支付密码等个人金融信息。然而，在电子商务的消费模式中，这些则是消费者经常且必须填写的信息。电子商务利用网络和现代的信息技术掌握了极为全面的商业数据信息，电子商务的数据不仅包含用户的基本信息，在支付过程中使用的银行账号、支付密码等涉及财产的信息，还包含用户在网络中的各种活动信息，包括用户在各个网站网页的浏览情况、购买记录、商品评价，甚至包括消费习惯和偏好等。[3]

---

[1] 参见刘宪权：《互联网金融市场的刑法保护》，载《学术月刊》2015 年第 7 期。

[2] 赵政乾：《降低刑事责任年龄的法经济学分析——基于个体、社会与国家的三重视角》，载《湖北警官学院学报》2024 年第 6 期。

[3] 后台服务器相关人员可以利用这些数据针对性分析，体现用户偏好，反映市场需求，如淘宝移动客户端中的"猜你喜欢"等电子商务平台提供的商品推荐服务。国外如网飞（Netflix）和脸谱网（Facebook）等互联网企业，较早就利用用户遗留在网络上的数据痕迹（digital traces）分析用户需求。参见裘坚杰：《大数据时代电子商务用户信息保护》，载《中国科技信息》2016 年第 13 期。

在开放的信息网络环境中，即使是存储在电脑硬盘或者网络虚拟空间中的个人信息，也有可能被泄露。实际上，多数电子商务企业数据库的安全等级并不高，其往往会因后台访问限制存在疏漏而导致用户的个人信息没有得到有效保护。不但黑客入侵电子商务企业数据库的概率及成功率较高，电子商务从业者也可以轻易获取数据库内的用户个人信息，并在用户不知情的情况下对用户的个人信息进行收集、存储、分析甚至出售。这些问题在行业内早已是公开的秘密，别有用心者只需花费少量资金就能买到大量的用户信息。[1]因此，很多网民在使用网上银行或快捷支付方式时常常担心自己的账户、密码及其他个人金融信息会被泄露，在参与购物时也总是担心自己的个人金融信息被购物网站非法收集、利用，而频频发生的个人金融信息遭泄露或非法利用事件更是加剧了这种不信任感。这些问题均在很大程度上制约了我国电子商务的进一步发展。面对日益严峻的个人信息安全危机和电子商务信任危机，除了要在技术层面不断更新安全技术软硬件，还应在法律层面对非法利用个人金融信息行为进行规制，为我国电子商务的发展保驾护航。因此，强化非法利用个人金融信息行为的刑法规制，是促进我国电子商务发展的一项重要举措。

（三）强化金融信息刑法保护是推进信息网络化发展的需要

信息化是当今世界经济和社会发展的大趋势，信息化水平已经成为衡量一个国家和地区现代化水平的重要标志。目前，许多国家都在加快信息化建设步伐。抓住世界信息技术革命和信息化发展带来的机遇，大

---

[1]　邵若男：《大数据时代下电子商务用户个人信息安全问题及保护》，载《商》2015年第23期。

力推进国民经济和社会信息化，是我国加快实现工业化和现代化的必然选择，是促进生产力跨越式发展、增强综合国力和国际竞争力，维护国家安全的关键环节。要全面推进信息化，加强对信息的法律保护是一项基础性的工作。加强对个人金融信息的法律保护也是推进信息化进程的一个重要环节。中共中央办公厅、国务院办公厅印发的《2006—2020年国家信息化发展战略》提出了加强全社会信息资源管理，规范对生产、流通、金融、人口流动以及生态环境等领域的信息采集和标准制定，加强对信息资产的严格管理，促进信息资源的优化配置，并进一步将推进信息化法制建设放到了重要地位，提出"加快推进信息化法制建设，妥善处理相关法律法规制定、修改、废止之间的关系，制定和完善信息基础设施、电子商务、电子政务、信息安全、政府信息公开、个人信息保护等方面的法律法规，创造信息化发展的良好法制环境"。[1]其中，个人信息保护尤其是个人金融信息保护是加快推进信息化建设、提升信息化水平的重要内容。信息化在给人类社会带来诸多便捷的同时，也导致了个人信息被过度收集、被擅自披露及被非法买卖等问题。[2]因此，信息化时代解决个人金融信息保护问题的关键，在于平衡对科技发展和生活便捷的最大追求与个人金融信息暴露于高风险的环境的矛盾。正如有学者所言，此时"制约甚至决定人们设计或者选择具体理论方案的驱动力，是要回答一个宪法的，甚至是法哲学和公共政策上的一般性问题。那就是，一个行为可能在某些场合创造了风险，但同时，它又是一种在日常生活中大量出现的、被这个社会生活秩序允许和接纳的行

---

[1]《2006—2020 年国家信息化发展战略》，资料来源：https://www.gov.cn/gongbao/content/2006/content_315999.htm，2025 年 1 月 21 日访问。

[2] 孙政伟：《大数据时代个人信息的法律保护模式选择》，载《图书馆学研究》2016 年第9 期。

为，那么，这个行为创设风险的后果，究竟是要归责给这个行为人，还是要作为社会存续和进步所必付的代价，而由这个社会自己消化、自我答责呢？"[1]诚然，社会存续和进步必然会付出一定的代价，这需要社会进行消解，而实现社会消解的有效方法之一便是对违法犯罪者的行为予以否定评价，其中刑法评价往往是最直接、有效的方式。因此，要全面推进信息化、提升信息化水平，就必须强化对个人金融信息的法律保护，尤其是刑法保护，加强对非法利用个人金融信息行为的刑法规制。

（四）强化金融信息刑法保护是信息分享的要求

个人金融信息分享能够给金融机构带来巨大的经济效益和安全效益，但是这一分享需以个人金融信息得到充分保护为前提。金融机构是金融信息传递的中心和枢纽，能够轻松地获取大量的个人金融信息，并且对这些信息进行记录，堪称"个人金融信息池"。从这个信息池中创造出来的价值，既关乎金融机构的利益，也关系到社会的利益。如果金融机构处理这些个人金融信息时缺乏合法有序的程序规则，必然导致个人、集体、社会的利益失衡。如果各国的个人金融信息保护处于无序、混乱的状态，金融机构和当局将会失去客户的信任，客户将不愿意提供这些信息，使得个人金融信息分享难以实现。因此，要建立严格的个人金融信息保护制度，搭建规范的流转平台，保障这些信息自由、安全地分享，进而实现金融信息的增值。[2]应当看到，保护个人金融信息是促进信息共享与合作的需要。在信息时代，信息已经成为一种重要的资

---

[1]　车浩：《刑事立法的法教义学反思——基于〈刑法修正案（九）〉的分析》，载《法学》2015 年第 10 期；车浩：《谁应为互联网时代的中立行为买单》，载《中国法律评论》2015年第 1 期。

[2]　黄晶晶：《个人金融信息的国际法保护》，华东政法大学 2011 年硕士学位论文，第 22 页。

源，具有重要的经济价值及社会价值。法律制度设计对于个人金融信息
而言，一方面需要加强对信息的保护，另一方面又不能阻碍信息的正常
流动。因此，平衡隐私保护和信息分享两种价值目标至关重要[1]，如何
协调个人金融信息保护与促进信息自由流动的关系就成为各国在立法中
必须考虑的核心问题。目前，我国全社会范围内的个人征信系统尚未建
立，各部门因信息封锁缺乏有效的信息共享机制，造成这种局面的主要
原因之一就是个人金融信息缺乏有效保护。

第二节　非法利用个人金融信息行为刑法规制强化的可行性

强化对非法利用个人金融信息行为的刑法规制，仅有必要性是不够
的，如果缺乏可行性，就不能贸然推进。当下，公民保护金融信息的意
识逐渐增强，对非法利用个人金融信息行为刑法规制的强化不违背刑法
谦抑性，对非法利用个人金融信息行为刑法规制的强化契合金融发展规
律。司法实践经验的不断积累，以及域外相关金融信息刑法保护立法的
借鉴，均在不同程度表明非法利用个人金融信息行为刑法规制的强化具
有可行性。

一、公民保护金融信息的意识逐渐增强

过去，个人金融信息对于普通公民来说，似乎并不代表什么，人们
没有太强的信息保护意识。例如，有些人在办理银行业务的时候，随手

---

[1]　张新平：《网络平台治理立法的反思与完善》，载《中国法学》2023 年第 3 期。

就把作废的表格扔到垃圾桶里，更有甚者直接把表格留在柜台上。又如，很多人在找工作填写个人信息时对一些写不写都行的个人金融信息表现得无所谓。问卷星 2024 年的一项调查显示，公民在日常生活中对个人金融信息的保护意识很低，仅有 9.7% 的人会去仔细了解需要填写的个人金融信息的内容以及填写后信息的用途；甚至有近 56% 的人表示信息丢失也不要紧，认为并不会对自己造成什么影响。[1]

随着市场竞争的日益激烈和互联网的不断普及，公民个人金融信息逐渐被赋予了新的意义，不仅具有人身属性，还可以通过向国家、政府和各种商业机构提供部分个人信息，享受更好的个性化服务，包括更多与金融相关的信息，如账户信息、资产情况等，蕴含着巨大的商业价值。[2]与此同时，公民保护个人信息的意识也越来越强。中国消费者协会 2022 年调查显示，83% 的受访者表示"更加关注个人信息安全"。个人信息保护在"消费者权益关注度"中排名前三，仅次于食品安全和虚假宣传。[3]腾讯 2023 年发布的年度报告显示，微信用户中 75% 主动设置"朋友圈可见范围"，60% 关闭了"允许陌生人查看十条朋友圈"功能，较 2020 年增长约 40%。[4]另据中国互联网络信息中心（CNNIC）2023 年统计，52.6% 的网民会定期清理手机权限，较 2019 年（31%）显著增加；48% 的网民拒绝使用需强制收集信息的 App[5]。中国社会科

---

[1]　《公民个人信息保护意识调查》，资料来源：http://www.sojump.com/repot/85489.aspx，2025 年 1 月 1 日访问。

[2]　李妙：《大数据时代加强个人金融信息保护问题探析》，载《中国银行业》2018 年第 12 期。

[3]　《2022 年个人信息保护领域消费者权益保护报告》。

[4]　腾讯控股有限公司发布的《2023 年年度报告》，https://www.tencent.com/zh-cn/investor.html，2024 年 12 月 1 日访问。

[5]　参见中国互联网络信息中心（CNNIC）2023 年 8 月发布的《第 52 次中国互联网络发展状况统计报告》，http://www.cnnic.cn，2024 年 12 月 1 日访问。

学院 2023 年调查显示，89% 的受访者认为"个人信息泄露是严重问题"，65% 的受访者曾因隐私问题拒绝注册平台或使用服务。因此，在公民保护金融信息意识逐渐增强的同时，加强对金融信息刑法保护、强化对非法利用个人金融信息行为的刑法规制也就具有民意的基础和支持，故而是可行的。

二、对非法利用个人金融信息行为刑法规制的强化不违背刑法谦抑性

刑法的谦抑性又称刑法的经济性或节俭性，是指立法者应当力求以最小的支出——少用甚至不用刑罚（而用其他刑罚替代措施），获取最大的社会效益——有效预防和控制犯罪。具体而言，对于某种危害社会的行为，国家只有运用民事或行政法律手段仍不足以规制时，才能运用刑法的方法加以解决。[1] 抑制性有两个方面的含义：一是国家运用刑罚权时必须依照刑法自我压抑；二是人民有权通过刑法对国家行使刑罚权加以限制。人民之所以要以刑法约束国家行为，是因为人民赋予国家刑罚权，但同时害怕刑罚权的恣意发动而伤及自身。[2]

各国对轻微犯罪以及中等严重程度的犯罪广泛适用非刑罚制裁措施的实践效果表明，刑罚轻缓化没有导致犯罪率的明显上升。[3] 相反，以刑事和解制度为基础的轻刑化缓解了因传统刑罚尤其是短期剥夺自由刑的刑罚而产生的种种矛盾。同时，从各国实践来看，累犯和再犯的控制

---

[1] 参见陈兴良：《刑法哲学》，中国政法大学出版社 2004 年版，第 6—7 页。
[2] 参见许道敏：《民权刑法学》，中国法制出版社 2003 年版，第 114—115 页。
[3] 梁根林：《非刑罚化——当代刑法改革的主题》，载《现代法学》2000 年第 12 期。

率也显著提高。而轻刑化立法的趋向实质上正是对民事和行政责任从制度上进行扩大化处理，与此相对的刑事责任则要缩小化。在和谐社会语境下的个人信息刑法保护更应该保持这种谦抑的立法导向，"把道德的还给道德，把法律的还给法律，把刑法的还给刑法"。[1] 在大数据时代，刑法过早或过度介入个人信息处理，既不符合刑法谦抑性理念[2]，也不利于数据流通和产业发展。[3] 具体而言，在金融信息刑法保护的立法过程中，应当秉持谦抑精神，对于轻微的侵害行为不应考虑刑事制裁。对于一些从法律上评价虽然是不好的行为，但是其性质上却非恶性的，也不应当考虑动用刑罚。在适用法律遏制侵害金融信息行为发生的同时，还要注意由此产生的法律后果是否会导致信息流通的阻滞。[4] 因此，对非法利用个人金融信息行为刑法规制的强化并不违背刑法谦抑性，也在某种程度上说明了强化对非法利用个人金融信息行为的刑法规制是可行的。

三、对非法利用个人金融信息行为刑法规制的强化契合金融发展规律

绝对的权利必然导致绝对的滥用，绝对的自由必然导致绝对的危机和风险。长期处于无约束状况，必然导致信用约束软化、信用边界淡漠以及信用扩张冲动。对于银行来说，在这次危机中，真正引发危机和受

---

[1] L. Paeker, The Limits of the Criminal Sanction, Stanford University Press, 1968, p. 296.

[2] 周光权：《侵犯公民个人信息与妥当的刑罚处罚》，载《检察日报》2020 年 1 月 13 日，第 3 版。

[3] 冉克平、刘冰洋：《博弈论视角下个人信息同意规则的有效实现》，载《浙江大学学报（人文社会科学版）》2023 年第 3 期。

[4] 吴苌弘：《个人信息的刑法保护研究》，华东政法大学 2013 年博士学位论文，第 56—69 页。

到危机重创的并不是商业银行的传统业务，而是银行的表外业务、投资银行附属公司以及衍生产品的投资业务。因此，金融创新应坚持风险与收益相对称、表内与表外相平衡。内部管理层、董事会不能被一些模型、数理分析等迷惑而放任那些严重脱离实际的危险创新。现代金融具有多维二重性，既可以优化资源配置，也可能加剧资源错配；既可以转移分散风险，也容易积聚风险；既有利益共赢的一面，也有利益互斥的一面。对此，我们必须有清醒的认识，更加注重从市场统一配置资源的角度观察问题，注重从科学发展观角度处理问题。[1]

金融危机源于人性的贪婪，而当贪婪冲破了监管体系和道德底线时，其破坏力就必然以危机的形式表现出来。贪婪是资本的本性，也是资本人格化的资产者的本性。正是欧美一些所谓的金融奇才们的贪婪和道德沦丧，才使得他们忘了金融发展的基本戒律，设计并兜售极其复杂的金融产品；正是因为他们的贪婪，不顾巨大的风险而不断推高杠杆率来攫取高额回报，才最终导致危机不断积累并爆发。因此，应时刻理解与遵从金融发展规律，金融是实体经济的资金融通部门，对效率的追求是金融业和金融市场的内在要求。[2]金融的存在主要是为经济发展融通资金、转移风险和提供投资便利，提高经济运行效率，不应使其成为贪婪逐利的工具，坚决不能把金融业、金融市场仅看作是赚钱的行业和场所。对于人性贪婪，仅靠外部约束是远远不够的。西方流传着一句谚语：对于人性本恶的那部分，法律管的只是很小的一部分，其他的由上帝管。因此，根据金融发展规律的要求，抑制金融信息犯罪行为，一方

---

[1] 魏革军：《金融发展不能超越理性与规律》，载《中国金融》2010 年第 8 期。

[2] 商玉玺：《金融刑法边界限缩：一种经济学分析框架》，载《大连理工大学学报（社会科学版）》2021 年第 1 期。

面，国家应引导金融家们自我约束，将社会责任和行业利益有机统一，提升自身道德修养；另一方面，国家应完善制度，加强刑法对非法利用个人金融信息行为的规制。

四、司法实践经验的不断积累

从人类法律发展和演变的历史来看，司法的历史远比立法的历史悠久。法律人类学的研究表明，在人类社会早期，初民社会中并没有专门的立法机构和立法活动，但是中立第三方以权威者身份介入和解决纠纷的活动却非常活跃，这可以被看作人类社会最早期的司法工作。[1]在这种类型的司法工作中，规范与事实之间并不作明确和断然的区分，法官不过是根据纠纷的内容以及各种事实所蕴含的是非曲直之理，最终作出一个权威性的裁决，并被纠纷各方当事人所接受。英国普通法的历史也表明，作为裁判标准的法律规范并非总是先于裁判而存在，反而是司法实践经验的总结。[2]法律规则有一个逐渐成熟的过程，某一类案件数量的不断增加，以及司法实践经验的逐渐积累都会为归纳推理带来素材，从而完善法律规则。[3]

尽管刑事立法尚未先行，但现有关于规制非法利用个人金融信息的司法经验已经较为丰富，证券、期货、银行账户等金融信息与个人的财产情况密切相关，实践中往往通过侵犯公民个人信息罪予以保护。但对

---

[1]［美］E.A.霍贝尔：《初民的法律：法的动态比较研究》，周勇译，中国社会科学出版社1993年版，第19—30页。
[2]泮伟江：《系统论法学视角下现代司法裁判中规范与事实的区分》，载《中国法学》2024年第6期。
[3]陈兴良：《刑法教义学中的归纳推理》，载《法学》2024年第8期。

于金融信息的性质，即是否只要涉及金融信息就应当认定为财产信息，审判实务则采取了更为审慎的态度。[1]例如，在"金某才侵犯公民个人信息罪案"中，被告人向他人出售包含姓名、电话号码、证券信息的个人信息29 295条，法院虽然没有明确认定信息类型，但认为该案仅构成情节严重，通过信息数量倒推可以发现，法院应当是认为涉案证券信息仅属于一般信息。[2]在"咸某东、王某凤等侵犯公民个人信息、伪造国家机关印章等罪案"中，被告人非法获取和出售包含身份证号、手机号码、贷款和信用卡额度等内容的个人信息，法院认为涉案个人信息和资金需求密切相关，可能会被用于实施诈骗，认定涉案信息属于可能影响人身、财产安全的信息。[3]涉及银行账号及存款余额等内容的个人信息，能够直接体现个人的财产情况，普遍认为更具敏感性。在"王某荣侵犯公民个人信息罪案"中，被告人利用银行工作人员的职务便利非法获取、出售包括姓名、银行卡号、余额、手机号码等内容的储户信息152条，这些信息被法院认定属于财产信息。[4]

五、域外立法经验可资借鉴

金融信息的保护具有"牵一发而动全身"的效果，它不仅对个人极为重要，而且对整个国家也具有不容忽视的作用。因此，各国纷纷通过立法构建各自的金融隐私权保护体系，力求最大限度地保护个人金融信

[1] 王雨田、周明：《公民个人信息的刑法归类研究——基于场景理论的判断标准构建》，载《山东法官培训学院学报》2023年第2期。
[2] 安徽省合肥市蜀山区人民法院（2019）皖0104刑初491号刑事判决书。
[3] 浙江省金华市中级人民法院（2020）浙07刑终631号刑事判决书。
[4] 安徽省萧县人民法院（2017）皖1322刑初349号刑事判决书。

息、保障交易安全。目前，强化对个人金融信息的法律保护已成为国际立法趋势之一。这也在某种程度上表明，加强个人金融信息刑法保护具有可行性。

（一）美国对个人金融信息的刑法保护

美国是较早形成系统、完备隐私权法律保护体系的国家。与保护网络隐私权采取行业自律模式不同，美国对于金融隐私权的保护采取的是立法规制。1970 年的《公平信用报告法》（以下简称"FCRA"）是美国个人信息保护法律的开端。FCRA 是美国联邦层面首部规范消费者金融隐私的法律规范，它明确规定金融消费者对于其个人信息的使用行为具有知情权。[1] 1996 年，美国对 FCRA 进行全面修订，明确规定金融消费者报告机构应当向消费者履行披露义务，同时各会员可以彼此共享消费者的信用信息，FCRA 还赋予消费者选择退出权以拒绝上述信息的分享。1970 年颁布的《银行保密法》（以下简称"BSA"）规定金融机构对其金融消费者（客户）的部分交易应当保留账户记录，以便政府调查人员调阅相关账户记录，并协助政府调查人员（如警察等）开展犯罪侦查活动。然而，BSA 规定的金融机构向政府披露金融消费者信息的要求与银行对金融消费者的保密义务有一定的冲突。因此，美国在重新审视和评估政府向金融机构索取金融消费者信息的正当性之后，于 1978 年正式通过《金融隐私权法案》（以下简称"RFPA"）。该法案强调金融消费者储存于金融机构的银行账户信息在合理范围内免受联邦政府的监视。RFPA 的核心规定在于两个方面：一是金融消费者对于自身信息享有权

---

[1]　郭瑜：《个人数据保护法研究》，北京大学出版社 2012 年版，第 51 页。

利，倘若联邦政府需要使用金融消费者的信息，那么联邦政府需要履行通知义务；二是金融机构有义务保护金融消费者的信息安全，不能随意提供金融消费者的信息给联邦政府，除非联邦政府可以出具相关的证明，并确保得到信息权人（如金融消费者）的授权。[1]

而 1974 年的《隐私权法》是美国信息隐私法的基础法案。该法是涉及个人资料保护的最重要的一部法律，就政府机构对个人资料的收集、使用、公开和保密问题都作了详细规定。《隐私权法》指出，除非有信息所有人的书面请求或事先作出的书面同意，否则任何行政机关都不能通过任何通信方式向任何个人或其他机关泄露存储于信息系统中的任何个人记录。明知泄露这种档案材料乃被禁止之行为的机关官员或雇员，如以任何方式向任何无权获得之个人或机关泄露上述材料，则应被判为轻罪并处以 5 000 美元以下的罚金。该法还规定，任何人明知且故意以虚假身份向某机关申请得到或得到有关个人的档案材料，应被判为轻罪并处以 5 000 美元以下的罚金。[2]此外，《隐私权法》还确立了禁止公开的原则：行政机关在未取得公民的书面许可前，不得公开关于此人的记录，并赋予公民查询和修改本人记录的权利。《美国金融服务法》第五部分 A 章规定了金融机构如何处理消费者的非公开个人信息。《美国消费者金融信息隐私权条例》规定，非公开个人信息包括"消费者为购买金融产品或金融服务，而提供给金融机构的个人信息；因购买金融产品或金融服务产生的信息；因提供金融产品或金融服务，其他金融机构获取的消费者信息"。研究者指出，美国法学界和金融界普遍认为，银行对客户的金融隐私保护范围包括以下三个方面："（1）有关账

---

[1] 谈李荣：《金融隐私权与信用开放的博弈》，法律出版社 2008 年版，第 73—74 页。
[2] 刘宪权：《聚焦个人信息保护之纳入刑法》，载《法制日报》2008 年 10 月 12 日，第 14 版。

户的信息，包括账户上所存的款项、收支情况、资金来源和去向、账户记录、信用卡的情况；（2）有关客户交易的信息，包括交易标的、种类、性质、内容、价格、当事人、时间等；（3）银行因保管客户的账户而获得的与客户有关的任何信息。"[1]《联邦电子通信隐私权法案》是保护网络隐私权的重要法案，它规定了通过截获、访问或泄露保存的通信信息侵害个人隐私权的情况、例外及刑事责任的承担。禁止任何人未经授权，非法进入电子资料存储系统，系统的服务商可以监看储存的邮件信息，但不可泄露其内容。另外还有美国联邦贸易委员会制定的《儿童在线隐私保护规则》《不接受电话推销实施法》等。

美国于1999年颁布了《金融服务现代化法案》（以下简称"FSMA"），该法案专设金融机构的隐私保护政策，适用于所有金融机构。FSMA建立的金融隐私保护法制可以归纳为五个方面。其一，通知金融消费者。金融机构对其自身的隐私政策及相关规定，应当向金融消费者作出明确且清晰的披露。其二，给予金融消费者选择退出权。在金融消费者信息可能会被非关联第三方使用前，金融机构应当给予金融消费者选择退出权。其三，完善的市场披露机制。FSMA禁止金融机构将其金融消费者资料提供给非关联第三方供其销售金融产品，金融机构需要具备完善的信息披露机制。其四，保护金融消费者的信息安全。FSMA规定金融机构有义务采取管理、技术以及组织上的安全防控措施，确保消费者非公开信息的安全性和秘密性。其五，联邦机构负责执行。在此次立法中，FSMA依靠8个联邦机构负责隐私条款的执行，它们在各自的监管权限范围内承担保护金融消费者隐私的职责。

---

[1] 谈李荣：《金融隐私权与信息披露的冲突与制衡》，中国金融出版社2004年版，第28—29页。

2015年2月，美国公布了《消费者隐私权法案（草案）》，旨在为消费者提供全局性的隐私保障，并对商业活动中消费者信息处理行为进行规范，例如禁用 JavaScript 和在浏览器中创建 Cookie。同时，为了促进数据的开发与利用，该草案也确保了充分的灵活性。[1]美国加利福尼亚州于2020年2月签署通过《加利福尼亚州消费者隐私法案》（以下简称"CCPA"。2022年6月，加利福尼亚州隐私保护局通过"CCPA"的修订草案），它被称为美国最严厉、最全面的消费者隐私保护法，因为它严厉禁止各类机构对消费者过度收集数据。按照 CCPA 的规定，如果营利性企业收集加州居民的消费者信息，并满足以下任何一条，就必须充分满足合规性：年营业额超过2 500万美元；购买、获取与销售不少于5万个消费者、家庭和设备的信息；超过50%的年度营收由销售消费者个人信息获得。由此可知，CCPA 保护金融消费者具有的告知企业不要共享或出售其个人信息的权利，保护金融消费者对其被收集到的个人信息具有的控制权，并要求企业负责保护金融消费者的信息安全。可见，美国对个人金融信息的法律保护体系相对比较完善。

由于美国在制定法律时往往将侵权责任、行政责任及刑事责任编排在一起，因而绝大多数隐私权法律法规中存在着一定数量的美国隐私权刑法保护规范。事实上，美国隐私权刑法保护的范围也极其广泛，基本涵盖了美国日常生活的方方面面。同时考虑到公权部门可能会对公民个人隐私进行非法侵害或限制，美国隐私权刑法保护规范也针对政府机构对个人信息的采集、使用、公开和保密问题，以及行政机关利用自动化机器对公民个人计算机数据的调查行为作出相关规定。总体来看，美国

---

[1] 范为：《大数据时代个人信息保护的路径重构》，载《环球法律评论》2016年第5期。

金融隐私保护法律体系有以下三个方面的特点。

第一，相关法律制度较为完善，金融信息保护体系逐渐健全。各法案规定了各类数据主体的权利义务，总体上扩大了消费者的权利，明确了信用报告机构必须尽勤勉保密的义务，但并未限制关联公司共享信息问题，只是规定了在使用信息前的通知义务。

第二，制定数据保护"安全港"协定。"安全港"协定的目标是确保美国的机构达到欧盟《个人数据保护指令》中对隐私权保护的较高标准，同时维持美国长久以来一直采用的自律机制。"安全港"是指由商务部（Department of Commerce）建立一个公共目录，在交通运输部（Department of Transportation）和联邦贸易委员会（The Federal Trade Commission）管辖下的任何机构，自愿遵守安全港规则就可以加入这个目录，成为其中的一名成员。商家可自愿选择是否加入该目录，但是一旦选择加入，就要公开宣誓自己完全接受安全港原则约束，而且每年还要向商务部提交公开隐私政策的书面资料，以此证明自身确实遵循这些原则，否则便被视为商业欺诈行为。[1]

第三，行业自律在隐私管理中起到显著作用。美国对私领域个人信息保护更倾向于行业自律模式。该模式是公司通过制定行业行为指引或行为规章，提供行业类保护。美国个人信息保护规范的渊源包括民间自治体的行为规范、民间机构的行业规则、公司内部规章，不包括个别领域的联邦法、州立法和普通法。克林顿政府曾提出，应通过行业组织的规范加强对个人信息隐私的保护，反对立法的过多干预。因此，银行业

---

[1] See William H. Sorrell Attorney General, State of Vermont: Financial Privacy and Consumer Protection, Hearing Before the Committee on Banking, Housing and Urban Affairs, United States Senate, 107th Congress, On the Growing Concerns Over the Way Consumers Personal and Financial Information is Being hared or Sold By Their Financial Institutions, Sept. 19, 2002.

中对金融隐私的保护主要是依据银行业的自治规定。美国联邦贸易委员会也曾就网络上个人数据及隐私权益的保护规定过四项"公平信息准则":(1)网站搜集他人信息,应提前告知;(2)允许客户自由选择信息;(3)赋予客户核实个人信息真实与否的权利;(4)要采取措施保护未经授权的信息。总体来说,制定自律性公约在一定程度上确实可以克服地理上的限制,提高管制的效力,节约立法成本。但行业自律模式存在明显缺陷,自律规范往往重在保障金融机构的利益,而对隐私权保护的关注不够。这些组织一般认为信息资源属于金融机构的财产,金融机构有权在不违反法律禁止性规定的前提下自由处置。[1]

(二)英国对个人金融信息的刑法保护

虽然英国和美国同为普通法系的代表性国家,但是英美两国在个人信息安全保护方面的立法却截然不同。以判例法为主要法律形式的英国法律对个人信息安全方面的保护所采取的态度是相对保守的,因此,当公民的个人信息安全受到侵害时,受害人只能通过附带于其他诉因的诉讼方式来维护自己的个人信息权利。[2]但是近年来,英国开始重视个人信息安全领域的全面立法和司法保护,在成文法建设方面还是取得一定的进展。英国 1984 年的《数据保护法》就是代表性的立法,该法案基本上承袭了欧盟理事会 1981 年《有关个人数据自动化处理的个人保护协定》的内容,该法案就取得、持有、使用或者披露有关个人信息的处理过程作出规定。另外,英国 1992 年的《性侵犯法案》和 1999 年

---

[1] 马运全:《个人金融信息管理:隐私保护与金融交易的权衡》,山东大学 2014 年博士学位论文,第 95—97 页。

[2] 孔令杰:《个人资料隐私的法律保护》,武汉大学出版社 2009 年版,第 118—123 页。

的《青少年审判和犯罪证据法案》也有关于个人信息保护的内容。[1]英国虽然没有严格意义上的刑法典，但是英国的刑事法律体系相对比较完备。通过法律的不断完善，英国确立了全面的个人信息保护基本原则。第一，正当而合法的原则。这是英国个人信息保护的基础性原则，强调无论是政府还是其他社会组织以及个人收集、使用或处理个人数据都应有正当并且合法的目的与方法。第二，目的限制原则。这要求应基于一项或一项以上的特定和合法的目的获取个人数据，并且个人数据的处理就其目的而言是充分的、相关的，同时不能超出必要的使用范围，并且基于某种目的而处理的个人数据，不得在超出实现该目的所需的期间以外加以持有。第三，数据质量与安全原则。为确保个人数据本身的质量与安全，个人数据应当是准确的；如果有必要，应不断更新，采取适当的技术和组织性措施，防止未经授权或非法地处理个人数据的行为以及个人数据的意外损失或灭失。第四，保障数据主体权利原则。个人数据的处理须以保障数据主体依法所享有的权利为前提，如获取与其自身有关的个人数据的权利，阻止可能造成损害或痛苦的数据处理行为的权利，自动化决定执行的权利，请求赔偿的权利，纠正、贴标隔离、删除或销毁的权利等。[2]

（三）欧盟对个人金融信息的法律保护

1995 年，作为数据保护基本依据的《个人数据保护指令》正式颁布，后续进行了多次修订，规定了金融信息保护在内的基本制度架构，主要包含以下六个方面的内容。（1）立法宗旨，促进数据在欧盟自由流

---

[1]　孔令杰：《个人资料隐私的法律保护》，武汉大学出版社 2009 年版，第 118—123 页。
[2]　吴苌弘：《个人信息的刑法保护研究》，华东政法大学 2013 年博士学位论文，第 56—61 页。

通，并实现最低限度保护。（2）保护的数据类型，包括身份描述和分析在内的所有数据操作类型。（3）信息主体的权利，主要包括存取权、获得信息权和拒绝权。（4）数据处理的合法性情形，仅在下列几种情况下方可处理：征得明确同意；履约；关系所有人重大利益等。（5）数据质量要求，要及时更新，确保数据的真实、准确，数据收集目的特定、明确。（6）信息共享的控制标准。[1]从总体上看，《个人数据保护指令》对金融信息的规定主要有以下四个方面的特点。（1）保护的数据类型指令对保护的数据类型规定非常广泛，任何与已证实的或可证实的自然人相关的信息均被纳入保护范围，无论是身份信息，还是关于身份描述的信息，可以说无所不包。（2）信息主体的主要权利是数据主体对个人信息的存取权、获得信息权和拒绝权。数据控制者必须向数据主体提供身份、数据处理目的等信息。数据主体有权随时拒绝关于本人的数据处理，有权拒绝为直接营销目的而进行的处理，或者在个人数据被使用前有权知悉。（3）信息处理的合法性基础指令规定在以下情形下可以处理个人信息：一是数据主体明确同意；二是为履行约束控制者的义务有必要处理时；三是当涉及税收、反洗钱等公共利益时，或者取得他人明确授权而确有必要处理时。[2]（4）对个人信息共享的控制标准：数据的处理必须符合指定的用途；可以对向关联方转移数据进行选择；如果数据主体"明确表示同意"，则数据处理是合法的。欧盟的法律设计了选出机制，敏感数据采取的是选入机制。[3]

---

[1] 陈永：《欧盟和美国关于信息隐私保护的比较研究》，载《北大国际法与比较法评论》2003年第2期。

[2] 谈李荣：《金融隐私权与信用开放的博弈》，法律出版社2008年版，第75页。

[3] 王凌飞、陈亚楠、谢声时：《欧盟金融隐私保护法律制度评价与启示》，载《中国集体经济》2009年第11期；张瑞怀：《个人金融信息保护问题研究》，载《金融经济》2014年第1期。

2016 年 4 月 27 日，欧盟通过了《通用数据保护条例》（以下简称"GDPR"）。GDPR 经两年过渡期后取代《个人数据保护指令》，于 2018 年 5 月 25 日正式生效，GDPR 不仅取代了之前的《个人数据保护指令》，还面向所有收集、处理、储存、管理欧盟公民个人数据的企业，限制了这些企业收集与处理用户个人信息的权限。[1]这标志着欧盟就此建立了统一的个人数据保护法制。[2]

（四）域外个人金融信息刑法保护评述

综观世界各国和地区有关个人信息保护法的规定，我们不难发现，绝大多数立法都强调要对侵犯个人信息的行为追究刑事责任，也即将个人信息的法律保护纳入刑事范畴已经成为各国刑事立法的共识。这种共识凸显了刑法注重对公民私权利保护的倾向，也符合由"国家刑法"向"公民刑法"转变的趋势。总体而言，域外个人金融信息刑法保护立法具有以下特点：第一，个人金融信息保护皆有法可依，制度相对完善；第二，受法律文化差异等因素影响，各国在个人金融信息保护的模式选择上不尽相同；第三，对个人金融信息的来源渠道和收集手段基本作出规定；第四，立法规则上寻求金融隐私保护与适度信息披露的平衡；第五，规定了目的特定和利用限制原则。[3]

---

［1］ 朱溯蓉：《基于个人信息保护与刑事司法数据安全的差异立法探索》，载《上海政法学院学报》2025 年第 1 期。

［2］ 刘泽刚：《欧盟个人数据保护的"后隐私权"变革》，载《华东政法大学学报》2018 年第 4 期。

［3］ 马运全：《个人金融信息管理：隐私保护与金融交易的权衡》，山东大学 2014 年博士学位论文，第 110—116 页。

第四章

非法利用个人金融信息行为的刑法规制尺度

　　非法利用个人金融信息行为确实具有严重的社会危害性，已达到需用刑法进行规制的程度。但刑法毕竟是一把双刃剑，运用不当会造成负面影响。在信息社会，金融信息广泛传播并对经济社会的发展发挥着重要作用。在此情况下，我们不能忽视对刑法规制力度和广度的适当把控，否则可能阻滞某些社会经济活动的正常运转和发展，浇灭社会创新的星星之火，甚至剥夺公民应有的权利和自由。虽然规制非法利用个人金融信息行为的相关刑事立法已初步确定但问题不能就此终结。作为理论研究者，我们应当用谨慎、批判、发展的眼光来看待问题本身，以期能够更好地发现问题的本质并提出更为完善的问题解决机制。我们在运用刑法规制非法利用个人金融信息行为的过程中，应当特别警惕刑罚扩大化的趋势，精准把握刑法规制的原则与标准。[1]

---

[1]　李振林：《非法利用个人金融信息行为之刑法规制限度》，载《法学》2017 年第 2 期。

第一节 个人金融信息保护与信息披露的平衡

庞德将法律秩序所保护的利益分为三类：个人利益（直接涉及个人生活并以个人生活名义所提出的主张、要求或愿望）、公共利益（涉及政治组织社会的生活并以政治组织社会的名义提出的主张、要求或愿望）和社会利益（涉及文明社会的社会生活并以这种生活的名义提出的主张、要求或愿望）。[1] 也正是因为个人利益与国家利益、社会利益的不完全一致，各国在保护个人金融信息的同时，出于对国家利益、社会利益等因素的考虑，也确立了相关的例外规则——信息披露原则。该原则一经确立就不可避免地与个人金融信息保护构成矛盾，导致个人金融信息保护与信息披露之间时常产生冲突。而且在现代社会，个人信息作为信息社会的基本资源，对其开发利用难以避免。对个人金融信息的保护应当兼顾对个人金融信息的合理利用与适当开发，因此个人金融信息保护与信息流通之间可能存在冲突。对银行而言，解决这一问题需要依据法律规定，明确客户保密义务与向第三方披露信息的义务之间的优先性[2]，法院也经常需要对这类问题作出判断。

一、个人金融信息保护与信息披露的冲突

个人金融信息保护与信息披露的冲突在社会生活中体现在多个方

---

[1] ［美］E.博登海默：《法理学：法律哲学与法律方法》，邓正来译，中国政法大学出版社2004年版，第45页。
[2] 岳彩申：《美国银行对客户信息保密制度研究》，载《现代法学》2000年第6期。

面，只有充分了解和把握两者冲突之形态及本质，方能制定有效平衡个人金融信息保护与信息披露之权益关系的规则。[1]

（一）个人金融信息保护与信息披露冲突的样态

1. 个人金融信息保护与信用征信的冲突

根据我国2013年国务院发布的《征信业管理条例》(中华人民共和国国务院令第631号)、2021年中国人民银行《征信业务管理办法》等法规或规章的通用表述以及国际征信行业实践，信用征信是指通过合法采集、整理、保存、加工个人或企业的信用信息，并对外提供信用报告、信用评分、信用评级等服务，帮助金融机构、商业机构等评估信用风险的一种社会机制。其核心目的是解决信息不对称问题，降低交易成本，促进金融活动和经济交往的健康发展。个人信用是从属于商品和货币关系的一个经济范围，不是任何特定社会形态的专利，它可以追溯到中国古代的西周时期和西方的古希腊时期，当时原始的个人信用销售关系已经存在。我们所研究的信用，是建立在比较成熟的买方市场经济之上的。真正的现代市场的信用销售，发源于1830年的英国和1937年的美国，其标志是征信公司和征信服务的出现。[2]个人信用可以分为个人消费信用和个人经营信用两种形式。个人信用征信是指由第三方中介机构把分散在各商业银行和社会其他方面的个人信用信息进行汇总、加工和储存，形成个人信用信息数据库，最终为银行和社会有关方面系统了解个人信用和信誉状况提供服务。征信的本质是为信用市场提供信用信息交流与共享的机制，从而促进信用信息的合理使用以及信用资源优化配置。

---

[1] 李振林：《非法利用个人金融信息行为之刑法规制限度》，载《法学》2017年第2期。
[2] 钟楚男：《个人信用征信制度》，中国金融出版社2002年版，第78页。

在个人信用信息的流动过程中，涉及四方当事人：消费者个人（信用信息主体）、个人信用信息提供者、个人信用征信机构以及个人信用信息的使用者（包括验证评估机构和验证申请人）。消费者个人信息通过消费者的各种经济活动汇集到社会各个部门，为信息提供者（包括政府机关、事业单位、商业企业、银行等）所记录，此为个人信息的第一次流动；当信息提供者将在管理或者经营活动中收集到的信息提供给个人信用征信机构时，就形成个人信息的第二次流动；征信机构将从信息提供者那里得到的个人信息，进行加工、整理，筛选出其中的个人信用信息，然后按照用户的要求制作成不同的个人信用报告，提交给用户，到此完成个人信息的第三次流动。当用户以个人信用报告为据，与消费者发生信用交易时，又得到消费者新的个人信息，这就意味着新的一轮信息流动又被启动。[1]由此可见，个人信用信息流动的过程就是对个人信用信息收集、加工、处理和利用的一个过程，在此过程中，个人的信用信息一直处于被利用或被披露的状态，也难免遭致各种泄露。这种利用或披露并使信用信息遭致泄露的过程实际上就与个人金融信息保护存在一定程度的冲突。[2]

2. 个人金融信息保护与反洗钱的冲突

在洗钱活动中，犯罪分子利用国际金融体系的开放性和复杂性，通过跨境资金转移、设立复杂的金融交易结构以及利用金融机构的监管漏洞等手段，将非法所得合法化[3]，因而金融机构就成为遏制洗钱活动的关键防线。从各国的相关经验来看，在金融机构的反洗钱措施中，对个

---

[1] 裴丽萍：《论个人征信过程中的问题及其法律调整——以法律关系为线索》，载《华中科技大学学报（社会科学版）》2003年第8期。

[2] 李振林：《非法利用个人金融信息行为之刑法规制限度》，载《法学》2017年第2期。

[3] 陈光中：《完善涉外刑事诉讼若干问题探讨》，载《法学》2025年第2期。

人金融信息保护产生主要影响的制度有金融交易报告制度、客户身份识别制度以及客户身份资料和交易记录保存制度。对个人金融信息的保护要求银行履行其保密义务，不得随意披露客户的个人金融信息。然而，出于公共利益的考虑，当客户的金融交易有可能涉及洗钱犯罪时，又要求银行必须披露可疑交易信息。由此，银行的个人金融信息保护义务与反洗钱信息披露义务之间产生了冲突。

（二）个人金融信息保护与信息披露冲突的实质

从权利的角度来考察个人金融信息保护与信息披露的冲突，二者的冲突主要体现在权利与权利冲突、权利与权力冲突两个层面。在权利与权利层面，冲突主要表现为银行客户的信息权与相关主体的知情权之间的矛盾。在权利与权力层面，冲突则表现为信息主体的信息权与司法机关、行政机关等国家机关的权力之间的矛盾。在某种程度上说，任何一个社会成员都是国家权力的终极所有者和行使者，国家权力属于全体人民，并为人民所用。[1]因此，国家、政府在实施具体行为时，本质上行使的仍然是权利而不是权力。只是由于国家特殊的地位和身份，国家行使权利在现象上就被认可为行使直接的具有强制力的权力，从而国家行使权利的行为在现象上被认可为行使权力。因为权力是抽象的，而权利是具体的，抽象权力的具体表现就是权利。[2]因而，个人金融信息保护与信息披露之间的冲突可以归结为利益冲突和权利冲突。

1. 利益冲突

权利体现的是所有者的利益，每一种权利都代表着具体的利益。这

---

[1] 胡玉鸿：《标识性概念与中国自主法学知识体系的构建》，载《法治研究》2025年第1期。

[2] 周郑丽：《论权利冲突》，重庆大学2006年硕士学位论文，第14页。

种利益既可能是物质层面的，也可能是精神层面的，还可能兼而有之。在社会生活中尤其是在具体的个案中，利益都是具体的，是看得见摸得着的，而非抽象的。它们可能是金钱、财产、生命，也可能是名誉、信誉、人格尊严、肖像权、隐私权等。[1]每一个法律意义上的人都有在法律限度内追求和获取最大利益的正当权利。权利冲突是全方面的，它不仅发生在个人利益之间，也同样存在于公共利益和个别利益之间。权利冲突实质上是法律用权力形式对利益进行界定和分配时，存在模糊性而导致的。对个人金融信息的保护体现了信息主体的人格利益；而相关主体的知情权、国家机关权力的行使更多代表了公共利益。由于各方代表的利益存在差异，不同利益主体在追求自身利益的过程中，就不可避免地会产生冲突。金融消费者出于对自身人格利益的保护，不愿公开自己的隐私信息。隐私信息的特性使其排斥被独占控制，但同时，对其进行保密、控制使用和防止挪用的难度较大。随着社会的飞速发展，隐私保护已经上升到人权的高度。但是，大数据时代的到来使得信息流动、共享的需求越来越旺盛，这就造成隐私保护与共享的冲突不可避免。如何保护个人的隐私信息，就成为数字时代人权保障的重要问题和新挑战。[2]深入分析，造成这种冲突主要有两个方面的原因。一方面，金融机构追求利益与消费者维护自身权益相冲突。金融隐私共享能够解决金融市场的信息不对称问题，有利于降低金融机构成本，消除金融市场的逆向选择和道德风险，实现社会福利最大化。金融机构追求的是金融隐私共享带来的经济利益，而金融消费者则希望在交易中获取最大收益的同时尽可能少地披露个人信息。不同诉求必然引

---

[1]　刘作翔：《权利冲突的几个理论问题》，载《中国法学》2002 年第 2 期。
[2]　张文龙：《数字权力的社会宪治》，载《云南社会科学》2025 年第 1 期。

发两种利益的冲突。另一方面，金融机构在信息披露与隐私保护义务之间面临两难抉择。金融机构需要考虑在金融隐私保护和向第三方披露方面，法律如何配置权利和义务，以及哪一种义务具有优先性。一般而言，金融机构披露有关信息可能直接影响他人的交易收益。隐私保护一般不会对他人利益造成负面影响，但隐私的过度保护可能不利于社会公共利益。法律要求金融机构既要披露必要信息，又要强化金融隐私权保护，这就导致金融机构在行为选择上陷入两难。因此，个人金融信息保护与信息披露制度之间的冲突实质上就是一种利益冲突。

2. 权利冲突

金融信息保护制度旨在保护金融机构客户的信息不被任意侵犯，是一种消极的保护制度。相反，金融信息披露制度旨在保障权利人对他人信息空间的介入权，是一种积极的披露制度。金融信息保护制度体现了人们对自己金融信息控制的自由权，信息披露制度反映社会对人们金融信息自我控制的干涉，于是便出现这样一种现象：人们一方面希望自己的金融信息不被别人知晓，但是另一方面又希望得到更多别人的信息。这种矛盾的诉求，使得这两种制度必然会产生冲突。金融信息保护制度与信息披露制度的冲突在法理层面大致表现为以下两个方面。

一是信息经济性与信息自由性的冲突。个人金融信息迥异于其他个人信息之处就在于其因与公民个人的财产紧密相关甚至具有较大的财产价值而具有较强的经济属性。合法财产不受侵犯的法理要求我们必须保障具有信息经济性的个人金融信息不受肆意侵犯。但是在法律限度内追求和获取最大利益又是每一个人的正当权利，相关信息自由既是人的基本人权（包括寻求、获得、持有、传播和表达信息的自由），也是社会发展进步的需要。信息化社会根本离不开信息的自由流通和交流，金融交易秩序的维护和金融交易效率的保障也离不开对个人金融信息的适当披露。因此，个人金融信息保护与信息披露的冲突实质上也体现为信息经济性与信息自由性的冲突。

二是隐私权与知情权的冲突。个人金融信息保护与信息披露冲突实际上还是隐私权和知情权的冲突。隐私权的立法宗旨在于人们有权维护自己的私生活不被非法侵犯，而知情权的根本目的是保障人们依法自由获取各种信息。其实早在19世纪，恩格斯就曾论及隐私权和知情权的冲突问题，他指出："个人隐私应受法律的保护，但当个人隐私与重要的公共利益——政治生活发生联系的时候，个人隐私就不是一般意义上的私事，而是属于政治的一部分，它不再受隐私权的保护，它应成为历史记载和新闻报道不可回避的内容。"[1]金融信息保护制度体现社会对隐私权的保护，而金融信息披露制度则表现为社会对知情权的保护。隐私权的自身性质强调对个人信息的独占、专有；知情权的自身性质表现为积极性、开放性。过度保护隐私权会阻碍社会发展，而过度拓展知情权则会损害个体的安全感，导致个体同化，也会阻碍社会的发展。[2]同时，隐私权和知情权具有权利客体的同一性：二者都指向信息，隐私权指向个人信息，知情权指向应公开的信息。因此，基于以上原因，隐私权和知情权之间必然存在冲突。[3]

---

[1]　[德]卡尔·马克思、弗里德里希·恩格斯：《马克思恩格斯全集》，人民出版社2005年版，第34页。

[2]　纪琼：《从身份区分到利益区分——我国隐私权限制原则的困境与重塑》，载《甘肃政法学院学报》2020年第1期。

[3]　李振林：《非法利用个人金融信息行为之刑法规制限度》，载《法学》2017年第2期。

二、个人金融信息保护与信息披露的平衡原则

《个人信息保护法》的宗旨是在保护个人权利的基础上，促进个人信息的合理利用。我国制定《个人信息保护法》需平衡信息社会个人信息资源的开发利用和人格权保护的关系——在保障人格权不受非法侵害的前提下，促进个人信息资源的合法利用。从这个意义上讲，制定《个人信息保护法》并不意味着把个人信息藏匿于保险柜，而是寻求一种动态的安全——在个人信息资源开发利用中的安全、阳光下的安全。[1]如前所述，可以将个人金融信息保护与信息披露之间的冲突归结为权利冲突，而权利冲突的实质则是利益冲突与价值冲突。因此，解决权利冲突、重新确定和明晰权利边界的过程就是对冲突利益进行衡量和取舍的过程，同时也是一个价值选择的过程。对不同利益保护的选择就体现了不同的价值取向，体现了选择者不同的价值观念。[2]为平衡个人金融信息保护与信息披露之间的权益关系，协调其相互冲突的价值理念，需要遵循以下原则。

（一）公共利益优先原则

从市场逻辑判断，公共利益在资源配置中应被优先考量。因此，在法律对各种利益冲突进行平衡和安排的过程中，公共利益优先原则得到许多国家和地区的支持，从立法到具体政策都确立了公共利益的优先地

---

[1] 齐爱民：《个人信息开发利用与人格权保护之衡平——论我国个人信息保护法的宗旨》，载《社会科学家》2007 年第 2 期。

[2] 王克金：《权利冲突论——一个法律实证主义的分析》，载《法制与社会发展》2004 年第 2 期。

位。[1]社会个体权利的行使以个体的最大满足为价值追求，而在社会整体框架下，个体权利的扩张必然会产生社会个体间的利益冲突，而公共利益的概念正是在个体间产生冲突这一背景下提出的。公共利益更倾向于一种使社会维持均衡状态的利益，它的前提是一种社会个体权利扩张至饱和时的假定状态，通过社会个体力量的角逐产生了这种均衡状态。在这种均衡状态下，并不是每个个体都达到了利益的最大化，但是每个社会个体都从该种均衡状态下得到了利益，这种利益的总和就是公共利益，而打破这种均衡状态的行为即侵害公共利益的行为。可以看出，赋予公共利益在逻辑上的优先性是十分现实和必要的。当然，这种逻辑上的优先并不是绝对的，譬如在权衡公共利益和个体利益时，如果不优先选择公共利益，社会其他个体可能仅遭受可得利益的损失，而优先选择公共利益时，个体利益将受到实际的损失，此时是否仍应优先考虑公共利益值得商榷。法律应当设置严格的限制，在"不改变或危及这种总体的、制度化的权利配置"[2]的前提下，总结权衡金融隐私权与社会公共利益冲突的普遍性的理论，并形成相应的制度安排。

当个人金融信息涉及公共利益、公众需求以及政治利益时，法律就要偏向于公众利益。对此，《个人信息保护法》第十条与《数据安全法》第八条已将"危害国家安全、公共利益"作为个人信息处理和数据处理活动的限制条件。此外，地方数据立法也有类似规定。[3]因为这符合

---

[1] 梁上上：《公共利益与利益衡量》，载《政法论坛》2016 年第 6 期。

[2] 林来梵、张卓明：《论权利冲突中的权利位阶——规范法学视角下的透析》，载《浙江大学学报（人文社科版）》2003 年第 6 期。

[3] 《四川省数据条例》第三十八条第三款规定："自然人、法人和非法人组织使用、加工数据，应当遵守法律、法规，尊重社会公德和伦理，遵守商业道德，诚实守信，不得危害国家安全和公共利益，不得损害他人的合法权益。"

大多数人的需要，而且从长远来看，也符合信息主体的利益。社会之所以要从个人利益中分离出公共利益，就是为了保障个人利益的安全，调节各社会成员所占有的利益，促进个人利益的进一步扩大，而非剥夺或消灭个人利益。只有公共利益得到扩大，可供分配的资源总量增加，各社会成员才能享受更多的利益。如果没有公共利益的调节，社会成员的利益将在相互冲突中被无谓地消耗，更难以得到实现。特别是在现代社会中，许多利益如果不基于公共利益进行组织，社会成员个人将无法实现。如果个人利益可以不服从公共利益，社会将陷入无政府状态，国家和法也就失去了存在的基础。[1]孟德斯鸠曾说过："共和政体要求人们不断地把公共的利益置于个人利益之上。"[2]卢梭在《社会契约论》中也论述了个人利益应服从公共利益的思想。他认为个人利益服从公共利益只不过是社会成员服从自己的理由而已，国家和全体社会成员强迫个别社会成员服从公共利益，只是强迫他服从自己的利益。[3]银行客户在个人金融信息上的利益与公共利益发生冲突时，个人金融信息利益应让位于公共利益，以确保公共利益的优先实现。例如，毒品洗钱交易对我国金融秩序、经济安全和社会稳定都有很大的危害，因此，为了预防和惩治毒品洗钱交易，就应适当限制相关嫌疑人的信息权，使政府部门能够及时获取从事毒品洗钱交易嫌疑人的相关信息。[4]

---

[1] 叶必丰：《论公共利益与个人利益的辩证关系》，载《学术季刊》1997 年第 1 期。

[2] ［法］孟德斯鸠：《论法的精神》，张雁深译，商务印书馆 1982 年版，第 21 页。

[3] ［法］卢梭：《社会契约论》，何兆武译，商务印书馆 1996 年版，第 43 页。

[4] 肖登辉：《论行政机关对个人信息的收集与个人信息保护的冲突与协调》，载《理论月刊》2008 年第 3 期。

（二）个体利益相互协调原则

个体利益相互协调原则是指当个人金融信息利益与其他个人利益发生冲突时，需实现两种利益的平衡，对两种利益进行宽容的协调，应综合考虑、衡量各方主体利益，根据利益的大小决定权利的配置。该原则适用的原理是，当存在多种不能调和的利益时，寻找一个互不侵犯的法律边界，使不同的权利间达到平衡。该原则要达到的效果是舍弃某一个具有较少合理性的利益，而保存另一个更具合理性的利益。对于银行而言，个体利益的冲突通常是发生在同一银行的客户之间的利益冲突，这是因为银行既要考虑对客户金融信息的保护又希望为客户提供有效的金融服务。因为银行在现代经济生活中扮演多元化角色，所以这种情况在银行业务中屡见不鲜，银行时常陷入两难境地。例如，A 和 B 为同一家银行的客户，A 希望银行在其收购 B 的计划中提供融资，或银行在一次拍卖活动中作为多个投标人的出借人，又或银行在公债的发行中充当资深出借人和受信托人。[1] 在这些情况下，银行和客户之间的利益冲突就会凸显。一方面，客户有权要求银行为其金融信息保密；另一方面，作为收购人、投标人的其他客户，却希望银行能尽可能多地提供信息。这就需要通过对双方利益的协调来平衡个人金融信息的保护与信息披露。

（三）信用信息流通原则

信用信息的开放是市场发展到一定阶段的要求，是市场经济逐步

---

[1]　谈李荣：《金融隐私权与信息披露的冲突与制衡》，中国金融出版社 2004 年版，第 54 页。

成熟的标志之一。信用信息开放的主要功能在于为市场主体提供交易判断的依据，完善的信用信息开放制度能够让市场形成更准确的交易预期，缩小交易结果与预期交易目的间的差距，从整个市场的角度来看，信用信息开放能够节省因信息不对称而产生的交易成本。信用信息的形成依赖于个人信息的披露，包括对资产状况、履约历史等信息的公开，信用信息的收集必然会与金融隐私权产生冲突，类似于集体利益与金融隐私权的冲突，信用信息披露与金融隐私权间的冲突同样是集体与个体权益间的冲突。现代市场经济是法治化和信息化的经济，法治是理念和机制上的保障，信息是经济交往的载体。在法治基础下的信用征信体系可以在一定程度上节约社会总交易成本、提高商业效率和资源配置的效率，这种以法治为基础的体系的形成，前提是建立起作为原始资料的信息披露机制。法治要求以法律调配权利，即需要法律确定何种情形下可以基于信用信息披露的需要，突破金融隐私权的权利边界。

当然，信用信息披露到何种程度会侵犯金融隐私权，介入个人权利的特定情境范围都亟待法律衡量和确定。由于网络时代信息发展的广度和深度难以预测，这种衡量标准不能简单地通过列举确定，而需借助概括性归纳确定权利冲突的解决原则。这些都是信用信息体系构建时的关键问题。随着网络时代市场经济的快速发展，金融隐私权与信用信息披露间的碰撞将越来越激烈。[1]现代市场经济是建立在法治基础上的信用经济，市场经济利益主体多元化，高度发达的信用体系在防范金融风险、提高市场资源配置效率等方面发挥着积极作用。信用从封闭走向公

[1] 张尚：《个人金融信息保护与披露法律问题研究——以银行对客户信息的披露为切入点》，华东政法大学 2014 年硕士学位论文，第 16—17 页。

开，这是现代商业社会发展的需要。数字时代下个人信用信息制度不应该仅关注信用主体的控制权利，更应该追求信用信息流通的社会效益与个人信用主体权益保护之间的平衡[1]，也就是说既要保护个人金融信息，又不能让个人金融信息保护成为信息自由流通的障碍。个人信息立法应该兼顾个人权利的保护与信息自由流通这两个目标。在信息社会，信息是社会的基本经济资源，而个人信息是其中十分重要的一个组成部分。[2]由此可见，信用信息既是社会征信系统建立完善的前提和基础，也是金融机构信息披露制度的主要内容。信用信息的流通可以提高金融机构的交易效率，可以促进消费、投资、融资等信用经济的发展，可以强化金融机构的风险管理，防范金融危机。因此，在保护金融机构客户信息的同时，必须加强客户信用信息的共享和流通，这是国家社会信用体系建设的必然要求。

第二节　非法利用个人金融信息行为刑法规制的基本规则

个人金融信息保护与信息披露之间的冲突与平衡关系，实际上要求对非法利用个人金融信息行为的刑法规制不能肆意而为，必须保持一定的限度、遵循一定的规则。如此方能实现个人金融信息保护与经济社会发展的协调统一。具体而言，对非法利用个人金融信息行为的刑法规制应当在宏观和微观层面遵循相应的规则。

---

[1]　冉克平：《论个人信用信息的公共属性及其法律规制》，载《社会科学辑刊》2023年第6期。

[2]　齐爱民：《制定个人信息保护法的人权意义与经济功能》，载《嘉兴学院学报》2007年第9期。

一、宏观层面的规则

（一）刑罚必要性原则

根据需罚性理论，对于已符合犯罪构成的行为，司法机关仍需从刑事政策的角度或者比例原则的角度来考察有无适用刑罚的必要性。[1]因此，在下列情况下不应当施加惩罚：惩罚无理由，即不存在要防止的损害，行动总体无害；惩罚必定无效，即不可能起到防止损害的作用；惩罚无益，或者说代价过高，即惩罚造成的损害将大于其防止的损害；惩罚无必要，即损害不需要惩罚便可加以防止或自己停止，亦即以较小的代价便可防止或停止。[2]坚持刑罚必要性原则，意味着对犯罪人判处的刑罚应当是符合保护法益、惩罚犯罪和预防犯罪目的所必需。刑法修正的必要性不仅要求实质上的惩罚必要性，还需要形式上的惩罚必要性。就实质上的惩罚必要性而言，最主要的体现为社会危害性。这里的社会危害性是指立法者根据该国的政治、经济、文化等国情以及以往同犯罪作斗争的经验，在观念上认为某些行为能够严重侵犯国家、社会、个人利益而具有的社会危害性。社会危害性是犯罪的首要特征，也是犯罪的本质特征，某种行为之所以被国家认定为犯罪，就是因为这种行为在一定的历史时期，严重地危及统治阶级的统治利益和统治秩序。当然，这并不意味着任何具有社会危害性的行为都是犯罪。只有当行为的社会危害性达到一定程度时，才可能被认定为犯罪；如果某种行为根本不可能

---

[1] 史立梅：《醉驾案件的出罪路径》，载《中国法学》2022年第4期；余秋莉：《预防刑法立法背景下刑罚限缩论》，载《青少年犯罪问题》2023年第1期。

[2] ［英］边沁：《道德与立法原理导论》，时殷弘译，商务印书馆2006年版，第216—217页。

对社会造成危害，刑法就没有必要把它规定为犯罪；某种行为虽然具有一定的社会危害性，但是情节显著轻微、危害不大的，也不认为是犯罪。随着互联网和信息技术的高速发展和广泛应用，公民的电话号码、邮箱、住址、游戏账号以及财产状况等个人信息被不当收集，一些国有单位甚至在履行职责或者提供服务过程中将获得的公民个人信息出售或者非法提供给他人。这样的行为已严重扰乱公民个人生活安宁，更有甚者还会危及公民的人身、财产安全，已经具备了惩罚的实质性要求，即具有严重的社会危害性。就形式上的惩罚必要性而言，修法时机是否成熟也是需要全面权衡的因素，即刑法的及时性。惩罚犯罪的刑罚越是迅速和及时，就越是公正和有益。[1]毕竟刑法属于一种事后救济方式，具有一定的滞后性。社会发展和犯罪的变化才是刑法修正的动因，通过立法修改程序对刑法典的某一条文或某一部分进行修改和补充，因而具有灵活、及时、针对性强、立法程序相对简便的特点。这样既从形式上保证刑法典的连续性和协调性，又能使刑法典的内容保持完整性和科学性。

（二）刑法谦抑性原则

刑罚是国家为达到其保护法益和维持法秩序任务的最后手段，能够不使用刑法，而以其他手段亦能达到维持社会共同生活秩序及保护社会与个人法益之目的时，则务必不使用刑罚手段。当然在坚持刑罚必要性原则下，也不能为了扩大打击犯罪面而忽视了刑法谦抑性原则，立法者在具体制定某个罪状时，应分析该罪状所表达的具体行为是否需要借助

---

[1]　［意］切萨雷·贝卡利亚：《论犯罪与刑罚》，黄风译，中国法制出版社2005年版，第69页。

刑罚来规制。从刑罚的发展史可以看出，刑罚的严厉性与社会的文明程度紧密相关，社会文明程度越高，刑罚就越轻缓。对于社会中的不法行为，我们没有必要首先运用刑事制裁来规制，而应先考虑刑事制裁之外的其他法律措施能否达到遏制危害社会行为的效果，即"不是在不用刑事制裁就不足以有效地处罚和预防某种行为时，就不允许对该行为规定刑事制裁"[1]，刑罚制裁只有在"迫不得已"的情况下才能使用。就我国现阶段的情况来看，随着经济的迅速发展和改革的深入进行，以经济建设为主的社会关系日益复杂化，贫富悬殊、利益主体多元化、各种社会矛盾与冲突十分激烈，刑事立法面对处于转型时期多变的犯罪情势显得有些力不从心。纵观我国的刑事立法过程，面对严峻的社会治安和犯罪现象，刑法的修正沿着犯罪化和重刑化的道路发展。自1997年以来，为应对社会形势的变化和打击新型犯罪，《刑法》至今一共进行了12次修正。而通过对刑法的修正，大量的行为被予以犯罪化，如《刑法修正案（七）》增加了处罚"老鼠仓"的犯罪、组织未成年人进行违法活动罪、非法获取计算机信息系统数据罪、非法控制计算机信息系统罪和提供非法侵入、控制计算机信息系统专用程序、工具罪等；《刑法修正案（八）》增设了危险驾驶罪等；《刑法修正案（十一）》增设了高空抛物罪、妨害安全驾驶罪等。在修改的条款中，大部分是加重现有犯罪的法定刑，如《刑法修正案（七）》第十四条将巨额财产来源不明罪的法定最高刑提高到十年有期徒刑。同时，值得肯定的是，也有个别的刑法修正条款减轻了现有犯罪的法定刑，如《刑法修正案（七）》第六条将绑架罪的法定最低刑减至五年有期徒刑。在《刑法修正案（十一）》

---

[1] ［意］杜里奥·帕多瓦尼：《意大利刑法学原理》，陈忠林译，法律出版社1998年版，第3—4页。

涉及自由刑修改的 18 个罪名中，仅有《刑法》第四百三十一条第二款为境外窃取、刺探、收买、非法提供军事秘密罪的法定刑被减轻。除此之外，《刑法修正案（十一）》对其他 17 个罪名的法定刑均作了加重调整。[1] 在刑法谦抑性原则指导下，我们所主张的犯罪化是适度的犯罪化，而非过度的犯罪化；对严重危害社会的行为进行犯罪化，也并非追求任何行为都要在刑法上找到定罪依据，对那些没有被害人或者被害人同意的行为，以及能够通过民法、行政法、经济法等基础性法律规范进行规制的行为，应从刑法的犯罪圈中予以去除，完善我国刑法中犯罪圈的设定。那种只重视犯罪化、刑罚化，而轻视非犯罪化、非刑罚化的做法必然会影响刑法谦抑功能的发挥。

应当看到，预防、制裁不法行为的手段是多元的，刑法是最后的一元。[2] 随着产业化、城市化、全球化、网络化程度的提高，中国已迅速进入"风险社会"。在《个人信息保护法》尚未出台时，我国《刑法修正案（七）》对第二百五十三条进行增补，将侵犯公民个人信息的行为入罪反映出刑法最后手段原则与高度发展的风险社会之间的冲突。然而，这种冲突仅体现在立法顺序方面，在具体规定中，侵犯公民个人信息罪仍然以前位法的违反作为适用该罪名的前提条件。但是，侵犯公民个人信息罪的设立，使得刑法最后手段原则受到一定程度上的突破。笔者认为，在讨论刑法谦抑原则时，应当注意区分原则与例外。一方面，刑法对于犯罪行为的惩罚源于国家对刑罚权的垄断，刑法会产生最为严厉的法律后果。基于刑法谦抑精神的内涵，必须以谦抑原则作

---

[1] 刘宪权：《〈刑法修正案（十一）〉中法定刑的调整与适用》，载《比较法研究》2021 年第 2 期。

[2] 姜雯：《刑法的最后手段原则之解读》，载《法学论坛》2011 年第 2 期。

为前提；另一方面，刑法保护的客体涉及社会关系的方方面面，包括国家利益、社会利益、人权范畴内的公民利益。对于那些一旦被侵犯则后果极其严重且波及范围广泛的利益来说，刑法必须作为优先手段对这部分利益进行全面保护，以实现刑法保障人权和维护社会秩序的目的。

因此，刑法的谦抑原则与其部分例外并非不可调和，相反，具有正当性的谦抑例外情形能够更有效地实现刑法目的。对于非法利用个人金融信息的犯罪来说，当犯罪主体是国家机关或者金融、电信、交通、教育、医疗等具有社会公共职能的单位及其工作人员时，他们实施的侵害公民个人信息的行为，不仅会损害公民的自身利益，而且会导致公民对这些单位的公信力产生质疑。因此，对于这部分主体实施的侵犯公民个人信息犯罪，在刑法原则的适用上，应当将其作为谦抑原则的例外情形处理。而对于一般主体实施的非法获取公民个人信息的行为，基于我国国情，公民对自身信息的保护意识相对淡薄，并且此类行为大部分以"民对民"的形式存在，而非前者"官对民"的形式，刑法此时必须作为最后的手段对此类行为予以惩处。

二、微观层面的规则

（一）不能侵犯公民个人合法权益

"权力总是趋向于无限地扩张，而权力扩张的最大受害者是人权。"[1]用公权力来干涉个人金融信息利用行为，实际上亦是公权力的

---

[1] 程燎原：《从法制到法治》，法律出版社1999年版，第43页。

一种扩张，在此过程中尤其要注意避免侵害人权。对个人金融信息的利用是公民的自由和权利之一，非法利用个人金融信息行为的刑法规制范畴的设定，实际上是个人自由与国家权力相互博弈的结果。国家权力一方面保障个人自由，另一方面限制个人自由，但归根结底，国家权力的根本目的是保障个人自由。国家权力是在个人订立契约的基础上，以牺牲个人可能对其他个体构成伤害的自由为代价，以暴力机关为工具，以保障个人的合理自由为根本目的而建立的。托马斯·霍布斯（Thomas Hobbes）在《利维坦》中这样描述："国家的本质就在于它身上，用一个定义来说，这就是一大群人互相订立信约，每人都对它的行为授权，以便使它按其认为有利于大家的和平与共同防卫的方式运用全体的力量和手段的一个人格。"[1] 任何组织行为都要有个限度，如此个人才能拥有一定的自由空间，而无穷尽的社会组织只会使人的自由在其中窒息。正如尼采在《查拉图斯特拉如是说》中所言："兄弟们，别的地方还有民族和人群，这里没有，这里只有国家。"[2] 这句话精辟、生动地指明了在人的自然属性隐去后，人的社会属性凸显的事实。国家权力的触角应该给人留下一部分自由生存的空间。国家对个人金融信息的利用必然会在某种程度上对个人的权益造成损害，但为经济发展和社会进步的大局考虑，个人的权益也必须在某种程度上作出牺牲。但这种牺牲是有一定限度的，在这种牺牲以法律的形式予以固定之后，司法中就不再允许以维护国家利益或公共利益为由，肆意侵犯公民个人合法权益的行为。对公民个人金融信息的刑法保护亦应如此。并非所有利用个人金融信息的行

---

[1]　［英］霍布斯：《利维坦》，黎思复、黎延弼译，商务印书馆1985年版，第164页。

[2]　［德］尼采：《查拉图斯特拉如是说》，钱春绮译，生活·读书·新知三联书店2007年版，第54页。

为均是违法犯罪行为，利用个人金融信息行为亦有其合法限度，只要在此限度内使用，就属于合理利用。在此情形下，就不能动用刑法予以规制。当然，即使超过此限度，也并不一定就是犯罪行为，而必须达到一定的严重程度、造成一定的损害，方可动用刑法进行规制。因此，我们在动用刑法对非法利用个人金融信息行为进行规制时，应严格遵循不能侵犯公民个人合法权益的一般规则。遵循不能侵犯公民合法权益的一般规则需注意以下两个方面。

1. 不能将合理利用金融信息行为认定为犯罪

个人信息保护固然重要，但并非保护标准越高、利用限制越严就越好。当法律对个人信息利用设置过多限制时，许多合理利用个人信息的商业模式将无法运行。[1]个人金融信息是一种重要的社会资源，也是商业社会信用制度的基础，所以对金融信息的保护绝不能因噎废食，因为过度保护会妨碍信息的正常流动，扰乱信息秩序。因此，出于对国家利益、社会公共利益、信息所有者本人的利益，以及其他人的合法自由和权益的考量，如何合理、有效地利用金融信息也必然是我们需要面对的问题。另外，通过前文对个人金融信息的界定可知，个人金融信息的范围不仅包括个人隐私以及不能公开的个人金融信息，还包括琐碎的个人金融信息以及公开的个人金融信息。所以，针对个人金融信息的不同类型有区别地合理利用是十分必要的。那么，何谓合理利用呢？笔者认为，个人金融信息的合理利用就是在尊重信息所有人的信息决定权、信息保密权、信息查询权、信息更正权、信息封锁权、信息删除权和报酬请求权的前提下，在信息收集过程中做到限制收集、保持信息完整正确

---

[1] 丁晓东：《数字法学：多维知识的组织方式》，载《华东政法大学学报》2024年第3期。

以及目的明确的限制利用，同时要采用各种措施，在保障个人金融信息安全这一前提下对个人金融信息进行充分的利用。[1]例如，在信息主体明确同意披露的对象、范围和内容的情况下利用个人金融信息，就属于合理利用个人金融信息。只要在此限度内利用个人金融信息，就绝对不能动用刑法加以规制，否则便是对个人合法权益的侵犯。

2. 不能将利用个人金融信息的民事侵权或行政违法行为认定为犯罪

超过合理利用限度使用个人金融信息的行为，属于非法利用个人金融信息行为。任何非法利用个人金融信息以致侵犯个人信息控制权及其他相关权利的行为人，都应当承担相应的法律责任。这些法律责任包括民事责任、行政责任以及刑事责任，而不仅是刑事责任。个人信息的使用主体违法获取个人信息、非法使用个人信息，以及未采用合理金融信息保密措施给他人造成损失的，并不一定承担刑事责任。如果仅具有较小的社会危害性，如对个人金融信息所有人造成的影响较小、没有引起社会秩序的混乱等，那么只需承担民事损害赔偿责任或行政违法责任。只有在非法利用个人金融信息行为造成严重社会危害性的情况下，方可追究其刑事责任。如果将仅属于民事侵权或行政违法范畴的非法利用个人金融信息行为认定为金融信息犯罪行为，则同样是对公民个人合法权益的侵犯。

（二）不能阻滞个人金融信息的合理使用与传播

非法利用个人金融信息行为确实具有严重的社会危害性，也确实需要动用刑法进行规制。但在对这类行为进行刑法规制过程中，也要注意

---

[1]　参见王姝：《我国个人信息的保护与合理利用问题研究》，载《重庆邮电大学学报（社会科学版）》2008 年第 3 期。

避免刑罚扩大化倾向，以免阻滞了个人金融信息的正常采集与传播，影响经济的发展与社会的稳定。因此，对非法利用个人金融信息行为的刑法规制尤其应注意不能阻碍金融信息的合理使用与传播。

传统法律对个人金融信息的共享，即金融机构能否将所持有的公民个人金融信息用于与其他机构共享这一问题，有着严格的限制。近年来，随着金融混业经营的出现及网络技术的广泛应用，金融机构把更多的目光投向了个人金融信息共享领域。20 世纪 70 年代后期以来，随着新技术革命和金融创新浪潮的兴起，全球出现了金融业混业经营的趋势。到20 世纪 90 年代末期，美、英、日等发达国家均已通过金融改革和一系列金融立法允许银行业、证券业和保险业的业务交叉或设立金融控股公司。金融业的混业经营带来的直接问题是，金融机构所掌握的个人金融信息能否在金融控股公司中经营不同业务的分公司中共享。显而易见，信息共享不仅能够降低不同分公司收集信息的成本、迅速开发新的客户、实现业务扩张，而且能够更全面掌握客户的金融信息而降低经营风险。因而就金融机构而言，总是希望能实现金融信息的共享。但是从消费者个人的角度来看，个人金融信息属于个人隐私，一部分人不希望被披露或被其他机构共享，另一部分人则不介意个人金融信息在一定范围被共享，他们希望得到更多产品的介绍。与美国坚持金融信息共享原则将"产权"分配给金融机构不同，我国以充分保护个人信息提供者权益作为立法基本原则，将"产权"赋予个人信息主体。[1] 因此，存在如何平衡金融机构与消费者个人利益、如何兼顾不同消费者的不同需求、如何平衡金融信息共享与消费者个人隐私权保护的问题。金融业出现混业经营趋势

---

[1] 李东方、李耕坤：《数字经济时代个人金融信息的经济法分析与对策——从"立法碎片化"到〈个人金融信息保护法〉》，载《中国政法大学学报》2023 年第 1 期。

的同时，计算机网络技术的高速发展和在金融业的广泛应用使金融业逐渐步入网络金融时代。网上金融、金融呼叫中心、移动支付等的出现以及作为这些服务背景的强大的集中式数据处理中心和客户交互中心的建立，形成全国性乃至全球性的金融服务平台，使得个人金融信息的共享更为广泛和便捷。事实上，网络金融的发展已使个人金融信息超越独立的金融机构存在于不同金融机构之中，如网上银行、ATM 机等在使消费者交易更为便捷的同时，将消费者进行跨行交易的个人交易记录存储在其开户行之外的金融机构。而消费者开户行之外的银行和数据中心、服务平台在此中获取的消费者银行账号及交易记录能否用于其业务活动，能否在其机构内进行金融信息共享也成为突出问题。[1]此外，西方发达国家建立的征信制度，就是通过征信系统提供潜在借款人准确可靠的信息，加强对信用风险的监测，提高信贷效率。国内一些金融机构也开始将其掌握的客户信息进行分类，将分类后的信息提供给关联企业或商业机构，从而便于向客户推销新产品，增加机构盈利。共享个人金融信息不仅能够帮助金融机构降低信息收集及运营成本，实现业务扩张，而且有利于更全面地掌握客户的金融信息，降低经营风险，不断增强金融竞争力。

应当看到，金融机构与客户在缔约能力上处于不平等地位。当客户在银行、证券、保险等机构办理业务时，往往只能被动地按照要求准备各种材料，填写格式合同。在充分信任的情况下，客户提交相关个人信息，但很少了解这些信息是否必要以及流转去向。因此，从公平、正义的角度出发，信息不对称的现实存在需要法律对消费者予以倾斜性保护。

---

[1]　李朝晖：《个人金融信息共享与隐私权的保护》，载《特区实践与理论》2008 年第 3 期。

但是，加强保护并不意味着阻碍隐私信息的正常流动。如果对金融隐私的保护走入极端，势必会使个人金融信息得不到有效利用，大大降低了金融市场效率。[1]因此，如何在做好隐私保护的同时发挥金融信息流动对金融市场的积极作用，是个人金融信息刑法保护必须考虑的重要问题。

笔者认为，要遵循不阻滞个人金融信息的合理使用与传播的刑法规制规则，应注重平衡个人金融信息保护与信息披露制度的关系，参考域外经验[2]，确定个人金融信息的合理使用与传播范围时，应考虑法律授权、目的正当、客户同意、过程适当等因素。

1. 金融信息使用与传播的法律授权

金融信息使用与传播的法律授权，是指有权获取金融信息的机关查询金融信息以及金融机构的配合行为，都必须基于法律的强行性规

---

[1] 马运全：《个人金融信息管理：隐私保护和金融交易的权衡》，山东大学 2014 年博士学位论文，第 26—28 页。

[2] 英美银行法律制度在承认银行负有金融隐私权保护义务的同时，也确立了银行正当使用披露的基本原则：在"图尔尼尔"案［Tournier v. National Provincial and Union Bank of England,（1924）1 K.B. 461（C.A. 1923）］中，英国将银行正当发布信息的情况限制在以下四种：法律的强行性规定、银行对社会和公众所负有的义务的要求、银行本身利益的要求，以及经过客户的明示或者默示允许。经过多个判例发展，美国也发展了银行金融隐私权保护例外情况，美国许多法院都创设了银行金融隐私权保护规则的例外情形，如法律的强制规定、公共利益需要、银行利益要求、客户明示或者默示同意等。在这些情形下，金融机构可以不遵守金融隐私权保护义务披露客户信息，不视为违约。从国外理论看，构成这些例外规则，主要考虑法律授权、目的正当、客户同意、银行利益要求、过程适当等主要因素。需要注意的是，银行利益要求这个要素。从理论上讲，为了金融机构自身利益可以作为金融机构传递金融信息的理由。但是，如果保密义务人仅出于自身利益的需求而传递金融信息，将不符合保密法的精神。因而一般不会得到法院的支持。在实践中，法院一般将金融机构的利益和其他因素结合起来进行考虑，如果为金融机构利益而传递的金融信息涉及公共利益或者已得到金融客户明示或默示的同意，这种传递行为才是被允许的。英国著名的"森得兰诉巴克利银行"案［Sunderland v. Barclays Bank Ltd.,（1938）5 LDAB 163. 6.］是确立银行为自身利益披露客户信息而不需要承担法律责任的一个重要的案例。在该案中英国法院认为：银行的行为是为了保护其自身的利益，而原告的丈夫是应原告的请求向银行交涉的这一行为即表明，原告已默示同意银行将事实告知其丈夫。基于此，法院判决银行胜诉。

定。法律强制对保密信息进行披露，是指依据成文法的规定或法院的命令，机构可不受金融机构保密义务的限制，对客户信息予以披露。金融信息是一种重要的社会资源，金融信息是国家制定政策的依据。但是国家对个人金融信息的收集、利用必须限定在明确的目的范围之内，即必须是基于社会公共利益或者出于国家安全等特殊情况。有关国家机关如司法机关、海关等依法向金融机构获取信息。例如，国家安全机构使用个人金融信息时，只能以国家安全为限。国家机关在行政执法过程中也会收集甚至储存部分金融信息，行政机关在尊重信息所有人的保密、查询、更正等权利的前提下，在目的明确的范围内可以不征求信息所有人的意见使用其信息，作为制定政策、开展行政工作的依据。司法机关为了保护当事人的权利而收集甚至公开当事人的金融信息属于合理利用的范围。鉴于公共权力具有天生的扩张性，因维护公共利益而进行的信息披露，必须在法律程序的控制下行使。因此，在金融隐私权保护中，法律强制性规定金融机构应传递金融信息的情况是必要的，这有利于明晰金融客户权利与国家公权界限。在金融隐私权领域，法律强制性规范主要适用于政府基于其职能行使公权的情况。

第一，因诉讼行为产生的信息传递。依法治国的要义之一是崇尚法律调整社会生活的权威性和正当性，这种权威性和正当性的最终保障就是诉讼。作为一种最强劲的公力救济手段，诉讼机制正是国家行使公权的一种体现，国家在行使这一职权时，私权在某种意义上必须作出让步。因此，在涉及诉讼的场合，金融客户的信息利益必须受到限制，这一思想在英美等发达国家和地区的法律体系中均有所体现。[1]我国诉讼

---

[1]　林贝金：《银行客户金融信息的法律保护研究》，西南财经大学2006年硕士学位论文，第25页。

法中也有关于金融机构保密义务的例外规定，只是比较零散。《民事诉讼法》第二百五十三条规定，被执行人未按执行通知履行法律文书确定的义务，人民法院有权向有关单位查询被执行人的存款、债券、股票、基金份额等财产情况。人民法院有权根据不同情形扣押、冻结、划拨、变价被执行人的财产。人民法院查询、扣押、冻结、划拨、变价的财产不得超出被执行人应当履行义务的范围。人民法院决定扣押、冻结、划拨、变价财产，应当作出裁定，并发出协助执行通知书，有关单位必须办理。《民事诉讼法》第七十条第一款规定："人民法院有权向有关单位和个人调查取证，有关单位和个人不得拒绝。"《行政诉讼法》第九十五条规定："公民、法人或者其他组织拒绝履行判决、裁定、调解书的，行政机关或者第三人可以向第一审人民法院申请强制执行，或者由行政机关依法强制执行。"第九十六条规定行政机关拒绝履行判决、裁定、调解书的，第一审人民法院可以通知银行从该行政机关的账户内划拨。

第二，涉及反洗钱的信息传递。由于洗钱活动对金融系统存在严重依赖，反洗钱的重要措施之一就是改进金融系统的相关制度，以此防止洗钱行为得逞。从国际经验来看，反洗钱措施对银行客户金融信息利益的冲击主要体现在金融交易报告制度和客户身份识别系统方面。[1]例如，美国《银行保密法》要求国内金融机构对超过1万美元的现金交易进行报告，与外国金融机构进行交易的美国居民或公民应保持有利益关系方的记录并对所有超过1万美元的交易进行说明，这些现金交易报告将由财政部使用以便对有关犯罪进行调查和起诉。[2]根据我国《金融机构反

---

[1] 林贝金：《银行客户的金融信息的法律保护研究》，西南财经大学 2006 年硕士学位论文，第26页。
[2] 邵沙平等：《控制洗钱及相关犯罪法律问题研究》，人民法院出版社 2003 年版，第215页。

洗钱规定》，金融机构应当按照规定向中国反洗钱监测分析中心报告人民币、外币大额交易和可疑交易。类似的措施以及司法程序要求披露银行客户的相关信息，在很大程度上影响了对客户金融信息的保护。特别是"9·11"恐怖袭击发生之后，美国的个人隐私权和社会需要之间的平衡关系明显发生了根本性变化，飞机乘客发现他们的行李受到更频繁的检查，来自外国的大学留学生发现他们的生活受到更严密的调查，银行客户的金融信息利益正面临严峻的挑战。[1]

第三，涉及税务的信息传递。从某种意义上说，赋税是政府的价格，公民要消费政府提供的安全、秩序等安全产品，就必须为这些公共产品支付价款。反过来，政府要提供公共服务就必须以征税为基础。因此，征收赋税是政府行使公权的前提和重要内容之一，这也是税收制度区别于其他制度的原因所在。在法国，银行不得向税务人员主张职业秘密，法国银行私有化后，银行对有关信息的披露义务还扩大到海关等机构。我国台湾地区"税捐稽征法"第三十条第一项规定："税捐稽征机构、财政部指定之调查人员，为调查课税资料，得向有关机关、团体或个人进行调查，要求提示有关文件……被调查者不得拒绝。"我国《税收征收管理法》第五十四条第六项规定，税务机关经县以上税务局（分局）局长批准，凭全国统一格式的检查存款账户许可证明，查询从事生产、经营的纳税人、扣缴义务人在银行或者其他金融机构的存款账户。《海关法》第六十一条第二款规定，海关可以书面通知纳税义务人开户银行或者其他金融机构从其暂停支付的存款中扣缴税款。必须指出的是，基于税务对银行客户金融信息保护进行限制时，应谨慎行事，以防

---

[1]〔美〕唐·R.彭伯：《大众传媒法》，张金玺等译，中国人民大学出版社2005年版，第234页。

止税收权力的滥用。

2. 金融信息使用和传播基于保护公共利益的需要

维护公共利益的需要是一项原则性要求，其在金融信息传递正当性要求中处于核心地位。无论是依法律授权的传递还是经金融客户同意的传递，从本质上讲，这些行为都是为了维护社会公共利益。此处的公共利益主要是指独立于政治组织的、以"文明社会生活名义"提出的、有关社会进步的一般利益，在市场经济社会中，一般指公共秩序的安全稳定、经济秩序的健康有序、社会资源和机会的合理分配以及公共道德的维护等。这些公共利益有时在内容上与前项所指法律授权理由中的国家利益重合，这使得社会利益的界线略显模糊。但是这并不妨碍"出于保护公共利益需要"这一例外因素的确立，因为法律的强制性规定不可能穷尽一切有关社会利益的情形，而且法律的规定有一定的滞后性，无法及时跟上社会经济变化发展的步伐。保护公共利益需要这一例外原则的确立，意味着在法律没有明文规定的情况下，其仍可为要求金融机构传递金融信息且不违反其保密义务提供依据。虽然金融机构因公共利益而传递金融信息的许多情形已由法律确定下来，成为法律的强制性规定，但这并不意味着公共利益这一目的要求已不再重要。公共利益涵盖面极广，即使没有法律的强制性规定，金融机构基于公共利益的考虑而传递金融信息仍然可以得到法院的支持。（1）由于个人金融信息集中反映了个人财富水平和移转状况，而这些信息和资料又是国家履行经济管理、防治犯罪等职责的重要依据，比如，在发放低收入保障资金时，就需要金融机构提供信息以核实申请者的实际经济状况；（2）金融市场本身的特点决定了金融监管制度存在的必要性，为了维护金融市场稳定，金融机构应就涉及的监管事项向监管机构传递金融信息。此外，科研机构为了科研的需要而进行的收集、处理、分析金融信息的行为也应视为合理利用，任何国家经济和科研的发展都离不开数据，离不开金融信息，如社会学、心理学、营销学等。因此，只要不超出科研目的并能对这些信息采取必要的安全、保密措施，就应视为合理利用。但是，如果公开、删改某个个体的金融信息则应事先征得其同意。

3. 金融信息的使用与传播需经权利人的同意

经过金融客户的允许，金融机构传递客户金融信息并不会侵害金融机构与客户之间的信赖关系，因此金融客户的同意可以免除金融机构的保密义务。对此，《个人信息保护法》第十三条规定，除法定例外情形，取得个人的同意的，个人信息处理者方可处理个人信息。金融客户对其信息享有控制权，能够支配哪些信息被传递以及被传递金融信息的广度和深度，当然前提是金融机构在传递信息前必须征得金融客户的同意。金融客户的同意分为明示与默示两种。一般而言，应当取得金融客户允许传递其信息的书面同意，这种同意既可以是无条件同意，也可以是附条件的同意。金融客户的明示同意往往仅限于就特定信息向特定对象进行披露。理论上，金融客户一旦给予直接同意，这种同意可以长久持续存在，但是在某些特殊情形下，需要客户重新确认。例如，客户如果同意银行向其核算师披露账户的有关情况、担保以及连带责任等信息，这种同意就需要定期更新。在特定的情况下，金融客户会被视为默示同意传递其信息。比如，金融客户的担保人咨询客户的有关情况时，金融机构应当予以答复。因为客户既然将担保人告知金融机构，就可默认其同意金融机构向该担保人作出披露。默示方式指行为人虽没有以语言或文字等明示方式作出意思表示，但以特定作为或不作为的沉默方式作出了意思表示。[1]默示同意的主要标准是通常的交易习惯，即金融机构与金融客户以前的交易情况以及社会上同类交易的习惯做法。但是，由于金融客户的默示同意往往因缺乏直接证据而难以判断，所以其适用也被限定在一定的范围之内。[2]

4. 金融信息传递过程的适当性

遵循上述例外规则使用或传递金融信息，在目的上具有合法性。但在金融机构传递金融信息的具体操作过程中，仍然存在一些侵犯金融客户隐私权利益的隐患。比如，有权机关获取金融信息过量、金融机构传递信息的范围超过目的所需，以及金融机构将金融信息传递出去之后的信息再保密问题。因此，为了全面维护金融客户在金融信息传递过程中的正当权益，应规定有权机关、金融机构履行一定的义务，以确保使用和传递过程的适当性。

第一，有权机关获取金融信息的范围应有限制。依据法律的规定，我国一些司法、行政执法机关有权查询金融信息，并要求金融机构予以配合。为了防止金融客户的金融隐私权被过度侵犯，有权机关仅能查询与公务活动有关的金融信息，与公务活动无关的信息不得查询，金融机构也可以拒绝提供。此外，如果司法、行政执法机关要求查阅的金融客户信息与金融机构按要求提取的金融客户的信息不符，金融机构也可以拒绝提供客户信息。[3]

第二，应当保证金融客户对传递情况的知悉权。个人信息权并非仅存在于信息处理的初期，为防止信息处理过程中信息处理者权力的肆意行

---

[1] 张勇：《敏感个人信息的公私法一体化保护》，载《东方法学》2022 年第 1 期。
[2] 骆诺：《论银行保密制度》，湖南大学 2007 年硕士学位论文，第 13 页。
[3] 李振林：《非法利用个人金融信息行为之刑法规制限度》，载《法学》2017 年第 2 期。

使，信息主体的参与应延伸至后续的信息处理流程：通过查阅和复制的方式，知悉并监督个人信息处理情况，当信息处理者掌握的数据存在失真或进行非法处理时，信息主体有权要求其更正或删除。[1]金融客户有权了解个人金融信息被传递的情况，因为只有了解相关情况，金融客户才能知道自己的权利是否被侵犯，才能进行救济行为。而在金融信息进入金融领域之后，金融客户对信息实际上已失去了控制力，如果金融机构不主动提供具体情况，仅靠金融客户自己主动查询是很难获取一些关键信息的，一般只能了解到金融机构愿意让其了解的信息。因此，金融机构必须履行相关的告知义务，例如，可以规定金融机构在一定的周期（1年）内，应当通知金融客户有关金融信息传递的情况，包含传递对象、传递目的以及传递的金融信息内容等；如果在过去的一个周期之内，金融信息未被传递，或每次传递前金融机构都通知了金融客户，则可以免除此项义务。

第三，金融信息传递过程不得导致个人金融信息的不当泄露。对于基于法律强制性规定而进行的金融信息传递，法律必须明确规定金融信息获取机关履行再保密义务，从而防止金融信息的不当泄露。而对于基于其他方式而进行的金融信息传递，金融机构在传递金融信息时应与对方签订合同，明确约定对方的金融信息再保密义务。[2]

第三节　非法利用个人金融信息行为刑法规制的具体标准

在上述规则的制约下，刑法在规制非法利用个人金融信息行为时应注意把握行为和情节这两个方面的标准。只有当非法利用个人金融信息行为

---

[1] 何晓斌：《论个人信息权的正当程序面相》，载《国家检察官学院学报》2024年第3期。
[2] 周华丽：《金融隐私权保护研究》，西南政法大学2009年硕士学位论文，第20页。

同时符合这两个标准时，方可将其纳入刑法评价范畴，从而认定该行为构成非法利用个人金融信息犯罪。如前所述，现行刑法中能够规制非法利用个人金融信息行为的罪名主要是《刑法》第二百五十三条之一规定的侵犯公民个人信息罪。因此，对非法利用个人金融信息行为刑法规制具体标准的界定，主要体现为对侵犯公民个人信息罪具体适用标准的明确。[1]

一、行为标准

并非所有利用个人金融信息的行为都是违法犯罪行为，也并非所有非法利用个人金融信息的行为都是犯罪行为。非法利用个人金融信息行为如果构成犯罪，首先存在一个行为标准方面的要求，即这里的"非法利用"有其独特的内涵和外延。对其内涵和外延的界定，就决定了非法利用个人金融信息犯罪的边界。语法意义上的"非法利用"行为含义较为狭窄，根据这种含义根本无法将所有涉个人金融信息犯罪行为囊括在内，非法利用个人金融信息犯罪中的"非法利用"有其独特的内涵与外延。笔者认为，该类犯罪行为中的"非法利用"行为应当贯穿于"信息收集→信息传输→信息利用"整个过程，包含未经他人许可，对他人金融信息进行非法获取、出售、提供以及使用的行为。[2]

（一）非法获取、出售、提供个人金融信息的行为标准

1. "非法获取"的限定

作为资本的金融信用是一种"信息商品"，具有实际价值，对个人

---

[1] 李振林：《非法利用个人金融信息行为之刑法规制限度》，载《法学》2017 年第 2 期。
[2] 李振林：《非法利用个人金融信息行为之刑法规制限度》，载《法学》2017 年第 2 期。

金融信息的非法获取，将构成对市场主体资本利益的损害，自然具有犯罪化的必要。[1]根据我国《刑法》第二百五十三条之一修订前的规定，窃取或者以其他方法非法获取公民个人信息，情节严重的，构成侵犯公民个人信息罪。因此，窃取或者以其他方法非法获取公民金融信息的行为，情节严重的，亦应构成侵犯公民个人信息罪。修正后的该条对该行为方式的表述只是删除了"情节严重"的措辞，并非不再考虑情节。对于"窃取"一词的解释，刑法学领域有诸多论述，在实践中一般比较容易认定，但是对于该条中的"以其他方法非法获取"的理解，在具体实务操作中却不太容易辨别。一般而言，"以其他方法非法获取"可以理解为窃取之外的获取方法，包括通过"骗取""胁迫"等手段来取得公民金融信息的方式。从近几年的司法实践来看，有关窃取、非法获取公民个人信息的犯罪案件中，在窃取以外，非法获取的手段基本以收买为主。而且，由于网络技术的发展，购买、收买信息的途径越来越市场化、便捷化，购买、收买也越来越成为不法分子获取信息的主要途径。[2]有学者认为，窃取与非法获取并列，窃取的本质是未经同意，则非法获取也应具有未经权利人同意的相同内涵。[3]笔者认为，"以其他方法非法获取"中"非法获取"的本质固然是未经权利人同意，但"以其他方法非法获取"中的"其他方法"还应当与窃取具有相当的社会危害性，且应具有一定的主动性，对于被动性的接受行为，不构成非法获取。因此，非法获取的手段至少应当具备以下特点：一是违背了信息所

[1]　魏昌东：《中国金融刑法法益之理论辨正与定位革新》，载《法学评论》2017年第6期。

[2]　沈柳华：《刑法对公民个人信息保护现状及改进建议》，载《江苏经济报》2014年11月27日，第5版。

[3]　刘艳红、姜文智：《AI换脸行为刑法规制的纠偏：法益与罪数的双重路径》，载《中国社会科学院大学学报》2024年第5期。

有人的意愿或真实意思表示，即未经授权擅自获取公民个人信息；二是信息获取者无权了解、接触相关公民个人信息；三是信息获取的手段违反了法律禁止性规定或社会公序良俗，具体包括但不限于骗取、非法收集、存储等行为。值得注意的是，对于利用合法方式无偿获取、收集的公民个人信息，如果利用该信息从事非法活动，可以依此认定行为人主观上明知该行为可能侵害他人的法益，仍然积极追求或者放任这种结果的发生，其手段完全服务于非法目的，应当认定为非法获取。[1]

在大多数侵犯公民个人信息犯罪案件中，犯罪行为人所采取的"以其他方法非法获取"，主要是指以正当单位工作人员的名义，到一些电信网点低价购买，也包括一些工作人员凭借私人关系或者使用金钱，到一些房地产公司进行购买等方式。其实，这些获取公民个人信息的行为从本质上来看都是一样的——违背有关当事人的自愿且以非法手段获取。比如，办理信用卡的客户要向银行填写个人信息登记表，但是该银行的工作人员受利益驱使可能会把其获得的客户信息转卖给他人，这种信息转卖行为显然没有获得授权，无疑是违法的。关于另外一个问题，我国法律尚无明确的规定，即很多用人单位将本单位相关部门的人员信息挂到单位的网站上，这些信息被一些经营信息的单位或者个人收集整理后对外出售，那么这种行为是否应该定罪处罚呢？这一问题的本质在于已公开的个人信息是否属于侵犯公民个人信息罪的保护对象。对此，学者们存在争论，目前尚无确切结论。在司法实践中，对于侵犯已公开个人信息的行为，部分案例将不符合"合理处理"作为入罪的理

---

[1] 丁川、李辉：《非法获取公民个人信息罪构成需细化》，载《检察日报》2015年6月8日，第6版。

由。[1] 在"李某某侵犯公民个人信息案"[2] 中，李某某通过互换的方式，获取公民个人信息 1 万余条，包括公民的姓名、联系电话、公司名称、公司地址等信息。这些信息可在对应商事主体的企业年报中查询获取，属于经过整理的企业信息，已向社会大众公开，公众可在企查查、天眼查等商业网站自由查询。2019 年 7 月 6 日，李某某以 600 元的价格向陈某销售了 1 组（9 681 条）公民个人信息；同年 7 月 11 日，以 200 元的价格向陈某销售了 2 组（合计 1 220 条）公民个人信息。最终李某某被判处侵犯公民个人信息罪。广东省佛山市中级人民法院认为，工商企业向市场监管部门提供企业相关信息的目的是履行法定义务，接受社会监督，不能由此推断相关企业的法定代表人同意李某某交换非法获取的公民个人信息并将其出售、提供给他人。因此，李某某的行为不符合"合理使用"的要求。然而，在另外一部分案例中，类似情形则被认为符合"合理处理"的要求。例如，吴某通过企查查、天眼查等网站下载已经公开的企业工商登记信息，对其进行梳理分类后进行出售，出售信息数量达 1.8 万余条，获利 1 万元人民币。公安机关以涉嫌侵犯公民个人信息罪对吴某进行立案侦查，移送至检察机关后，检察机关建议公安机关撤销案件，公安机关最终作出撤销案件的决定。[3]

2. "出售"的限定

"出售"公民个人信息，是指将公民个人信息有偿转让给他人，即使尚未取得利益，也不妨碍对出售行为的认定。出售是一种有偿转让行

---

［1］　曹岚欣：《侵犯公民个人信息罪的规范目的与出罪路径》，载《西南政法大学学报》2025 年第 1 期。

［2］　广东省佛山市中级人民法院（2021）粤 06 刑终 345 号刑事裁定书。

［3］　卢志坚、白翼轩、田竞：《出卖公开的企业信息谋利：检察机关认定行为人不构成犯罪》，载《检察日报》2021 年 1 月 20 日，第 1 版。

为，只要行为人具有明确的获利意图，在获利意图支配下，获利较少或者还没有来得及取得对价，都不影响对出售行为性质的认定。所谓"出售"，一般是指行为人以获取利益为目的而实施的有偿转让行为。[1]侵犯公民个人信息罪中的非法出售个人信息是指行为人基于获取经济利益的主观目的，在未经权利人同意的情况下擅自出售他人个人信息的行为。[2]在这种情况下，即使行为人最终并未取得对价或者获利较少，同样不妨碍对出售公民个人信息行为的认定。但是，此处的出售仅指非法出售。由于当今社会的经济状况越来越复杂，在合理合法的前提下将公民个人信息以适当对价进行交换是必然存在的，如中国联通将 CDMA业务转让给中国电信，其中必然涉及顾客个人信息的买卖，这便是合法出售公民个人信息的典型案例。这种合法出售行为是法律所允许的，是社会经济正常运行的需要，而且几乎不会对公民个人的信息利益造成损害，所以合法出售公民个人信息的行为应排除在本罪规定的出售行为之外。对此，《网络安全法》第四十四条规定任何个人和组织"不得非法出售或者非法向他人提供个人信息"，为合法出售公民个人信息留出了空间。[3]《刑法》第二百五十三条之一规定的侵犯公民个人信息罪也仅将"违反国家有关规定"的"出售"行为纳入刑法规制范畴。

3. "提供"的限定

非法"提供"公民个人信息是指合法掌握公民个人信息的主体违反规定，将公民个人信息提供给依法不应当掌握这些信息的人。非法提供

---

[1] 郎胜主编：《中华人民共和国刑法解读》，中国法制出版社 2009 年版，第 491 页。

[2] 刘宪权、郑颖：《侵犯公民个人信息罪中个人信息的界定与法益侵害分析》，载《人民检察》2023 年第 10 期。

[3] 周加海、邹涛、喻海松：《〈关于办理侵犯公民个人信息刑事案件适用法律若干问题的解释〉的理解与适用》，载《人民司法（应用）》2017 年第 19 期。

行为通常没有获利的意图，即使被非法提供方事后给予行为人一定的好处或者报酬，仍然应认定为非法提供，不能认定为出售。有学者认为，出售行为包含于非法提供行为之中，二者并不能用"或者"连接，而应当直接表述为"非法提供给他人"。[1]因为"非法提供"包括有偿的非法提供和无偿的非法提供，而出售属于有偿的非法提供行为，所以二者是包容关系而非并列关系。笔者认为，法条将此罪的行为方式表述为"出售或者非法提供"是有一定道理的。从行为人的犯罪目的来看，出售行为的目的是获取经济上的利益，而非法提供行为并不以获取经济上的利益为目的，它可以是获利以外的任何目的，如报复、感恩、为亲朋好友帮忙等。从立法的初衷而言，二者强调的侧重点不同："出售"强调的是获得经济上的利益，"非法提供"强调的是基于其他目的而提供。所以，"出售"和"非法提供"应是各有侧重的并列关系。在司法实践中，我们应该如何认定"非法提供行为"呢？首先，非法提供行为的实施方式只能是作为，即行为人主动违反国家规定，将公民个人信息提供给他人的行为方式。其次，应当从公民的角度出发，以是否侵犯公民个人的信息权来认定。公民是基于对国家机关和相关单位的信赖将自己的个人信息提供给它们的。作为公民，他们对信息的使用和管理有着合理的期待。而一旦违背了公民的这种合理期盼，就会侵犯公民个人信息权。所以，提供行为是否具有非法性，应当以是否侵犯公民个人的信息权为根本标准。最后，非法提供行为存在以下几种例外情形：（1）基于法律法规的直接规定而向他人提供公民个人信息的行为；（2）基于社会公共利益而提供公民个人信息的行为；（3）基于公民同意而提供个人信

---

[1]　孟传香：《公民个人信息疑难问题的刑法保护》，载《山西省政法管理干部学院学报》2011年第2期。

息的行为。

（二）非法使用个人金融信息的行为标准

相较于非法提供或非法获取行为中信息的海量迁移，非法使用行为更关注信息背后的特定主体。一旦犯罪分子将目光锁定于某一个体，更改其个人信息的原始用途及使用方法，信息背后的特定主体则必然遭受侵害。[1]非法使用个人金融信息是指未经信息主体许可，非法使用自己已经掌握的公民个人金融信息以期实现自己特定目的的行为，包括无权使用和有权使用基础上的滥用。[2]使用的方式包括冒用以及用于实施威胁、恐吓、盗窃、诈骗等行为。依据现行刑法规定，行为人非法获取他人金融信息的行为以及出售、非法提供他人金融信息的行为可以受到相应的刑事追究，但行为人实施的非法使用他人金融信息行为则不会受到刑事制裁。如果行为人既实施了非法获取他人金融信息行为，事后又非法使用了其通过非法手段获取的金融信息，那么司法机关可以根据"事后不可罚"的刑法理论，以侵犯公民个人信息罪追究行为人的刑事责任。如果司法实务中出现通过合法手段获取他人金融信息后再非法使用等情况，则现行刑法势必难以应对。尽管在某些情况下，现行刑法中的内幕交易罪、使用未公开信息交易罪可以规制非法使用他人金融信息进行内幕交易或者非法使用未公开信息进行交易的行为，但如果是行为人使用他人金融信息实施了内幕交易或者使用未公开信息交易以外的其他行为，我们似乎很难在现行刑法中找到相应的罪名予以规制。鉴于金融

---

[1] 刘宪权、宋子莹：《非法使用个人信息行为刑法规制论》，载《青少年犯罪问题》2022年第4期。

[2] 童云峰：《侵犯个人信息行为的刑法全流程规制模式研究》，载《现代法学》2024年第5期。

信息的特殊性以及保护金融信息的重要性，如果刑法中缺乏相应的罪名对非法使用个人金融信息的行为加以规制，显然不利于对公民个人金融信息安全的保护。[1]

此外，从加强对个人信息保护的角度分析，既然立法者已经将出售或非法提供公民个人信息、非法获取公民个人信息等行为纳入刑法规制的范围，那么我们也应当将更具社会危害性的非法使用个人金融信息行为纳入犯罪圈。实际上，非法利益链中的最后一个环节即"下家"实施的非法使用个人金融信息行为，才会直接侵害公民权益，这种权益包括财产权和人身权。比如，我们在日常生活中司空见惯的推销电话，正是"下家"非法使用公民个人信息的一种方式，一旦公民信以为真，即可能损失惨重；再如，讨债公司非法使用公民个人信息对公民进行暴力威胁、恐吓，可能会对公民的精神和身体造成双重伤害。"没有买卖就没有伤害"，扼杀了使用公民个人信息牟利的"消费"市场后，"中间人"就没有了存在的意义，"上家"的信息产品也就只能积压，永无使用之日了。就此而言，现行刑法没有将非法使用个人金融信息行为纳入侵犯公民个人信息罪的规制范围，无疑是一个缺憾。虽然现行刑法并没有将非法使用个人金融信息行为纳入规制范围，但司法解释却率先作出规定。根据《侵犯公民个人信息司法解释》第六条第一款第一项的规定，为合法经营活动而非法购买、收受该司法解释第五条第一款第三项、第四项规定以外的公民个人信息，利用非法购买、收受的公民个人信息获利5万元以上的，应当认定为《刑法》第二百五十三条之一规定的"情节严重"。该司法解释将"使用"非法购买、收受的信息获利5万元以

---

[1] 李振林：《非法利用个人金融信息行为刑法规制强化论》，载《华东政法大学学报》2019年第1期。

上的行为作为侵犯公民个人信息罪"情节严重"的标准，从某种程度上表明司法者已经充分认识到对"使用"公民个人金融信息行为进行刑法规制的必要性。[1]

二、情节标准

刑法是规定犯罪和刑罚的法律，故刑法中的情节就是影响犯罪和刑罚存在、发展和变化诸方面的情状和环节，是刑事案件中与定罪、量刑和刑罚执行制度有关的一切事实情况。作为具有刑法意义的情节，始终是相对于刑法规范而言的，是符合或者违反某个规范要素的案件事实。可以说，情节是据以定罪、量刑和决定刑罚是否实际执行或全部执行的事实根据。正因如此，刑法中的情节可以分为定罪情节、量刑情节和行刑情节。只不过情节与定罪量刑的关系更加密切，刑法学研究的通常是定罪情节和量刑情节。那种认为情节只与量刑问题相关的观点是较片面的，是对情节意义的误解，也是对定罪问题的忽视。区分罪与非罪是构成要件的基本功能，分则中所规定的诸多违法类型若不辅以"情节严重"，则不构成犯罪。因此，"情节严重"应当属于构成要件，而且是一种开放性构成要件。所谓开放性构成要件，是指某一犯罪构成特征在刑法条文中只作了抽象规定或概括规定（如情节严重）的犯罪构成。具体而言，它是"由于立法者未能详尽地描述构成要件的各个要素，根据刑法规范对构成要件的规定，尚无法判断行为是否违法，还需要法官进行其他补充判断的构成要件"。从形式上看，作为概括性规定的"情节严

---

[1] 李振林：《非法利用个人金融信息行为刑法规制强化论》，载《华东政法大学学报》2019 年第 1 期。

重"，在个案中总会具体化为犯罪构成某一方面的内容，如作案手段特别恶劣、造成了严重后果等。"情节严重"的包容性其实也就是它的开放性。从实质上看，"情节严重"将犯罪行为限定为违法行为中的一小部分，使犯罪行为具备了高度违法性。法官在判断个案情节是否严重的同时，也就在判断行为是否具备应受刑罚惩罚的违法性。这种因个案而异的判断过程同样意味着"情节严重"具有开放性。[1]因此，侵犯公民个人信息罪以"情节严重"作为入罪标准之一。同理，非法利用个人金融信息行为构成犯罪同样应以"情节严重"作为判断标准。

笔者认为，非法利用个人金融信息犯罪中对"情节严重"的设置是二次性违法原则的体现，同时也符合刑法规制由结果犯向行为犯转变的需要，故而"情节严重"的设置对于非法利用个人金融信息行为的刑法规制具有不可忽视的积极意义。

第一，"情节严重"的设置是二次违法性的体现。如前文所述，《商业银行法》《反洗钱法》《保险法》《税收征收管理法》《银行结算办法》（1997 年 12 月 1 日，被《支付结算办法》所代替）等诸多法律法规均对非法利用个人金融信息行为进行了规制，尽管这些规定较为零散不够深入，但毕竟对该行为进行了约束。因此，非法利用个人金融信息行为构成犯罪，就具有二次违法性特征，而"情节严重"在该类犯罪中的设定，就使得该类犯罪的二次违法性特征得以充分显现。2009 年，《刑法》通过修正案的方式将出售、提供公民个人信息的行为纳入刑法规制范畴。这一行为一方面体现出我国刑法规范对于个人信息自由保护的重视，强化了人权保障的制度规范，另一方面也体现出在现代社会随着信

---

[1]　刘守芬、方文军：《情节犯及相关问题研究》，载《法学杂志》2003 年第 4 期。

息化程度的提高，侵犯公民个人信息的行为已经体现出严重的社会危害性，达到了需要用刑法予以规制的程度。刑法规范虽然将侵犯公民个人信息的行为认定为犯罪，但是将达到"情节严重"设定为构成犯罪的前提。这一设定既是刑法谦抑性原则的体现，同时也充分体现出刑法的二次违法性特征。对于非法利用个人金融信息行为而言，"情节严重"的设定可以将其中一般的，可以归属为民事侵权行为、行政违法行为的侵犯公民金融信息行为与具备严重社会危害性的侵犯公民金融信息犯罪区分开来，既能有效避免刑法过分扩张，又能为其他的前置性法律留有余地。

第二，"情节严重"的设置符合刑法规制方向转变的需要。面对社会的快速发展，特别是信息社会的不断变化，侵犯金融信息的行为手段也在不断升级，如果不设置"情节严重"的规定，而是转向对现有的犯罪行为模式予以固定，势必会过度限制刑法规范对此类犯罪行为方式的涵盖范围，导致在出现新情况时刑法规范难以规制的现象。设置"情节严重"更能体现出我国刑法规范对于社会发展出现新情况时的弹性处理能力。目前全面且完备的金融信息保护制度尚未建立，导致行政处罚与刑事制裁之间出现衔接难题，其中"情节严重"的认定将直接影响对行为性质的评价，因此，"情节严重"的认定标准长期以来备受争议。许多学者都注意到其在可操作性方面的不足。学者们纷纷从本罪的构成要件入手进行分析探讨，并对"情节严重"的判定标准各自展开论证，但始终未能形成一个明确的定罪标准。社会危害性作为刑法学犯罪的基本特征之一，危害结果是其最直接的体现。张明楷教授曾指出，"情节严重"中的情节，并非特指某一方面，而是包括任一方面。也就是说，只要有一个方面达到了"情节严重"的程度，该行为就被视为具备社会危害性，应认定为犯罪，受刑罚处罚。[1]当然，对于"情节严重"的评价应当是全面的，并且应按照一定的顺序进行评价。在评价"情节严重"时，笔者认为，可以将犯罪行为作为评价的切入点，随后分别从数量标准和危害后果标准进行考量。

（一）非法利用个人金融信息的数量标准

1. 行为次数的限定

犯罪次数可以从一定程度上反映出行为人的主观恶性以及社会危害性。"多次犯罪"作为一种立法、司法解释技术，已经为我国最高立法机关与最高司法机关熟练运用。在刑法中，存在将"多次盗窃""多次抢夺"等"多次犯罪"情形作为入罪条件，以及将"多次抢劫""多次聚众斗殴"作为法定刑升格条件的立法例；在司法解释中，亦存在把"多次犯罪"规定为"情节严重""情节特别严重"的具体情形。[2]对于具体次数的认定，大多数学者以现有刑法条文对其他犯罪行为次数的规定作为参照，普遍将三次作为"情节严重"的标准。此外，如果行为人此前因相关行为受到过相关行政处罚后再次实施犯罪的，也应将其纳入"情节严重"的衡量标准。考虑到信息网络时代下个人信息体现出的资源价值性对社会更快、更好地发展具有重要的积极意义，因此，对于侵犯公民个人金融信息行为的刑法规制始终应当在保障信息自由流通与保护信息安全之间秉持谨慎的态度。另外，刑法作为后置性的法律，应当体现出其谦抑性和补充性的特征，相应地为前置性法律留下适用空间。[3]由

---

[1] 张明楷：《刑法分则的解释原理》，中国人民大学出版社 2004 年版，第 224 页。

[2] 王猛：《论多次抢劫的未完成形态与刑罚裁量》，载江溯主编：《刑事法评论》，北京大学出版社 2022 年版，第 525 页。

[3] 利子平、周建达：《非法获取公民个人信息罪"情节严重"初论》，载《法学评论》2012 年第 5 期。

于个人信息具备保护与保障的双重性质，且侵犯个人金融信息犯罪的社会危害性相较于其他犯罪较轻，所以在将犯罪次数作为评价"情节严重"的要素时，还需要综合其他因素加以考量。综上所述，笔者认为，应将"一年内非法获取、出售或者提供他人金融信息三次以上"，或者"因非法获取、出售或者提供个人金融信息受到过二次行政处罚又再次实施"，作为认定"情节严重"的标准。[1]

2. 信息数量的限定

由于非法利用个人金融信息犯罪具有一定程度的经济犯罪属性，司法机关往往会将行为人所利用的金融信息的数量作为情节严重与否的判断因素。但笔者认为，信息数量不能单独作为判断情节严重的因素，其还需同时结合相关信息涉及的隐私程度来进行综合评判。因为只有综合考量信息的数量与信息的隐私程度，才能准确地反映一个行为的社会危害性程度。[2]对于那些隐私程度相对较低的个人信息，在设定入罪标准时，入罪门槛应当相应提高，即应设定相对较大的信息数量作为认定"情节严重"的标准。[3]例如，《侵犯公民个人信息司法解释》就规定非法获取、出售或者提供征信信息50条以上的属于"情节严重"的情形。此外，需要注意的是，如果行为人侵犯的是单位的金融信息权，通常不能直接认定为"情节严重"。因为单位是法律拟制的主体，本身不存在人身权的问题。

（二）非法利用个人金融信息的危害后果标准

1. 行为手段的限定

行为手段在很大程度上能够反映犯罪行为的社会危害性程度，故而

---

[1] 李振林：《非法利用个人金融信息行为之刑法规制限度》，载《法学》2017年第2期。
[2] 金昌伟：《侵犯公民个人信息犯罪中情节严重的认定》，载《人民司法》2011年第24期。
[3] 李振林：《非法利用个人金融信息行为之刑法规制限度》，载《法学》2017年第2期。

也常常被作为判定情节是否严重的标准。因此，在认定侵犯公民个人信息罪时，也应当对行为手段有所限制。笔者认为，只有行为人采取以下两种行为手段时，方可认定为情节严重：一是行为人在非法利用个人金融信息行为过程中，使用暴力、胁迫手段，这些手段的存在可以作为情节严重的标准之一；二是通过围绕信息买卖的产业链组织来实施非法利用个人金融信息行为[1]，这种较为固定的产业链组织所涉及的侵害范围及危害程度均比零散的买卖信息更为广泛和严重，故而可以将其作为情节严重的标准之一。[2]

2. 损害结果的限定

随着信息网络的发展与普及，一旦个人金融信息被非法利用，金融信息权势必会遭受较为严重的侵犯。因此，对于行为人将获取的个人金融信息出售或者非法提供给他人，他人利用这些信息实施犯罪，致使被害人遭受重大经济损失或者造成恶劣社会影响等情况的，往往会被视为"情节严重"。但笔者认为，上述情况不应一概认定为情节严重，而应当分情况认定。因为大多数侵犯个人金融信息的犯罪是在下游犯罪（如盗窃、诈骗）发生之后，被害人才发觉，故而经济损失往往难以计算。因此，对于那些当时就直接能够计算经济损失的情形，可以考虑将经济损失的大小作为"情节严重"的评定标准之一；但是如果因存在时间间隔导致经济损失难以计算，就不宜将其作为衡量标准，而应从是否引发下游犯罪这一角度进行考量。实际上，刑法之所以将非法利用个人金融信息行为纳入其规制范畴，正是由于大多数行为人会将获取的个人金融信

---

[1] 利子平、周建达：《非法获取公民个人信息罪"情节严重"初论》，载《法学评论》2012年第5期。

[2] 李振林：《非法利用个人金融信息行为之刑法规制限度》，载《法学》2017年第2期。

息用于后续的诈骗、盗窃、敲诈勒索等犯罪，从而使公民的人身、财产安全面临严重威胁。故而，对于那些难以计算经济损失的情况，只有当非法提供的个人金融信息被用于实施下游违法犯罪活动时，才可以考虑认定为"情节严重"。[1]

3. 主观内容的限定

主观目的是评判行为人主观恶性的重要标准之一，故而也被司法机关作为判定"情节严重"的因素。在司法实践中，有的行为人明知他人会将信息用于后续的盗窃、诈骗等犯罪，仍然将其所获取的信息出售或提供给他人，这种情形中的行为人的主观目的体现出较大的主观恶性，在排除行为人构成后续犯罪的共同犯罪的情况下，可以将这种行为视为"情节严重"。然而，有的行为人虽将自己获取的信息出售或非法提供给他人，但其主观目的仅是单纯获利或帮助朋友，在这种情况下，则不能将其认定为"情节严重"。此外，如果行为人主观上不具有犯罪目的，那么无论造成何种后果，都不应将其行为认定为"情节严重"。对此，《侵犯公民个人信息司法解释》规定，知道或者应当知道他人利用公民个人信息实施犯罪，仍向其出售或者提供的，属于"情节严重"。[2]

---

[1] 李振林：《非法利用个人金融信息行为之刑法规制限度》，载《法学》2017 年第 2 期。
[2] 李振林：《非法利用个人金融信息行为之刑法规制限度》，载《法学》2017 年第 2 期。

第五章

非法利用个人金融信息行为刑法规制强化之路径

时下，我国对于非法利用个人金融信息行为的刑法规制存在一些不足，这些不足既在一定程度上削弱了刑法对于金融信息的保护力度，也限缩了刑法对于非法利用个人金融信息行为的制裁范围，显然不利于我们对个人金融信息安全的保护。因而，针对这些不足，我们理应从立法和司法两条路径予以完善，为保护个人金融信息的安全提供法律和制度保障。

第一节　立法路径：立法的适当修订

非法利用个人金融信息行为刑法规制强化的根本路径无疑是立法路径，即通过对现行刑法相关条文进行修改，并增设相关专门性罪名，以此对非法利用个人金融信息行为进行有针对性的惩治和预防。

一、相关刑法条文的完善

虽然《刑法修正案（九）》将出售、提供公民个人信息行为的犯罪主体由国家机关或者金融、电信、交通、教育、医疗等单位的工作人员等特殊主体扩展为一般主体，并删除了非法获取公民个人信息行为中的"情节严重"的入罪要求，从而在一定程度上解决了出售、提供公民个人信息行为的主体范围过窄及非法获取公民个人信息行为入罪门槛过高的问题，但经该修正案修订后的规定仍无法规制诸多社会危害性凸显的侵害个人金融信息行为，仍无法满足现代社会对个人金融信息保护的需要。

（一）客观方面要件的完善

从刑法条文的表述来看，"违反国家有关规定"无疑是该罪客观方面的要件。所谓的"违反国家有关规定"，《侵犯公民个人信息司法解释》将其解释为"违反法律、行政法规、部门规章有关公民个人信息保护的规定的"，即把"部门规章"也扩大解释为"国家规定"。正因侵犯公民个人信息罪存在这一客观方面的要件，所以在犯罪认定中会遇到一些障碍。由于我国当前的法律、法规还不尽完善，对于国家机关及相应部门使用公民金融信息缺乏相应的法律规制，所以在国家法律、法规或者规章没有针对收集、管理公民金融信息的单位及其工作人员的义务性规定的情况下，相关的行为人就不可能存在"违反国家有关规定"的情况。换言之，在司法实务中，行为人实施的侵犯公民个人信息的行为几乎不可能满足"违反国家有关规定"这一要件。如果犯罪嫌疑人以此为由否认其实施的行为"违反国家有关规定"，那么侵犯公民个人信息罪无疑将形同虚设。在这种情形下，相关部门理应尽快颁布相应的法律法规，填补保护公民个人信息领域的法律空白，使侵犯公民个人信息罪中"违反国家有关规定"这一客观方面的要件能够落到实处，并发挥其应有的作用。

（二）主观方面的扩张

根据《刑法》第二百五十三条之一第一款的规定，侵犯公民个人信息罪的主观内容仅包含故意，过失侵犯公民个人信息的行为并未被纳入该罪的规制范畴。需要注意的是，部分过失泄露公民个人信息的行为具有相当程度的社会危害性，尤其是一些负有保管职责的单位工作人员，其掌握着大量公民个人信息，肩负着保管重任，其过失泄露公民个人信息的行为不仅违背法律规定的职责，还会对公民信息权造成更为严重的侵害。笔者认为，侵犯公民个人信息罪的主观方面的内容应进行适度扩张，将具有特殊保管职责的单位工作人员过失泄露公民个人金融信息的行为纳入该罪的规制范畴。如果不处罚过失泄露个人信息行为，那么享受个人信息带来的丰厚利益且实际控制个人信息的服务提供者将不承担任何个人信息泄露风险，而完全由无法现实掌控自身个人信息的普通公民承担个人信息泄露风险，这显然是权责失衡且有失公平的。[1]对此，有学者建议明确侵犯公民个人信息罪可以由过失构成，即增设"非法泄露或者遗失上述信息，情节严重的"，即使尚未造成具体的危害结果，也应当构成本罪。[2]笔者认为，将过失泄露个人信息入罪需谨慎对待。

---

[1] 于改之：《从控制到利用：刑法数据治理的模式转换》，载《中国社会科学》2022 年第 7 期。

[2] 李睿：《信用卡犯罪研究》，上海社会科学院出版社 2009 年版，第 255 页。

根据过失犯罪的成立要件，即过失行为以出现危害后果为构罪前提，在行为人因过失非法提供公民个人信息的情况下，也应当要求其过失泄露行为造成一定的危害后果，如此方能构成犯罪。

（三）法定刑设置的完善

侵犯公民个人信息罪的法定刑设置也存在一些缺陷。贝卡利亚在《论犯罪与刑罚》中提到，"如果犯罪对公共利益的危害越大，那么促使人们犯罪的力量就会越强，制止这种犯罪的手段就应该越强有力"。[1] 通过这段论述，我们可以知道，刑事处罚与犯罪应当是相对应的。然而，实际上，对出售、提供公民个人信息行为与非法获取公民个人信息行为设置相同法定刑有悖于罪刑相适应原则。从《刑法》第二百五十三条之一的条文规定来看，非法获取公民个人信息行为的法定刑与出售、提供公民个人信息行为的法定刑相同。笔者认为，对出售、提供公民个人信息行为与非法获取公民个人信息行为设置相同的法定刑显然有违罪刑相适应原则。根据刑法原理，该原则要求刑罚的轻重必须与犯罪的轻重相适应，犯罪社会危害性程度的大小，是决定刑罚轻重的重要依据，应做到重罪重罚、轻罪轻罚。但实际上，出售、提供公民个人信息行为的社会危害性与非法获取公民个人信息行为存在较大差异。应该看到，出售、提供公民个人信息的行为是将获得的公民个人信息出售、提供给其他人。因此，该行为对公民个人隐私造成的是直接的侵害；而非法获取公民个人信息行为只是通过非法手段获取公民个人信息，行为人可能尚未使用该信息，也未将该信息提供给他人，所以该行为对公民个

---

[1]［意］切萨雷·贝卡利亚：《论犯罪与刑罚》，黄风译，中国法制出版社2005年版，第79页。

人隐私造成的是间接侵害。就此而言，出售、提供公民个人信息行为的社会危害性相对较大，而非法获取公民个人信息行为的社会危害性相对较小。那么，在法定刑设置上，出售、提供公民个人信息行为的法定刑理应重于非法获取公民个人信息行为。就此而言，现行刑法对两种行为设置相同法定刑的做法并不合理，这显然也不利于对金融信息安全的保护。那么，我们应当如何调整该罪名的法定刑，使二者的法定刑有所差异呢？是适当提高出售、提供公民个人信息行为的法定刑，还是适度降低非法获取公民个人信息行为的法定刑呢？

笔者认为，我们理应适度降低非法获取公民个人信息行为的法定刑。这是因为，与其他性质相近的犯罪相比，三年以下有期徒刑或者拘役的法定刑似乎稍稍"超重"。应当看到，侮辱罪和诽谤罪的法定刑是三年以下有期徒刑、拘役或管制，侵犯通信自由罪的法定刑是一年以下有期徒刑或拘役。尽管侮辱罪、诽谤罪侵犯的是公民名誉权，侵犯通信自由罪侵犯的是公民的通信自由，但是从这三种犯罪的客观构成要件分析，这三种犯罪在一定程度上也会对公民个人隐私造成侵害。而且，这三种犯罪的危害行为对公民个人隐私造成的是直接侵害，因而这三种犯罪的社会危害性并不会小于非法获取公民个人信息行为，在某些情况下甚至会与出售、提供公民个人信息行为相当。鉴于此，社会危害性较小的非法获取公民个人信息行为理应适度降低其法定刑。

二、新罪名的增设

在金融行业以及网络技术飞速发展的今天，金融信息的安全不仅事关公民个人隐私，也与国家的金融管理秩序息息相关。因而，对金融信息的法律保护理应是全方位、全覆盖的，在整个信息流转链条上做到层层防范、滴水不漏，切实防范非法利用个人金融信息等危害行为的发生。刑事立法是对社会现实的反映，其核心目的在于解决犯罪治理实践中出现的新问题，无论是行为规范层面还是裁判规范层面，相关问题都会反映到立法层面，人们期望刑事立法对此予以回应。[1] 基于此，我们可以考虑在现行刑法的基础上，增设相应的罪名，填补某些环节存在的立法空白。

（一）增设非法利用个人金融信息罪

在非法利用个人金融信息牟利这一新兴产业链中，每条信息的交易会经历"上家""中间人""下家"三个环节。没有将最后"有需求的客户"这一环节计入，有以下原因：其一，这一环节的主体一般是普通公民，他们没有犯罪的故意；其二，这一环节的主体大部分对"下家"非法利用个人金融信息不知情，他们没有参与公民个人信息的交易，也没有实际利用金融信息实施违法犯罪行为；其三，这一环节的主体所实施的行为不会对刑法法益造成侵害，他们往往只是希望了解某件事情、某个人，除了可能侵犯特定人的隐私权，不太可能侵害其他刑法法益，况且即使存在侵害他人隐私权的情况，也不属于刑法对金融信息保护的范畴。法律实务界和学术界的多数专家认为，打击侵害金融信息犯罪的重点在"上家"，只要从源头堵住了犯罪对象的流出，侵害金融信息的犯罪就不会存在。笔者揣测，这可能也是刑法仅规制了出售或非法提供、非法获取公民个人信息行为的原因。但是司法实践并非如此，金融信息

---

[1] 刘双阳：《数字经济时代商业数据不正当竞争行为刑法规制的路径与边界》，载《法学论坛》2025 年第 1 期。

犯罪屡禁不止且有愈演愈烈之势。抓捕一个"上家"后，新的"上家"仍会不断涌现。笔者认为，仅靠堵住源头并不可行，只要市场存在需求，被利益蒙蔽双眼的罪犯就会源源不断地出现。因此，需要重视对第三层次即"下家"的规制。笔者认为，立法可以考虑将非法利用个人金融信息的行为入刑，即刑法可以将未经公民授权滥用金融信息，或者经公民明确反对后仍使用公民个人金融信息的行为认定为犯罪。同时，因为多数非法利用个人金融信息的行为是为了牟取不正当利益，对这种类型的犯罪附加罚金刑既体现了罪刑相适应的刑法原则，也充分发挥了法律的教育作用。[1]

1. 增设非法利用个人金融信息罪的意义

英国著名经济学家亚当·斯密认为，人是理性的，追求个人经济利益，是人类一切活动的根本，是人的本能要求。"经济人"的这种利己本能形成了一种不可抗拒的自然的经济力量，是无法加以限制的。这种价值观渗透到刑法领域，就表现为刑法经济性。刑法作为一项法律，本质上是一种制度。其通过对有关权利、义务、责任等内容方面的规则、制度的设定和安排，为社会成员的活动范围、权利的有无与如何行使划定清晰的空间和条件，从而使社会资源流向合法的领域，进行合理有效的配置，促进社会发展、进步。这就决定了国家在制定刑法或投入刑罚时需要考虑刑法的经济性，控制刑罚圈，节制刑罚度。相较于侵犯公民个人信息罪立案难、侦查难的现状，非法利用个人金融信息罪在实务方面更具操作性、更能节省刑法资源，获得最大的刑法效益。电话、短信、邮件均可以利用专业技术追溯到源头，即侦查人员可以追踪到打电

---

[1] 参见焦月华:《公民个人信息的刑法保护》，华东政法大学2014年硕士学位论文，第34—39页。

话、发短信、发邮件的手机、电脑以及 IP 地址、所在位置，可以很快地搜集证据，抓捕犯罪分子，从而实现刑法的经济性。有人可能会提出，《刑法》第二百五十三条之一所规定的侵犯公民个人信息罪也囊括了部分非法使用个人金融信息犯罪行为，在此情形下再规定非法使用个人金融信息罪是否存在重复之处？为何不设立非法使用个人信息罪而仅设立非法利用个人金融信息罪？笔者认为，上述问题确实需要考虑，但实际上都不成问题。[1]

第一，拟增设的非法利用个人金融信息罪与侵犯公民个人信息罪之间系法条竞合关系。在《刑法》第二百五十三条之一已规定侵犯公民个人信息罪的情况下，又规定非法利用个人金融信息罪，可能会存在重复之处，但这属于法条竞合现象而绝非纯粹的重复。实际上，刑法中法条竞合的现象并不鲜见，我们不会因其存在重复而否定其存在的合理性。应当看到，随着经济社会的发展，某些行为社会危害性凸显，在此情形下将某些行为独立出来设立单独的罪名可以进行更为准确、有效的规制，也更符合罪刑相适应的刑法原则。[2]

第二，仅有非法利用个人金融信息行为具有刑罚当罚性。之所以增设非法利用个人金融信息罪而不是非法使用个人信息罪，主要是为了突出保护个人金融信息，突出保护的理由前文已经作了较为详细的论证。个人金融信息在个人信息中最为重要，个人金融信息被非法使用会产生严重社会危害性，且已经达到了需要动用刑法加以保护的程度。而对于非法使用其他个人信息的行为，其社会危害性尚未达到值得用刑法加以

---

[1] 李振林:《非法利用个人金融信息行为刑法规制强化论》,载《华东政法大学学报》2019 年第 1 期。

[2] 李振林:《非法利用个人金融信息行为刑法规制强化论》,载《华东政法大学学报》2019 年第 1 期。

评价的程度，我们就不能贸然动用刑法这一"双刃剑"进行规制。[1]

第三，设立该罪是实现行刑衔接的需要。对于相关行政法规中规定的构成犯罪要追究刑事责任的"违反法律、法规的规定和双方的约定收集、使用信息""非法使用个人信用信息""未按照与个人信息主体约定的用途使用个人信息"等行为，现行刑法中却没有相应的罪名，而非法利用个人金融信息罪的增设则可在很大程度上加强对非法利用个人金融信息行为法律规制的行刑衔接，以填补这一疏漏。[2]

第四，"非法使用"型犯罪在现行刑法中有先例可循。因非法使用特定对象而构成犯罪的情形在我国刑法中已有规定，分别是《刑法》第二百八十四条规定的非法使用窃听、窃照专用器材罪和第三百七十五条第三款规定的非法使用武装部队专用标志罪。这两个"非法使用"型犯罪中的非法使用的对象均为专用物品，具有较强的排他使用性，即只能由特定的主体或只能在特定的场合进行使用。公民个人金融信息实际上也具有这样的特点。正如前文所述，公民个人金融信息除了具有个人信息的私密性等一般特性外，还具有其自身的突出特性，如因发生在金融活动中而具有显著的经济性、具有相当的信用性等。因此，个人金融信息也只能由特定的主体或只能在特定的场合进行使用，非法使用个人金融信息行为同样具有可罚性，并可借鉴《刑法》第二百八十四条和第三百七十五条第三款的立法。[3]

---

[1] 李振林：《非法利用个人金融信息行为刑法规制强化论》，载《华东政法大学学报》2019年第1期。

[2] 李振林：《非法利用个人金融信息行为刑法规制强化论》，载《华东政法大学学报》2019年第1期。

[3] 李振林：《非法利用个人金融信息行为刑法规制强化论》，载《华东政法大学学报》2019年第1期。

2. 新增罪名的立法模式

世界各国和地区在信息安全保护方面的立法模式主要有三种：刑法典规定型、附属刑法规定型以及单行刑法规定型。笔者认为，新增与非法利用个人金融信息相关罪名时，立法模式应当采用颁布刑法修正案的形式，以刑法典规定与附属刑法规定相结合的模式确立对金融信息安全的全面保护。

首先，我国目前有关侵犯个人信息安全犯罪的立法模式采用了刑法典规定型与附属刑法规定型相结合的模式，除通过刑法典作出相关规定，还在其他法律法规中有相应的规定。例如，全国人大常委会颁布的《关于加强网络信息保护的决定》第十一条规定，"构成犯罪的，依法追究刑事责任"。由于非法利用个人金融信息犯罪与侵犯个人信息安全犯罪具有一定的相似性，我们完全可以借鉴这一立法模式，对金融信息安全进行刑法保护。应该看到，通过这种立法模式，我们既可以保持刑法条文的稳定性，又能够体现一定的灵活性，以适应非法利用个人金融信息犯罪刑法规制的需要。随着互联网技术的日臻成熟，非法利用个人金融信息犯罪的行为方式必然变化多样、难以预测。如果采用刑法典规定和附属刑法规定相结合的立法模式，我们完全可以通过修改附属刑法的途径，在不影响刑法典稳定性的前提下，迅速地对已经明显不合时宜的条文作出修改，以应对不断发展的犯罪活动。

其次，如前所述，在个人信息保护领域，我国缺少相应的行政法律法规，也没有相关民事法律。这不仅使我国对金融信息安全的法律保护模式过于单一，也不利于对金融信息安全实行全方位的保护，难以切实保障公民的切身利益以及金融秩序的稳定。借助创设和完善附属刑法立法的契机，我们完全可以设立相应的前置法律法规，既将非法利用个人金融信息的行为纳入刑法规制范围，又构建起立体的法律规制体系，为保护金融信息安全提供充分的法律制度保障。

最后，通过刑法修正案的形式增设相应的罪名，也符合我国刑法立法和刑法修订的一贯传统。应该看到，自 1997 年《刑法》颁布后，立法部门基本是通过刑法修正案的形式创设新的罪名或是对相应的刑法条文作出修订。由此可见，通过刑法修正案形式增设罪名，立法部门具有丰富的立法经验，也符合我国刑法修订的传统。

3. 非法利用个人金融信息罪在我国刑法中的定位

应该看到，非法利用个人金融信息的行为既可能侵犯公民个人金融信息权，也可能对金融管理秩序造成侵害，甚至可能对国家安全造成影响。那么，在设立非法利用个人金融信息罪时，如何确定该罪名在我国刑法中的具体位置，无疑是我们必须深入思考的问题。

以大陆法系国家中德国和日本的刑事立法例来看，这两个国家的刑法典中均未出现专门针对侵犯金融信息安全的刑事立法，但上述两国都对侵犯个人隐私的行为作出规制，且两者的共同点在于都将侵害个人隐私的行为单独列为一章加以规定。《德国刑法典》第十五章规定了侵犯私人生活和秘密的各种犯罪，包括侵害言论秘密、侵害通信秘密、侵害他人隐私、利用他人的秘密、侵害邮政或电讯秘密等犯罪行为。[1]《日本刑法典》第十三章规定了侵犯秘密罪的两种犯罪行为，包括开拆书信和泄露秘密。[2]由此可见，德国、日本保护公民个人信息的根本目的在于保护公民的人格权。而根据美国相关法律的规定，美国法律保护公民个人信息的目的在于保护公民的财产权。为此，美国于 1998 年 10

---

[1]《德国刑法典》，徐久生译，北京大学出版社 2019 年版，第 147—153 页。
[2]《日本刑法典（第 2 版）》，张明楷译，法律出版社 2006 年版，第 76 页。

月 30 日专门颁布了《防止身份盗窃以及假冒法》。由此可见，确定相关犯罪在刑法中的具体位置，与法律保护的侧重点紧密联系。换言之，犯罪行为侵犯的主要客体，应当是确定相关罪名在刑法中具体位置的重要依据。

笔者认为，尽管非法利用个人金融信息罪可能会同时侵犯公民个人金融信息权、信用权、信息财产权、金融管理秩序以及国家安全，但其主要客体理应是个人金融信息权、信用权，故而宜纳入《刑法》分则第四章侵犯公民人身权利、民主权利罪中。应该看到，金融信息属于公民个人信息的范畴，是公民个人信息的一个分类，但是这类信息与其他个人信息相比无疑具有一定的特殊性。其他个人信息一般与公民的身份存在紧密的联系，如手机号码、身份证号等。但是，金融信息除了这一特性，其还与金融行业的运作紧密相连。尽管在某些情况下，金融信息还会与国家安全存在某些联系，但是这种联系毕竟属于少数现象，我们没有必要对其过度关注。就此而言，金融信息的安全主要与公民个人隐私以及国家的金融管理秩序存在较为紧密的联系。那么，我们应如何判断非法利用个人金融信息罪侵犯的主要客体？我国刑法中的很多罪名可能既会侵犯金融管理秩序，也会在一定程度上对公民个人权利造成侵害。虽然对于这类罪名，立法者一般会以金融管理秩序作为保护重点，并将金融管理秩序作为这类犯罪的主要犯罪客体，如集资诈骗罪、贷款诈骗罪、信用卡诈骗罪等。但需要注意的是，这些犯罪对财产权利的侵害主要体现为对不特定多数人或金融机构财产权利的侵害进而可能会间接侵害个人财产权利，而极少是直接针对个人财产权利的侵害。即使是与非法利用个人金融信息罪较为相近的窃取、收买、非法提供信用卡信息罪，也主要是通过窃取、收买、非法提供他人的信用卡信息来伪造信用卡进而侵害银行的财产权利。所以我们设立该罪名，是为了从源头上打击伪造银行卡等犯罪活动。因此，立法者将上述这些直接侵害金融机构权益的犯罪列入《刑法》分则第三章破坏社会主义市场经济秩序罪中，而没有将其列入《刑法》分则第五章侵犯财产权利罪中。而非法利用个人金融信息罪虽然也是既破坏金融管理秩序，也侵害个人权利的犯罪，但其是直接侵害个人人身权利，而不是直接侵害金融机构的权利，故而不宜参照上述立法例将其归入《刑法》分则第三章之中。

此外，由于个人金融信息与公民的财产权也紧密相关，因而该罪是否需要考虑纳入《刑法》分则第五章侵犯财产权利罪中呢？笔者认为，个人金融信息虽然具有财产属性，但其毕竟不同于能够流通的商品。虽然可能会发生利用他人个人金融信息来骗取社会保险等现象，但如果非法利用个人金融信息只是一种手段，之后会发生其他犯罪行为的，则应当适用其后所产生的罪名予以惩处。此时，非法利用个人金融信息就成为侵害财产权的一种手段，不宜单独构成犯罪，因此不能将财产权视为非法利用个人金融信息行为所侵犯的客体。[1]

（二）明确罪状描述

1. 对客体的设置

如前文所述，非法利用个人金融信息罪侵害的客体既包含金融管理秩序也包括个人金融信息权、信用权。而考虑到该罪主要侵害的是公民个人金融信息权、信用权，所以宜将该罪设置于《刑法》分则第四章侵犯公民人身权利、民主权利罪中。

---

[1] 吴苌弘：《个人信息的刑法保护研究》，华东政法大学 2013 年博士学位论文，第 90—99 页。

2. 对客观要件的设置

非法利用个人金融信息行为具体包括不当泄露、查阅、擅自篡改、损毁、使用、盗窃个人金融信息，以及拒绝更正虚假、错误的个人金融信息等行为。非法利用行为与非法提供行为的最大区别在于，非法提供个人信息往往是以数据库为单位成批量提供，而非法利用个人金融信息通常都是针对某个特定个人的行为。所谓利用，是指借助外物以达到某种目的。对公民个人信息的非法利用应当是指未经信息主体许可，非法利用自己已经掌握的公民个人信息以期实现自己的特定目的。利用的范围既包括冒用，也包括用于实施威胁、恐吓、挟制、盗窃等行为。此外，对于采取网络搜集行为海量获取信息予以出售这种未经授权非法利用他人信息的行为，宜由刑法加以规制。《信息安全技术公共及商用服务信息系统个人信息保护指南》明确规定，必须在获得权利主体的事先授权之后才可对其个人敏感信息予以收集和利用。未经授权的搜集行为违反了搜集前须征得权利主体同意的规定，其事后的出售或非法提供行为同样属于未经授权的情形。在现有条文中，无论是出售、非法提供还是非法获取公民个人信息，其本质都是由于侵犯了公民的知情同意权，要么是超出范围非法使用，要么是违背意愿非法获取，而关于本行为的认定同样属于侵犯公民知情同意权的范畴。同时，2015 年 3 月 15 日起施行的《侵害消费者权益行为处罚办法》中的一个亮点即保护消费者公民的个人信息免遭泄露。这一办法的出台，实际上也为刑法规制未经授权搜集公民信息后滥用的行为提供了法律依据。

3. 对主体的设置

非法利用个人金融信息的行为主体首先必须是对这一信息知情的人。如果是可以公开的个人信息则不属于立法所需要保护的范围，也就不存在非法利用的行为了。因此，非法利用个人金融信息的人只能是通过正当手段获取个人信息的人，否则获取个人信息的行为也可以以侵犯公民个人信息罪定罪量刑。无论是德国刑法还是日本刑法，均将侵害个人隐私的行为规定为纯正身份犯。例如，《德国刑法典》第二百零三条侵害他人隐私罪与第二百零四条利用他人秘密罪的犯罪主体被限制为医师、牙医、兽医、药剂师或其他经过国家培训的可执业的医护人员；国家承认的科学的结业考试合格的职业心理学家；律师、办理专利问题的律师、公证人、诉讼程序中的辩护人、经济审查人、宣誓的账簿审查人、税务顾问、税务代理人或者律师公司、专利代理公司、经济审查公司、账簿审查公司或税务顾问公司的机关或其成员；婚姻顾问、家庭顾问、教育顾问或青年问题顾问，以及由官方或团体、其他机构或公法上的财团法人所承认而设立的咨询机构之成员或顾问；怀孕冲突法中规定的被承认的咨询机构的成员或受委托人；国家承认的社会工作人员或社会教育人员；私营的疾病、事故或人寿保险机构的职员，或私人医生的结算机构的职员；公务人员；对公务负有特别义务的人员；依职务代理法执行任务或职权的人员；联邦立法机关或州立法机关所属调查委员会的成员，或其他委员会或参议会中不具有立法机关成员身份的人员，或该委员会或参议会的协助人员；依法负有忠诚履行其职位的义务的公开聘任的专家；在执行科学研究计划中依法正式负有认真履行保密义务的人员等。[1]而日本刑法中规定的泄露秘密罪的主体相对范围较小，仅限定于医药、法律、宗教等行业的从业人员。对主体加以限制的目的在于所限定行业的从业人员因为其所从事的职业关系，可能接触更多的个人

---

[1]《德国刑法典》，徐久生译，北京大学出版社 2019 年版，第 150—151 页。

隐私。[1]《日本刑法典》比《德国刑法典》限定的范围更为狭窄的一个重要原因是日本在泄露秘密罪上采用的是法典规定型与附属刑法规定型相结合的立法模式，其《国家公务员法》第一百零九条、《地方公务员法》第六十条、《司法书士法》第六十一条、《传染病预防法》第六十七至第六十八条、《儿童福利法》第六十一条等规定中均有相关的刑事法规定。

综上，笔者认为非法利用个人金融信息罪的主体应当限定为因履行职责而合法获取个人信息的人。上述德国、日本的列举式限定方式尽管在司法过程中因明确了限定的范围而彰显法律的公平公正，但事实上如果将因职业关系能合法接触到个人隐私的人限制于一个明确的范围内，则可能导致刑法的制定无法满足情势的发展变化。因此，本罪的主体应为因职责关系而合法获取他人个人金融信息的人。

4. 对主观要件的设置

本罪的主观要件为故意，但主观目的不在刑法规制范围之内。也就是说，无论出于什么目的泄露、利用他人个人金融信息的，只要存在主观故意，其目的不管是牟利还是加害信息主体，也不论该目的是否已经达成，均不能影响本罪的定罪量刑。

（三）设置合理的法定刑

1. 对刑种的设置

非法利用个人金融信息的犯罪属于非暴力型的轻罪，在刑种设置上应以自由刑为上限予以考量。除了考虑自由刑、财产刑的惩处手段，还

---

[1]《日本刑法典》，张明楷译，法律出版社 2006 年版，第 51 页。

可以考虑资格刑这一惩罚措施。资格刑是剥夺行为人行使某种权利的资格，但较为现实的问题是，我国目前的资格刑仅有剥夺政治权利。这种刑罚具有极强的政治性，且主要针对危害国家安全犯罪和被处以死刑、无期徒刑的重罪犯。因此，对侵害个人信息的轻罪来说，法律未规定适用剥夺政治权利的刑罚。身份犯的主要特点是凭借特殊的身份，违背职业道德而从事相关违法犯罪的行为，故而如果能采取禁业或限制从业等刑罚措施，就可以降低行为人再犯的可能性。因此，笔者建议在该罪的法定刑中考虑增加禁业这一独立的刑种[1]，既能防止一些在履行职责或提供服务过程中实施的轻罪犯再犯又不至于使其疏远社会。在2005年《证券法》已明确规定证券市场禁入制度、2019年《证券法》对从业禁止进一步完善的背景下，金融刑法至今尚未规定从业禁止资格刑，严重削弱了预防金融犯罪的刑罚机能，不能不说是金融刑罚体系的缺憾。[2]

2. 对刑度的设置

我国《刑法》第五条明文规定，刑罚的轻重，应当与犯罪分子所犯罪行和承担的刑事责任相适应。由于非法利用个人金融信息的犯罪行为均较轻，如果涉及其他犯罪如诈骗等均会另罪处罚，所以基于罪刑相适应原则，本罪的起刑点不应过高，应与侵犯公民个人信息罪基本相当，但由于其不论是行为手段的严重性抑或个人信息的重要性上均高于侵犯公民个人信息罪，所以量刑上亦应重于后者。

综上，笔者建议在《刑法》第二百五十三条之一中增设非法利用个人金融信息罪，作为该条第四款："因职责关系而合法获取个人金融信

---

[1] 笔者在此建议的是将禁止或限制从业作为一种独立的刑种进行规定，而非如《刑法》第三十七条之一所规定的仅将禁止作为刑罚的配套处罚措施。

[2] 田宏杰：《金融安全的刑事法律保护：挑战与变革》，载《法律适用》2024年第9期。

息的人非法利用所获取的信息的，依照第一款的规定从重处罚。犯本款罪的，可以剥夺其相关从业资格或任职资格。"

第二节　司法路径：司法的适度扩张

为了更好保护金融信息安全，制裁非法利用个人金融信息的行为，我们必须采用"两只脚走路"的理念，既要注重加强立法层面完善，又要重视司法层面的适度扩张。在立法部门对现行刑法条文作出相应的修改并增设新罪名的同时，在司法层面上，相关部门也必须采取相应的措施，通过司法适度扩张的方式跟上立法完善的步伐。

一、相关刑事司法规制原则的恪守

为加大对个人金融信息安全的保护力度，拓宽金融信息安全的保护维度，在相关立法修改完善之前，我们可以在司法适用的领域扩张刑事制裁的范围。当然，这种扩张并非毫无底线，而是在遵循刑法基本原则前提下的适度扩张。[1]

（一）严格遵循罪刑法定原则

罪刑法定原则是受近代启蒙运动精神的影响而逐步确立的一项刑法基本原则，该原则在刑法的发展和沿革历程中具有举足轻重的地位。刑法学界确立该原则的初衷就是反对和禁止司法擅断，保障公民的自由权

---

[1] 李振林：《非法利用个人金融信息行为刑法规制强化论》，载《华东政法大学学报》2019 年第 1 期。

利。洛克在《政府论》中论及自然法、自然权利时指出，人们只是在保护人权的范围内将立法权、刑罚权等委托给国家法律，受到自然法的制约，故国家必须预先明示违反义务的种类及状态下需要承担的后果。人们需要交出尽量少的一部分权利，使之结盟为惩罚权，以保护公共利益。[1] 若刑罚超出了保护公共利益的需要，本质上就是不公正的。为此，必须在政府和公民之间划出一条界线，而罪刑法定就是这条界线的界标，只有法律才能为犯罪规定刑罚。[2] 在过去长达几十年的司法实践中，某些时期之所以出现个别冤假错案，就是因为某些司法工作人员在刑法适用中没有遵循罪刑法定原则。因而，严格遵循罪刑法定原则意义重大。

在对非法利用个人金融信息进行刑事司法规制过程中，司法机关更应该严把这道"原则关"。应该看到，随着对金融信息法律保护的重要性日益凸显，对金融信息法律规制的法网必然日益扩大，司法机关以及相关部门对于非法利用个人金融信息行为的打击力度必然日益加大。在此情形下，为了更好地保护金融信息，司法实务中极有可能出现一些"规制过度"的现象，即某些行为可能并没有触犯刑法中相应的罪名，但由于这些行为对个人隐私以及金融管理秩序造成了严重侵害，司法机关就套用与之相近的罪名对这类行为进行刑事追究。这类举措无疑违背了罪刑法定原则，也对公民的自由造成了严重侵害，理应为我们所杜绝。

当然，某些行为可能对时下金融信息的法律保护造成了严重的冲击，但只要刑法对这类行为没有明文规定，我们就不能以犯罪认定。这

---

[1] ［英］洛克：《政府论（下）》，瞿菊农、叶启芳译，商务印书馆1982年版，第79—80页。

[2] 刘宪权、杨兴培：《刑法学专论》，北京大学出版社2007年版，第24—25页。

种"不定罪、不处罚"的倾向，看似不利于我们对金融信息安全的保护，但笔者认为，刑法并非解决所有社会问题的"万能钥匙"。既然我们明确了罪刑法定原则是刑法的基本原则，那么当我们面临这类选择时，理应保持司法理性。[1]但是，我们不将这些行为认定为犯罪，并不意味着我们对这些行为放任不管，也绝非对其束手无策。实际上，我们完全可以通过行政处罚的手段制裁这类行为，并通过民事法律途径对被害人进行相应的赔偿或补偿。

（二）坚守刑法谦抑性的底线

所谓的刑法谦抑性，是指即使行为侵害或威胁了他人的生活利益，也不能直接动用刑法，应优先采用其他社会统制手段。可以说，只有在其他社会统制手段不充分时，或者其他社会统制手段过于强烈，有必要以刑罚替代时，才可以动用刑法。根据这一定义，刑法理应具有补充性和宽容性的特点。[2]对此，日本刑法学者大谷实认为，刑法作为保护法益的最后手段所具有的特殊性被称为刑法的补充性；即使现实生活已经发生犯罪，但从维持社会秩序的视角来看，缺乏处罚的必要性，因而不进行处罚的特性被称为刑法的宽容性。[3]应该看到，刑法谦抑性体现出刑法作为保障社会公平正义"最后一道防线"的特性。同时，刑法谦抑性决定了刑法资源的稀缺性和刑罚成本的高昂性。换言之，立法者应该注意对有限的刑法资源进行合理分配，以满足社会的需要，从而达到效益的最大化。如果违背这些理念，刑罚权任意扩张，公民动辄获刑，那

---

[1] 李振林：《非法利用个人金融信息行为刑法规制强化论》，载《华东政法大学学报》2019 年第 1 期。
[2] 彭勃：《"无被害人"犯罪研究》，载《法商研究》2006 年第 1 期。
[3] 大谷实：《刑法总论》，黎宏译，法律出版社 2003 年版，第 37 页。

么将不可避免地导致两个后果：其一，有限的社会资源过度地集中在刑法领域；其二，刑罚适用过于集中而导致"刑罚边际效应"，即刑罚的效力不断下降。

鉴于此，司法机关在对非法利用个人金融信息行为进行刑事司法规制时，理应坚守刑法谦抑性的底线。当然，笔者并非主张，即使行为人实施的危害行为构成犯罪，只要可以通过其他部门法加以调整，司法机关便不对行为人进行刑事处罚，甚至不认定行为人构成犯罪。这种略显极端的举措不仅违反了罪刑法定原则，也与司法实务中我们一贯坚持的"刑事优先"理念背道而驰。实际上，在自由刑的判处上能从宽尽量从宽，能不重判尽量不重判，并加大罚金刑的处罚力度，才是刑法谦抑性在司法领域的应然内涵。应该看到，尽管非法利用个人金融信息行为具有严重的社会危害性，会对公民个人隐私以及金融管理秩序造成严重侵害，但是这类犯罪和传统暴力型犯罪存在显著的差异。具体而言，这类犯罪在一般情况下属于贪利性犯罪，和传统暴力型犯罪相比，施行这类犯罪的行为人所体现出的主观恶性可能远不如传统暴力型犯罪。就此而言，针对这类犯罪，加大罚金刑的处罚力度似乎比一味加重自由刑处罚更具威慑力。如果我们在司法实务中仍然过度依赖乃至迷信自由刑的威慑力，非但处罚效果有限，相反还会浪费大量的社会资源，并使自由刑的处罚效果日益递减。由此可见，在司法领域坚守刑法谦抑性的理念显然是至关重要的。

（三）防止司法解释的肆意扩张

所谓的司法解释，是指由最高人民法院和最高人民检察院根据法律赋予的职权，对审判和检察工作中具体应用法律所作的具有普遍司法效力的解释。但实际上，我国的刑事司法解释除了由"两高"颁布的解释，还包括公安部及相关部门的会议纪要等文件。[1]我国的刑事司法解释在刑事审判中具有举足轻重的地位，刑法中很多经济犯罪的量刑标准以及兜底条款所包含的内容，并非由刑法条文直接规定，而是通过司法解释的形式加以细化和确定。因而，很多学者认为我国刑事司法解释具有某些"立法"的特征。"司法解释立法化"被作为一种既非"解释"亦非"司法"的现象，被批评为背离了权力性质，也违反了权力分工。[2]这种观点并非完全没有道理。

随着社会发展速度的日益加快，立法必然具有一定的滞后性，刑法条文不可能对所有的细节加以规定。因而，从当下司法实践的现状来看，我国刑事司法解释中某些"僭越"的举措在很大程度上是司法实践的客观需要。如果没有相应的司法解释，很多刑事审判活动可能难以开展。但是，这并不意味着司法解释可以肆意扩张。在司法机关对非法利用个人金融信息行为进行刑事司法规制时，我们必须明确，司法解释可以对哪些内容作出规定，哪些领域应当禁止司法解释进入。

笔者认为，司法解释可以规定这类犯罪的入罪和量刑标准，也可以对条文中的术语作出相应的解释。但是，司法解释不能随意创设新的行为类型，也不能对条文中的术语随意作扩张解释。这是因为，创设新的行为类型已经完全超出了司法解释的职责范畴，使得司法解释扮演起立法解释乃至刑法修正案的角色。同时，扩张解释在很多情况下与类推解释界限模糊、难以界分。如果我们贸然放开对"扩张解释"的限制，某

---

[1] 严格来讲，仅最高人民法院和最高人民检察院有制定司法解释的权力，其他机关或部门制定或参与制定的司法文件不能被称为"司法解释"。

[2] 钱坤：《论最高人民法院司法解释的宪法定位》，载《法制与社会发展》2025年第1期。

些司法解释完全可能以"扩张解释"为名，实则进行"类推解释"。[1]
某些司法解释在制定过程中，因相关司法工作人员掌控能力的不足，可
能使一则本该具有"扩张解释"内容的司法解释，变成存在"类推解
释"问题的司法解释。由此可见，无论是创设新的行为类型，还是对条
文中的术语进行扩张解释，都可能让司法解释披上"立法"外衣。有学
者或许会提出疑问，既然学界和实务界已经承认司法解释具有某些"立
法"特征，那么在非法利用个人金融信息刑事司法规制方面，司法解释
为何不能担当起部分立法职责？在司法实务中，司法解释规定相关罪名
的入罪和量刑标准以及对相关罪名兜底条款设定内容的做法的确有僭越
之嫌。但是，这些举措实际上处于司法解释和立法的模糊地带。我们既
可以认为司法解释的上述举措是以"司法解释"之名行立法之实，也可
以认为这些举措是对刑法条文中的"情节严重""数额较大"或者"其
他"等术语的解释。同时，如果司法解释不对这些内容加以细化和明
确，很多司法审判活动可能难以为继。既然司法解释的这些举措既包含
立法的成分，又具有司法解释应有的色彩，同时这些举措在某种程度上
又是司法实务中的无奈之举，那么，对于这些处在模糊地带且具有实际
价值的无奈之举，我们理应宽容对待。但是，创设新的行为类型以及作
出相应的扩张解释与上述举措无疑有着巨大差异。一方面，创设新的行
为类型以及对刑法条文中的相关内容作出扩张解释本身就是一种典型的
立法行为，并不属于立法和司法解释的模糊地带。当然，从刑法理论角
度来看，扩张解释与立法行为之间仍然存在一定的距离。但是，由于扩
张解释和类推解释在司法实务中的界限较为模糊，因此某些情况下司法

---

[1]　江溯：《刑法教义学的现状与展望》，载《中国法律评论》2024 年第 6 期。

解释中的扩张解释和立法行为之间的差异微乎其微。另一方面，如果犯罪圈的确具有扩大的必要，我们完全可以通过颁布刑法修正案或是出台立法解释的方式，将相应的危害行为纳入犯罪圈，而无需司法解释越权行事。换言之，通过司法解释创设新的行为类型以及对相关条文作扩张解释绝非一种无奈之举。既然在现行制度下，司法解释、立法解释以及刑法修正案之间存在并列关系，那么司法解释、立法解释以及刑法修正案的职能理应泾渭分明，互相之间不应存在越界行为。

就此而言，在司法机关对非法利用个人金融信息行为进行刑事司法规制的过程中，我们必须防止司法解释肆意扩张。司法解释只能对入罪和量刑标准进行规定，并对条文中的相关用语进行解释，但是，司法解释绝不能创设新的行为类型，也不宜作出扩张解释。

二、相关司法解释的出台

由于社会生活的复杂性，刑法从制定那一刻起，就注定了其不尽完善的命运。但是对于已经制定出来的条文就应该做到明确具体，给出一个司法操作的标准。刑法保障人权、打击犯罪的效果需要立法和司法的双重结合才能彰显。对于已经制定出来的罪名，如果无法在实践中进行统一的司法操作，可能会带来更大的司法混乱，就会背离刑法设定该罪名的立法宗旨。所以笔者希望尽快出台司法解释对侵害金融信息犯罪中容易引起争议的规定予以明确化和统一化。应该看到，出台相关司法解释是对非法利用个人金融信息行为进行刑事司法规制的必要路径。通过颁布司法解释，我们可以为相关罪名设定相应的入罪和量刑的标准，并对条文中的某些抽象和概括的用语作出解释，为立法的简约性作适当补充。

如前所述，笔者主张采用司法适度扩张的方式，加强对金融信息安全的保护。那么，在出台相关司法解释过程中，"司法适度扩张"的理念理应得以体现。如何体现这一理念或者在司法解释中的哪一部分内容中体现这种理念，必然是值得我们研究的问题。笔者认为，司法解释在为相关罪名设定入罪和量刑标准以及对条文中的相关用语作出解释时，制定司法解释的相关人员应当采用不同的思路。具体而言，在设定相关罪名的入罪和量刑门槛时，制定司法解释的相关人员可以根据具体情况适当进行一些变通，以体现"司法适度扩张"的理念，但是在对刑法条文的用语进行解释时，绝不能为了体现"司法适度扩张"的理念，而对这些用语进行扩张解释。这是因为，在我国，为相关罪名设定入罪和量刑标准是司法解释的固有职能，制定司法解释的相关人员完全可以根据刑事政策的需要或是司法实践的现状，适当提高或是降低相关罪名的入罪门槛。这类举措非但不违背刑法基本理念和相关刑法原理，反而契合当下司法实践的需要，也对我国"定性又定量"的刑事立法模式进行了有效补充。基于司法解释的这一特性，我们可以在设定相关罪名的入罪和量刑标准环节充分体现"司法适度扩张"的理念。但是，在司法解释对刑法条文的用语作出解释的过程中，"司法适度扩张"绝不是制定司法解释的相关人员应当秉持的理念。这是因为，在解释刑法条文用语过程中体现"司法适度扩张"的理念，就意味着对刑法条文的"扩张解释"。由于"扩张解释"弊端明显，因而在解释刑法条文用语过程中体现"司法适度扩张"的理念，显然并非明智之举。

既然我们要通过司法适度扩张的路径加强金融信息安全的保护，以更好地保护个人隐私、维护金融管理秩序，那么在颁布相关司法解释的过程中，我们就应当适当降低非法利用个人金融信息罪的入罪门槛。同时，司法解释可以作出规定，在司法机关对个人信息保护等罪名进行犯罪认定的过程中，如果行为人实施犯罪的对象涉及金融信息，那么司法机关在量刑上可以适当从重。

应该看到，随着国家金融制度改革的不断推进以及互联网金融行业的蓬勃发展，金融已经从原来只有少数精英阶层才能介入的领域，转变为大众普遍参与且与我们日常生活密不可分的行业。由此可见，侵犯金融信息安全不仅会造成严重的社会危害性，即金融信息不仅涉及公民个人隐私，也会影响金融管理秩序，而且其波及的范围也相当广泛。在当今"互联网＋"不断普及的时代，大多数公民或单位都拥有相应的金融信息。鉴于此，在对非法利用个人金融信息行为刑事司法规制时，降低相关罪名的入罪门槛，并侧重金融信息安全的保护，无疑具有合理性。但是在司法解释对刑法条文的用语作出相应的解释时，我们必须掌控好解释的程度、把握好解释的宽度、控制好解释的力度，不宜作过度扩张解释。不能仅为保护个人信息权益而作过度的扩张解释，这不仅会妨碍个人信息的合理利用，还会给处理者造成很大的法律风险。[1]正如前述，在司法实务中扩张解释和类推解释很难界分，过度的扩张解释绝不是司法的适度扩张，而是立法的扩张或是犯罪圈的扩大。无论是立法扩张还是犯罪圈的扩大，都已经超出了司法解释的应有职能范围。

（一）明确非法利用个人金融信息行为的认定标准

1. 将侵犯公民个人信息罪中的"非法"解释为"以非法利用为目的"

在立法尚未先行的现状下，将侵犯公民个人信息罪中的"非法"解

---

[1] 程啸：《个人信息范围的界定与要件判断》，载《武汉大学学报（哲学社会科学版）》2024年第4期。

释为"以非法利用为目的"可解燃眉之急。当前对于侵犯公民个人信息罪中"非法"的含义一般理解为"以非法的方式"或"以非法的状态"，即将"非法"作为"获取"的修饰词。如果遵循这样的解释逻辑，非法利用个人金融信息的行为自然无法被纳入刑法规制的范畴。为此，有学者提出将"非法"解释为"以非法利用为目的"。[1] 笔者较为赞同这一观点。首先需要明确的是，"非法利用"这一主观目的并不为侵犯公民个人信息罪的直接故意所包含，这一目的的实现有待于行为人进一步实施利用个人金融信息的客观行为，如非法使用、非法加工。因此，相对于非法获取行为而言，非法利用的目的是一种超过的主观要素[2]，这一目的需通过行为人事后对个人信息的使用状态是否合法加以推定。如此，即使行为人获取个人金融信息的方式合法，但只要其对该信息的利用非法，便可推定其在获取个人金融信息时具备非法利用的目的，从而认定为非法获取个人金融信息的行为，以侵犯公民个人信息罪定罪处罚。[3]

2. 在对"以其他方法非法获取公民个人信息"的解释中增加列举未尽之意的表述

根据《刑法》第二百五十三条之一第三款的规定，窃取或者以其他方法非法获取公民个人信息的行为也依照侵犯公民个人信息罪定罪处罚。窃取即秘密盗窃，但对于何谓"其他方法"，刑法并没有规定，而实践中非法获取公民个人信息的行为方式多种多样，如盗取、骗取、非法收集、购买等。但具体哪些行为应入罪，各地司法机关做法不一。对

---

[1] 王哲:《侵犯公民个人信息罪中"个人信息"的限定》,载《青少年犯罪问题》2021年第3期。

[2] 陈兴良:《目的犯的法理探究》,载《法学研究》2004年第3期。

[3] 李振林:《非法取得或利用人脸识别信息行为刑法规制论》,载《苏州大学学报(哲学社会科学版)》2022年第1期。

此，虽然《侵犯公民个人信息司法解释》第四条的规定可以在一定程度上缓解司法认定不一的问题，但正如前文所述，该司法解释仅将"以其他方法非法获取公民个人信息"限定为几种具体且特殊的情况而并无兜底性规定。如此，对于行为人利用刑法和该司法解释均没有明确规定的方法非法获取公民个人信息的行为，就无法追究刑事责任。[1]因此，笔者认为，应当在列举典型、常见的非法获取公民个人信息行为之后，增加表示列举未尽之意的表述，具体可将《侵犯公民个人信息司法解释》第四条修改为："违反国家有关规定，通过购买、收受、交换等方式获取公民个人信息，或者在履行职责、提供服务过程中收集公民个人信息等非法获取公民个人信息行为，属于刑法第二百五十三条之一第三款规定的'以其他方法非法获取公民个人信息'。"[2]

（二）明确相关罪名竞合问题的处理规则

1. 与拒不履行信息网络安全管理义务罪的竞合

司法实践中经常发生非法存储（如逾期未删除）个人金融信息的行为，有学者认为，因逾期未删除而持有（即非法存储）金融信息与非法获取金融信息属于不同的行为类型，其违法性的根源在于违反合同约定或者信义义务。由于逾期不删除行为造成的行为结果是使信息处于脱离管制秩序的危险状态，而非传播、泄露等实害后果，将此类犯罪行为认定为拒不履行信息网络安全管理义务罪更为合适。[3]

---

[1] 李振林：《非法利用个人金融信息行为刑法规制强化论》，载《华东政法大学学报》2019年第1期。

[2] 李振林：《非法利用个人金融信息行为刑法规制强化论》，载《华东政法大学学报》2019年第1期。

[3] 张勇：《领域法视域下数字信用的犯罪治理》，载《东方法学》2024年第6期。

但笔者认为，对于非法存储个人金融信息的行为，也可以认定为不作为的非法获取个人金融信息行为，继而以侵犯公民个人信息罪定罪处罚。[1]需要明确的是，这里所讨论的是行为人在已合法获取公民个人金融信息前提下，非法存储个人金融信息行为的定性问题。对于公民个人不知情而被非法获取或网络爬虫爬取后继而保持非法存储状态的行为，实际上可直接以侵犯公民个人信息罪、非法获取计算机信息系统数据或非法控制计算机信息系统罪等犯罪定罪处罚。关于合法获取公民个人金融信息后非法存储的行为，《民法典》《网络安全法》《电子商务法》等法律已经作出较为详细的规定。《民法典》第一千零三十七条第二款规定："自然人发现信息处理者违反法律、行政法规的规定或者双方的约定处理其个人信息的，有权请求信息处理者及时删除。"《网络安全法》第四十三条规定："个人发现网络运营者违反法律、行政法规的规定或者双方的约定收集、使用其个人信息的，有权要求网络运营者删除其个人信息；发现网络运营者收集、存储的其个人信息有错误的，有权要求网络运营者予以更正。网络运营者应当采取措施予以删除或者更正。"《电子商务法》第二十四条第二款规定："电子商务经营者收到用户信息查询或者更正、删除的申请的，应当在核实身份后及时提供查询或者更正、删除用户信息。用户注销的，电子商务经营者应当立即删除该用户的信息；依照法律、行政法规的规定或者双方约定保存的，依照其规定。"因此，合法获取公民个人金融信息后非法存储的情形仅限于信息收集主体合法获取了个人金融信息，却违反法律法规或者双方的约定擅自存储个人信息，在公民个人发出删除通知后，仍不予以删

---

[1] 李振林：《非法取得或利用人脸识别信息行为刑法规制论》，载《苏州大学学报（哲学社会科学版）》2022年第1期。

除，抑或在公民个人用户注销后无正当理由继续保留和处理该信息的情况。

由此可见，当信息收集主体在合法获取公民个人金融信息后实施非法存储行为，且公民个人发出删除通知后，该信息收集主体便具备了采取措施予以删除的法定义务。当然，这并不意味着不履行该法定义务即构成不作为的侵犯公民个人信息罪。成立不作为犯罪，还要求行为人以不作为实现的不法构成要件与作为实现的不法构成要件在刑法上彼此相当。因此，在明确信息收集主体具备删除义务的前提下，还需探讨其不履行删除义务（非法存储）行为与非法获取行为之间是否等价。而要认定不作为行为与作为犯罪等价，必须证明不作为人故意或过失行为产生了侵害特定法益的现实危险性[1]，且这种危险性与作为行为对法益侵害所起的作用和效果相当。[2]

笔者认为，一方面，导致公民个人信息法益侵害结果的原因仅为信息收集主体在收到公民通知后仍不删除进而持续存储的行为，并不包含其他可能具备法益侵害性的起因；另一方面，合法获取公民个人信息后经要求删除仍不删除的行为，与非法获取公民个人信息行为对法益侵害所起的作用相当，这在刑法中已经有相关立法例。例如，《刑法》第一百二十八条第一款规定了非法持有、私藏枪支、弹药罪。其中，"私藏"是指依法配备、配置枪支、弹药的人员，在配备、配置枪支、弹药的条件消除后，违反枪支管理法律、法规的规定，私自藏匿所配备、配置的枪支、弹药且拒不交出的行为。笔者认为，刑法之所以将本罪规

---

[1] 何荣功：《不真正不作为犯的构造与等价值的判断》，载《法学评论》2010年第1期。
[2] 袁爱华、李克艳：《不真正不作为犯的等价性问题研究》，载《云南大学学报（法学版）》2013年第3期。

定为"非法持有"与"私藏"并列的选择性罪名，是因为丧失合法持有枪支、弹药资格后私藏枪支、弹药的行为，与本不具备合法持有枪支、弹药资格而非法持有的行为所具备的法益侵害性相当。当然，"私藏"仅是非法持有的一种表现形式，且依法配备、配置枪支、弹药的人员，在配备、配置条件消除后，将枪支、弹药丢弃，不再事实上支配枪支、弹药的，难以评价为"私藏"（有可能成立丢失枪支不报罪或者其他犯罪）；如果只有行为人知道枪支、弹药藏于何处，则仍然属于非法持有枪支、弹药。因此，笔者认为并无必要将"私藏"独立于"非法持有"。[1]由此可见，既有立法已肯定了非法持有（获取）行为与丧失合法持有（获取）资格后非法藏匿（存储）的行为具备相当的法益侵害性。因此，信息收集主体在应履行删除义务却继续予以存储时，实质上等同于其非法获取了该个人金融信息，故而可认定为不作为的非法获取个人金融信息的行为，以侵犯公民个人信息罪定罪处罚。[2]至于侵犯公民个人信息罪与拒不履行信息网络安全管理义务罪竞合时，采取"想象竞合从一重"的原则处理即可。事实上，《刑法》第二百八十六条之一拒不履行信息网络安全管理义务罪也已明确规定："有前两款行为，同时构成其他犯罪的，依照处罚较重的规定定罪处罚。"

2. 与非法获取计算机信息系统数据罪的竞合

在2009年《刑法修正案（七）》出台前，刑法中用于规制计算机犯罪的条文仅有第二百八十五条、第二百八十六条和第二百八十七条。第二百八十五条仅规制非法侵入国家事务、国防建设、尖端科学技术领

---

[1] 张明楷：《刑法学（下）》，法律出版社2021年版，第916页。

[2] 刘方可：《论人脸识别信息的三个基础性问题——兼论侵犯公民个人信息罪行为方式补充》，载《前沿》2021年第4期。

域的计算机信息系统的行为，对于绝大多数非法侵入普通计算机系统和网站的行为无法适用该条规定。这对于规制愈演愈烈的个人信息犯罪而言，显得愈发捉襟见肘。《刑法修正案（七）》出台后，非法获取计算机信息系统数据罪开始保护计算机信息系统内的所有数据不被非法获取。例如，当行为人非法获取被害人苹果手机 ID 密码并对手机和 ID 解除绑定后，被害人无法再使用该 ID 数据操作苹果手机，此时可以认为苹果手机这一计算机信息系统的正常运行受到了侵害。[1]然而，侵犯公民个人信息罪的行为方式也包含非法获取，此时便会产生二者竞合的问题。

目前，对于二者竞合情形，传统裁判路径多采取"想象竞合从一重"的处断模式。例如，最高人民检察院发布的《检察机关办理侵犯公民个人信息案件指引》就明确规定："对于违反国家有关规定，采用技术手段非法侵入合法存储公民个人信息的单位数据库窃取公民个人信息的行为，也符合刑法第二百八十五条第二款非法获取计算机信息系统数据罪的客观特征，同时触犯侵犯公民个人信息罪和非法获取计算机信息系统数据罪的，应择一重罪论处。"但这种"以刑制罪"的裁判逻辑，虽在结果上满足罪责刑相适应的基本要求，但需注意的是，该原则存在双重的判断标准：既包含刑罚幅度与刑事责任程度的匹配性要求，更强调罪名定性对行为实质违法性的精准揭示。在现行刑事立法已确立多个罪名进行个人信息保护的背景下，对于犯罪对象同时具备系统数据与个人信息的情形，应当认为个人信息属于系统数据的特殊形式。具体而言，若行为人的行为明确指向个人信息（如意图实施后续的财产犯罪），而非旨在

---

[1] 广东省中山市中级人民法院（2017）粤 20 刑终字第 258 号刑事判决书。

破坏信息系统的正常运转，此时以侵犯公民个人信息罪定罪处罚更为妥当。此种定性选择不仅符合主客观相统一的归责原理，还可避免因过度扩张适用非法获取计算机信息系统数据罪而产生规制泛化风险。[1]

三、查处和打击力度的适当加强

落实司法适度扩张的另一条路径是查处和打击力度的适度加强，通过强调刑罚的及时性，增强刑法威慑力，切实保护好金融信息的安全。

（一）加强侦查力度，提高案件侦破率

刑罚是国家对犯罪人所适用的最严厉的惩治措施。这种惩治措施通过剥夺犯罪人享有的某些权益，使其感受到一定的痛苦，以此告诫已犯罪的人和有犯罪倾向的潜在犯罪人不要犯罪，从而达到一般预防和特殊预防的目的。刑罚目的的实现，不仅要求刑罚自身逻辑体系科学完整，同时也要求刑罚的运行机制能够最大限度地满足人们对正义和秩序的渴求，刑罚的及时性便是刑罚运行机制中保障正义的一个重要环节。刑罚及时性是指司法机关依照法定的职权和程序，以正当、迅速处理刑事案件为目的，将犯罪嫌疑人、被告人迅速及时地交付审判，以便尽早确定其刑罚并交付执行的一项法律原则。[2] 笔者认为，司法机关在对非法利用个人金融信息行为进行刑事司法规制时，尤其需要注重刑罚处罚的及时性。应该看到，非法利用个人金融信息犯罪具有"贪利性"犯罪的特

---

[1]　郭旨龙：《数字经济时代数据要素的法益识别与刑法保护——从公共秩序到财产安全、市场秩序》，载《财经法学》2025 年第 1 期。

[2]　朱道华：《刑罚及时性问题及其立法完善》，载《理论探索》2007 年第 5 期。

性，这类犯罪在手段上往往具有隐蔽性，因而行为人在实施非法利用个人金融信息犯罪行为时，一般都会心存侥幸，认为自己可以逃脱相应的刑事制裁。在此情形下，即使立法者为这类犯罪设置较重的法定刑，其对行为人产生的威慑力可能极为有限。因而，对于这类犯罪，与其设置较重的法定刑，不如强调刑罚处罚的及时性，采用"严而不厉"的理念进行刑事司法规制。值得强调的是，随着网络技术的发展和成熟，非法利用个人金融信息犯罪也具备了网络犯罪的特性。犯罪手段的发展无疑对司法部门的防控和查处工作提出了更高的要求。因而，加强对非法利用个人金融信息犯罪的查处和打击力度，必然要求相关部门以互联网作为技术支撑，以高素质的一线人员作为执行主体，寻找侵犯公民个人信息犯罪的最佳侦查途径。选择良好的侦查途径对于提升案件侦办效率具有关键作用，能够帮助我们以最快速高效的手段去侦破案件。错误的侦查途径不仅可能造成司法资源的过度消耗，更可能导致案件的关键证据链断裂。结合侵犯非法利用个人金融信息犯罪的特征，具体可从三个方面来加强侦查力度，提高案件侦破率。

一是从下游犯罪入手。实施电信诈骗等衍生犯罪的犯罪嫌疑人，常常会依据从非法利用个人金融信息犯罪中所获得的信息进行有针对性的犯罪，且犯罪成功率也因个人信息的精确性而大大提高，对被害人产生了极大的危害。因此，该犯罪的第一个侦查途径可以选择从下游的衍生犯罪入手，依据信息的传递链逆向侦查，在这个过程中逐步发现线索，找到信息交易的中间商和源头，打破侦查僵局，最终锁定犯罪嫌疑人。

二是从"内鬼"入手。"内鬼"一般分为两种，包括能够掌握公民个人信息的国家工作人员和提供服务的企事业单位的职员。前者所在单位如国家公安机关、海关等，后者如房地产公司、物业公司、中介机构等。他们是公民个人信息的直接拥有者，属于信息的源头。在整个犯罪过程中，他们往往利用自身职务的便利，轻而易举地获取公民的个人金融信息，然后作为卖家，将所掌握的信息兜售或者提供给下家。有时也可能通过中间商进行信息中转，从而形成"源头—中间商—非法使用"的非法产业模式。故而，侦查机关可以按照这种犯罪线路展开顺线侦查，还原整条犯罪链。

三是从犯罪嫌疑人的资金流向入手。获取利益通常是非法利用个人金融信息犯罪主体动机所在，无论是为了市场营销还是为下游犯罪提供条件，其行为的最终结果都是获取经济利益。因此，资金的交易是该罪不可或缺的环节。无论买卖双方是通过何种方式进行交易转账，其记录总是客观存在的。例如，通过微信、支付宝来支付，则会在微信、支付宝平台留下转账记录，即使该记录在行为者手机终端上被嫌疑人消除，侦查人员也可以在微信、支付宝运营商的后方平台数据库中找到该转账的原始数据。若是买卖双方通过银行汇款的方式进行交易，那么银行内部的记录则更加容易获取。因此，侦查人员可以按照资金流向的侦查思路，及时调取嫌疑人的银行汇款和手机转账记录，找到相关对象，为侦查提供新的思路。[1]

（二）加强行刑协调，形成整治合力

对非法利用个人金融信息行为查处和打击力度的适当加强，还需强化刑事司法与行政执法部门的协调配合。刑事司法部门在执法过程中要严格执法，特别要注重执法的方式以及与行政执法部门的协调配合，在

---

[1]　杨柠莱：《大数据时代侵犯公民个人信息犯罪侦查的困境与出路》，西南政法大学2019年硕士学位论文，第31—32页。

严惩侵犯公民金融信息权违法犯罪行为的同时，建立起与相关问题相配套的预防和治理机制，达到统筹兼顾、标本兼治。另外，在执法的内容和范围方面，应重点打击侵犯个人隐私信息的行为，对于个人正常的网络沟通信息行为，我们不应过多干涉。金融信息犯罪主要集中于网络，危害后果表现为滋生多种下游犯罪，快递业成为泄密重灾区，犯罪后缺乏相应的救济措施，且犯罪手法隐蔽、组织化程度高、泄密渠道多、速度快，低龄化和普遍化趋势明显。

首先，应加强行政执法和刑事司法的沟通协调。各级刑事司法部门应主动与行政监管部门联系，充分利用各行政执法部门在基层、社区的延伸机构（如街道办事处）在发现违法活动时较公安机关更为便捷，以及在群众工作等方面的优势力量，进一步加强行政执法和刑事司法的沟通协调能力。

其次，应提高行政执法机构的执法能力。针对当前利用网络信息买卖猖獗的现状，行政执法机构应该利用好网络这把双刃剑，用其本身的"正能量"压倒"负影响"。就事前预防而言，对于金融机构数据库等敏感地点，网监部门应当建立严密的监控机制，对相关人员及 IP 地址等进行即时监控和不定期巡查。就事后调查而言，应允许司法办案部门利用更多的高科技手段取证。这对行政执法机构的执法能力提出了更高的要求，行政执法机构在查处公民个人信息侵权违法行为时，要有证据观念，对所搜集的证据要妥善保存并及时向司法机关移交，积极配合司法机关相关工作，确保对犯罪嫌疑人刑事责任的追究。

最后，要充分发挥群策群力的作用，形成刑事、行政整治合力。针对此类犯罪侵权手法隐蔽、调查取证难等特点，原有的办案模式已不适应当前办案的需要。集约作战作为一种新的模式，注重对公民个人信息侵权犯罪全方面、多领域、立体式的打击，顺应了当今信息社会打击侵权犯罪的需求。同时，应切实加强行政刑事联动、跨地域联动，在案件立案、搜集证据、联合执法等方面互相支持与配合，对公民个人信息侵权犯罪实施致命打击，最大限度地提升打击效果。[1]

第三节　其他路径：配套机制的完善

个人金融信息保护不能仅停留在法律文本层面，还需通过配套机制形成闭环管理。具体而言，可以从行业自律、加强宣传教育、加强国际合作三个方面加以展开，进而完善个人金融信息的保护体系。

一、加强行业自律

在互联网产业管理中，为了能够在有效保护用户网络隐私权的同时兼顾信息产业的发展，美国政府大力推进了以民营行业协会为主体的行业内部监管模式，美国对互联网行业的管理模式对于我国具有一定的参考借鉴意义。[2]

行业自律机制作为特定领域内从业者自主规范自身行为的制度形式，是完善公民个人金融信息保护体系的重要基础。随着数字化进程的加快，个人金融信息在餐饮服务、物业管理及线上平台等多元场景中的收集、保存及利用活动已突破了传统行业的边界。基于此，可将所有参

---

[1] 王晓朋：《公民个人信息刑事保护对策研究》，华东政法大学 2019 年硕士学位论文，第 34—38 页。

[2] 詹真荣、刘阳：《世界典型国家互联网监管实践及其启示》，载《中共杭州市委党校学报》 2011 年第 2 期。

与个人信息处理的主体机构纳入"泛信息关联产业"框架（涵盖所有涉及公民信息获取、存储和使用有关的信息行业及其关联行业）。该框架通过规范信息处理全流程的操作标准，能够强化从业者的法治意识与职业伦理约束。例如，《个人信息保护法》通过专章制度设计，要求信息处理主体制定标准化操作规程，强化了大型互联网平台的安全保障义务，从立法层面为行业自律提供了执行依据。同时，作为行业自律体系的惩戒手段，市场准入限制机制通过强化主体责任落实发挥约束作用。该机制针对违反信息管理规范的个人或机构设置差异化禁入期限，从而实现对低质从业者的动态淘汰。现行法律已构建了包括高管从业禁止、违规记录纳入信用评价等在内的配套措施，如《个人信息保护法》第六十六条明确规定对违法主体责任人实施职业资格限制，通过法律强制力保障了自律规则的实际效力。[1]

二、加强宣传教育

在"互联网＋"模式下，企业为了吸引用户的注意，经常采用免费模式，个人要使用网络则必须以提供个人信息为代价，而免费模式容易使公民对将来的、潜在的、被滥用的危险和不确定的信息泄露缺乏应有的关注。虽然"互联网＋"时代的个人信息是一种有价值的资源，但是这种价值对个人而言并不明显，公民在使用网络时缺乏对个人信息的重视，既表现为对他人信息的漠视，也体现在对自己信息的不谨慎处置。因此，树立对个人信息权利的尊重意识是微观层面个人信息安全防范的

---

[1] 杨锦璇、贾晓千：《侵犯公民个人信息案件侦查与防范研究》，载《湖南警察学院学报》2021年第6期。

重要一环。

首先，对于互联网企业而言，可尝试引入一种新的机制设计，即"个别付费模式"，由此形成与"普遍免费模型"并行的双重结构。[1]在双重模式行之有效的情况下，互联网企业可逐步采取普遍收费模式，通过收取相应费用，促使公民个人形成对信息的尊重，逐步认识到个人金融信息的重要价值，强化对个人金融信息的价值意识。

其次，对于国家机关而言，可以通过试点的方式设立"个人金融信息安全管理局"，建立个人金融信息安全数据库，并以付费模式使用个人金融信息。不仅企业使用个人信息要付费，个人查询信息也要付费。这种模式可以将个人金融信息保护方式由被动变为主动。这样通过互联网企业和国家机关双管齐下，将个人金融信息的免费模式转换为付费模式，从外部激励个人形成对信息的尊重，进而内化为个人金融信息安全保护的自我意识。[2]

再次，加强外部宣传，提升个人对金融信息安全的保护能力。通过短视频、微电影、公益广告的方式，制作明确、通俗易懂的内容，宣传个人金融信息的重要性、个人金融信息泄露的风险、保护金融信息不被泄露的方式等，使得安全保护方式、方法在网络空间传播，在信息安全防范知识的传播过程中，个人被潜移默化，进而从无意识到有意识地提高个人信息的自我保护能力。相关官方机构或者民间自治组织可以有针对性地披露非法利用个人金融信息的各种行为及其危害，以反向方式增强公民个人金融信息安全保护意识。例如，《反电信网络诈骗大数据报

---

[1] 张新宝：《互联网时代个人信息保护的双重模式》，载《光明日报》2018年5月2日，第11版。

[2] 陈小彪、李瑞华：《"互联网+"时代侵犯公民个人信息犯罪的防控路径》，载《湖北警官学院学报》2018年第6期。

告》《中国互联网安全报告》等季度、年度报告都具体披露了个人信息的安全状况，能够有效提醒公民注意个人信息安全，切实提高公民个人信息的保护能力，推动全民信息安全意识的提升。

最后，公民个人加强内部自我保护。公民个人在相关软件注册个人信息时，应仔细阅读隐私条款；避免在钓鱼网站、恶意软件上填写个人金融信息；当信息泄露后，应当及时转移与个人金融信息有关的财物、资料，避免遭受关联伤害等，通过这些方式，逐步养成保护个人信息的习惯，进而提高自我保护能力。[1]

三、加强国际合作

第一，积极参与个人信息跨境流动国际规则的制定。当前，国际社会并未建立统一的数据跨境流动规则体系，美国、欧盟借机正积极谋求个人信息跨境流动规制及保护标准的主导权，"美式规则"倡导跨境数据自由流动，"欧式规则"则主张个人信息权保护、排除例外条款等。我国当前提出建设人类命运共同体理念，积极推动"一带一路"建设，积极参与国际事务的治理，因此，我国应该对跨境信息流动规则深入研究和参与，提出并倡导"中式规则"。具体来说，我国应利用世界贸易组织（World Trade Organization, WTO）平台、数字经济伙伴关系协定（Digital Economy Partnership Agreement, DEPA）谈判平台，在谈判中积极推广我国的信息治理理念，宣传我国的有关法律规定，表达我国对数据跨境流动的观点，推动与我国跨境信息流动利益更贴合的规则。

---

[1] 陈小彪、李瑞华：《"互联网＋"时代侵犯公民个人信息犯罪的防控路径》，载《湖北警官学院学报》2018年第6期。

DEPA 为全球首个数字经济贸易协定，我国正在积极推进与其谈判，与重要的贸易伙伴就个人信息保护、网络安全以及技术标准等内容签署数据流动协议，在此过程中，积极争取与我国国内有关规则形成制度上的协调，扩大我国数据跨境流动规则影响力。此外，区域全面经济伙伴关系协定（Regional Comprehensive Economic Partnership, RCEP）已经生效实施，其确定的数据跨境流动规则是成员国必须遵守的，但在与其谈判的过程中，必定要与我国国内的有关规定进行适度的协调；在生效实施过程中，我国依然可依据数据产业技术发展及实践情况，推动 RCEP 等自贸协定确定的有关数据跨境流动规则的修订和不断完善，以期得到更多制定国际规则的话语权。[1]

第二，采取其他多元化途径参与到个人信息跨境国际规则的制定中。比如，我国通过典型案例裁判说理的方式宣传有关数据保护的法治理念，增强对我国司法影响力的认同感；积极搭建国际司法交流平台和审判人员常态化交流机制，在 RCEP 框架下，积极推广中国—东盟大法官交流机制，扩大到与其他成员国的司法人员交流；推动人民法院与具有涉外法治深厚研究基础的科研院校等关于人才的交流机制常态化，打造涉外法治职业共同体等。此外，我国可向国际公布个人信息治理白皮书，就个人信息保护、网络安全和数据安全保护等领域进行信息公布，积极向国际社会宣传我国个人信息跨境保护法治理念，开展交流合作，共同探索反映国际社会共同关切、符合国际社会共同利益的数据安全和个人信息保护规则，以加快推动个人信息跨境流动国际规则的

---

[1]　王威：《RCEP 视野下构建中国个人信息跨境流动机制研究》，载《法学杂志》2025 年第 1 期。

构建。[1]

第三，拓展国际软法治理的话语平台，守正多边主义。个人信息跨境保护虽然属于全球数据治理这一新兴领域，需要国际法有所创新，但守正多边主义核心价值仍然是时代要义。多边主义是当代国际社会构建秩序的基本范式，共商共建共享的全球治理观是我国对国际法治的重要贡献，守正多边主义并发挥秩序功能需要确保主体的资格平等并形成多方参与的共同体。个人信息跨境保护的国际软法涉及公私两域和多元主体，为更公平有效地发挥国际软法的效力，必须重视多边平台的利用与发展。联合国是最具有普遍性和代表性的国际组织，其已经针对隐私权发布报告，探讨个人信息跨境保护的全球规范格局，指明需要在个人信息涉及的不同利益间取得平衡。2023 年 5 月，联合国发布的关于制定《全球数字契约》（A Global Digital Compact, GDC）的《我们的共同议程》政策简报 5 指出，所有利益相关方应当促成保护个人数据和隐私的监管型规则与市场型规则，这与目前的国际软法规范高度契合。2024 年 9 月，联合国未来峰会通过了《全球数字契约》，我国代表表示中方支持加快落实。因此，我国首先应充分利用联合国的多边优势，与各国就个人信息跨境保护的规范化展开讨论，积极鼓励我国专家作为特别报告员对个人信息跨境保护问题提交报告。我国可以广泛参与联合国国际贸易法委员会电子商务工作组的研究，包括但不限于提供资金资助、技术人员支持等，推动数据跨境流动技术标准的法律化，助力个人信息跨境保护市场型规则充分发展。[2]

---

[1] 王威：《RCEP 视野下构建中国个人信息跨境流动机制研究》，载《法学杂志》2025 年第 1 期。

[2] 姚若楠：《个人信息跨境保护的国际软法之治与中国路径》，载《武大国际法评论》2024 年第 4 期。

结　语

　　惩治非法利用个人金融信息犯罪、保障公民个人金融信息安全，在已经步入信息网络社会的今天显得尤为重要与必要。加强对非法利用个人金融信息行为的刑法规制，不仅是因为非法利用个人金融信息行为凸显严重社会危害性，而且是基于信息网络时代维护公民个人信息安全的迫切需要、维护金融管理秩序和社会稳定的必然要求，以及保障金融创新与经济发展的现实需要。而在公民保护金融信息的意识逐渐增强、对非法利用个人金融信息行为刑法规制的强化不违背刑法谦抑性且契合金融发展规律，又有司法实践经验的不断积累和域外立法经验可资借鉴的情况下，加强非法利用个人金融信息行为的刑法规制也具备了较强的可行性。

　　惩治非法利用个人金融信息犯罪、保障公民个人金融信息安全的成效，不仅依赖于个人信息犯罪刑事立法本身的合理性和与时俱进，而且与金融信息保护制度框架下刑法与民事、行政立法的协调、合作以及相关部门的行政执法和对被害人的保护等诸多努力息息相关。金融信息保护制度仅是众多法律制度中的一项制度，但是其在国内法律中具有特殊地位，应成为一国立法完善过程中必不可少的一项法律。金融信息保护立法不仅可以保护金融机构的客户利益，也可以有效协调个体利益和国家利益。目前，世界各国都已经制定或开始制定国内的金融信息保密法，并逐渐形成一个完整且有效的金融信息保护法律体系。金融信息保护制度建立健全过程中一直受到各种非议，因为这种制度极易伴生或隐藏各种金融犯罪活动，并与反洗钱、税务调查、征信体系等制度所要求的信息披露之间存在激烈的冲突。

当然，金融信息保护制度与信息披露存在冲突是必然的，但是这种冲突并非不可调和。综观域外国家与地区立法，在其具体法律规定中已经逐渐构建起了一套成熟的解决机制，包括化解冲突的原则和具体对策等。对此，我国在建立健全金融信息保护制度过程中完全可以予以参考和借鉴。应当看到，刑法是社会公平正义的"最后一道防线"，而社会公平正义是由宪法、民法、行政法等诸多部门法共同构筑的法秩序所共同维护的。只有明确个人金融信息在宪法、民法、行政法中的性质与地位，才能为刑法规制非法利用个人金融信息行为予以更明确的指引和参照。非法利用个人金融信息行为类型多样、纷繁复杂，想要进行全面且有针对性的规制，我们在完善刑法的同时，更要建立健全个人金融信息保护的相关制度，包括健全个人金融信息法律法规体系、加强对金融机构的监督管理、完善金融机构个人信息安全保护内控制度、强化金融机构系统技术支持和管理，以及加大个人金融信息保护宣传教育力度等。

参考文献

一、中文著作类

谈李荣:《金融隐私权与信息披露的冲突与制衡》,中国金融出版社2004年版。

郭瑜:《个人数据保护法研究》,北京大学出版社2012年版。

谈李荣:《金融隐私权与信用开放的博弈》,法律出版社2008年版。

马改然:《个人信息犯罪研究》,法律出版社2015年版。

齐爱民:《拯救信息社会中的人格:个人信息保护法总论》,北京大学出版社2009年版。

齐爱民、陈文成:《网络金融法》,湖南大学出版社2002年版。

齐爱民等:《网络金融法原理与国际规则》,武汉大学出版社2004年版。

张智辉、刘远主编:《金融犯罪与金融刑法》,山东人民出版社2006年版。

张绍谦:《刑法因果关系论》,中国检察出版社 2004 年版。

刘宪权:《金融犯罪刑法学新论》,北京大学出版社 2012 年版。

刘宪权、杨兴培:《刑法学专论》,北京大学出版社 2007 年版。

张新宝:《隐私权的法律保护》,群众出版社 2004 年版。

程合红:《商事人格权论:人格权的经济利益内涵及其实现与保护》,中国人民大学出版社 2002 年版。

王利明:《人格权法研究》,中国人民大学出版社 2012 年版。

王贵国:《国际货币金融法》,北京大学出版社 1997 年版。

吕光:《大众传播与法律》,台湾商务印书馆 1987 年版。

林钧跃:《消费者信用管理》,中国方正出版社 2002 年版。

李睿:《信用卡犯罪研究》,上海社会科学院出版社 2009 年版。

张明楷:《刑法分则的解释原理》,中国人民大学出版社 2004 年版。

张明楷:《刑法学》,法律出版社 2021 年版。

张明楷:《外国刑法纲要》,清华大学出版社 2007 年版。

张秀兰:《网络隐私权保护研究》,北京图书馆出版社 2006 年版。

陈兴良:《刑法哲学》,中国政法大学出版社 2004 年版。

陈兴良:《刑法的价值构造》,中国政法大学出版社 1998 年版。

许道敏:《民权刑法论》,中国法制出版社 2003 年版。

朱景文:《比较法社会学的框架和方法——法制化、本土化和全球化》,中国人民大学出版社 2001 年版。

孔令杰:《个人资料隐私的法律保护》,武汉大学出版社 2009 年版。

钟楚男主编:《个人信用征信制度》,中国金融出版社 2002 年版。

邵沙平等:《控制洗钱及相关犯罪法律问题研究》,人民法院出版社 2003 年版。

程燎原：《从法制到法治》，法律出版社1999年版。

朱宝丽、马运全：《个人金融信息管理：隐私保护与金融交易》，中国社会科学出版社2018年版。

马克昌主编：《犯罪通论》，武汉大学出版社1999年版。

马克昌主编：《近代西方刑法学说史》，中国人民公安大学出版社2008年版。

郎胜主编：《中华人民共和国刑法解读》，中国法制出版社2009年版。

周汉华主编：《个人信息保护前沿问题研究》，法律出版社2006年版。

周辅成编：《西方伦理学名著选辑》（上卷），商务印书馆1996年版。

全国人大常委会法制工作委员会刑法室编：《中华人民共和国刑法条文说明、立法理由及相关规定》，北京大学出版社2009年版。

最高人民法院刑事审判第一、二、三、四、五庭编：《刑事审判参考》2011年第4集（总第81集），法律出版社2012年版。

黄薇主编：《中华人民共和国民法典人格权编解读》，中国法制出版社2020年版。

个人信息保护课题组编：《个人信息保护国际比较研究》，中国金融出版社2021年版。

二、外文著作类

［法］迪皮伊－达侬：《金融犯罪》，陈莉译，中国大百科全书出版社2006年版。

〔法〕孟德斯鸠:《论法的精神》,张雁深译,商务印书馆 1982 年版。

〔美〕E.A.霍贝尔:《初民的法律:法的动态比较研究》,周勇译,中国社会科学出版社 1993 年版。

〔法〕卢梭:《社会契约论》,何兆武译,商务印书馆 1996 年版。

〔美〕理查德·A.波斯纳:《法律的经济分析(上)》,蒋兆康译,中国大百科全书出版社 1997 年版。

〔美〕戴维·H.布泽尔等:《银行信用卡》,夏玉和译,中国计划出版社 2001 年版。

〔美〕E.博登海默:《法理学:法律哲学与法律方法》,邓正来译,中国政法大学出版社 2004 年版。

〔美〕唐·R.彭伯:《大众传媒法》,张金玺等译,中国人民大学出版社 2005 年版。

〔美〕加里·S.贝克尔:《人类行为的经济分析》,王业宇、陈琪译,上海三联书店 1993 年版。

〔美〕罗斯科·庞德:《通过法律的社会控制》,沈宗灵译,商务印书馆 1984 年版。

〔意〕切萨雷·贝卡利亚:《论犯罪与刑罚》,黄风译,中国法制出版社 2005 年版。

〔意〕杜里奥·帕多瓦尼:《意大利刑法学原理》,陈忠林译,法律出版社 1998 年版。

〔日〕西原春夫:《刑法的根基与哲学》,顾肖荣等译,法律出版社 2004 年版。

〔日〕大谷实:《刑法总论》,黎宏译,法律出版社 2003 年版。

［日］小林麻理：《IT 的发展个人信息保护》，夏平等译，经济日报出版社 2007 年版。

［德］尼采：《查拉图斯特拉如是说》，钱春绮译，生活·读书·新知三联书店 2007 年版。

［英］霍布斯：《利维坦》，黎思复、黎延弼译，商务印书馆 1985 年版。

［英］边沁：《道德与立法原理导论》，时殷弘译，商务印书馆 2006 年版。

《法国新刑法典》，罗结珍译，中国法制出版社 2003 年版。

《日本刑法典》，张明楷译，法律出版社 2006 年版。

《德国刑法典》，徐久生译，北京大学出版社 2019 年版。

《英国刑事制定法精要》，谢望原等译，中国人民公安大学出版社 2003 年版。

三、报纸杂志类

魏彬：《强化对个人金融信息的刑法保护》，载《检察日报》2015 年 8 月 19 日，第 3 版。

张新宝：《互联网时代个人信息保护的双重模式》，载《光明日报》2018 年 5 月 2 日，第 11 版。

周光权：《侵犯公民个人信息与妥当的刑罚处罚》，《检察日报》2020 年 1 月 13 日，第 3 版。

周学东：《关于完善个人金融信息保护法律体系的思考》，载《金融时报》2013 年 3 月 18 日，第 10 版。

刘宪权：《聚焦个人信息保护之纳入刑法——凸显"国家刑法"向"公民刑法"的转变趋势》，载《法制日报》2008 年 10 月 13 日，第 14 版。

丁国峰：《非法获取公民个人信息罪成"空设"？》，载《法制日报》2010 年 7 月 23 日，第 4 版。

齐爱民：《论个人信息的法律保护》，载《苏州大学学报（哲学社会科学版）》2005 年第 2 期。

李朝晖：《个人金融信息共享与隐私权的保护》，载《特区实践与理论》2008 年第 3 期。

王宝刚等：《个人金融信息保护法律问题研究》，载《金融理论与实践》2013 年第 2 期。

王利明：《论个人信息权在人格权法中的地位》，载《苏州大学学报（哲学社会科学版）》2012 年第 6 期。

蒋姗：《金融消费者的个人金融信息保护制度研究》，载《成都行政学院学报》2013 年第 4 期。

刘德良：《个人信息的财产权保护》，载《法学研究》2007 年第 3 期。

郭明龙：《论个人信息之商品化》，载《法学论坛》2012 年第 11 期。

万玲：《金融隐私权保护公权干预制度探析》，载《行政与法》2012 年第 12 期。

吴寒青：《金融隐私权保护制度探析》，载《西南民族大学学报（人文社科版）》2006 年第 12 期。

叶颖：《金融隐私权保护国际化法律问题研究》，载《福建金融管理干部学院学报》2008 年第 1 期。

王灏:《中国公民隐私权保护的法律意识及其根源》,载《沈阳师范大学学报(社会科学版)》2007 年第 1 期。

齐爱民:《美国信息隐私立法透析》,载《时代法学》2005 年第 2 期。

邢会强:《处理金融消费纠纷的新思路》,载《现代法学》2009 年第 5 期。

潘建珊:《欧美金融隐私保护法律制度比较》,载《法学论坛》2007 年第 5 期。

钱源、姜昕:《论金融隐私权在我国的构建》,载《河北大学学报(哲学社会科学版)》2009 年第 6 期。

伊士国、吴丹:《试析银行客户金融隐私权的法律保护》,载《湖北社会科学》2010 年第 10 期。

岳彩申:《美国银行对客户信息保密制度研究》,载《现代法学》2000 年第 6 期。

许多奇:《银行保密义务与信息披露的现实冲突和法律整合——以信贷资产证券化为中心》,载《法学》2007 年第 6 期。

赵江辉、陈庆瑞:《公民个人信息的刑法保护》,载《中国检察官》2009 年第 6 期。

曾文革、许栋才:《论个人信用体系建设中对隐私权的法律保护》,载《行政与法》2006 年第 3 期。

齐爱民:《个人信息开发利用与人格权保护之衡平——论我国个人信息保护法的宗旨》,载《社会科学家》2007 年第 2 期。

穆怀朋:《〈征信业管理条例〉的法律地位及意义》,载《中国金融》

2013 年第 6 期。

党玺:《欧美金融隐私保护法律制度比较研究》,载《国际经贸探索》2008 年第 9 期。

吴汉东:《论信用权》,载《法学》2001 年第 1 期。

杨帆:《个人金融信息的刑法保护初探》,载《上海金融》2009 年第 7 期。

谭晓峰:《个人信用信息领域金融消费者权益保护研究》,载《金融纵横》2010 年第 10 期。

冉俊:《金融机构客户个人金融信息保护机制研究》,载《征信》2012 年第 5 期。

翁孙哲:《个人信息的刑法保护探析》,载《犯罪研究》2012 年第 1 期。

赵军:《侵犯公民个人信息犯罪法益研究》,载《江西财经大学学报》2011 年第 2 期。

王绍武、肖凯:《侵犯公民个人信息犯罪认定中的若干问题》,载《法学》2009 年第 12 期。

韩梅、陈雷声:《论出售、非法提供公民个人信息罪的构成及认定》,载《辽宁警专学报》2010 年第 1 期。

黄太云:《刑法修正案(五)的理解与适用》,载《人民检察》2005 年第 3 期。

利子平、樊宏涛:《论妨害信用卡管理罪》,载《南昌大学学报(人文社会科学版)》2005 年第 6 期。

侯国云:《〈刑法修正案(五)〉的立法缺陷及理解》,载《法学》2005 年第 5 期。

王全：《窃取、收买、非法提供信用卡信息罪疑难问题研究》，载《辽宁公安司法管理干部学院学报》2011 年第 1 期。

王梓臣：《侵犯公民个人信息行为的刑事制裁——以〈刑法修正案（七）〉为视角》，载《法制建设》2009 年第 7 期。

张钱：《个人征信侵权责任认定中存在的问题分析》，载《法律适用》2014 年第 3 期。

张磊：《司法实践中侵犯公民个人信息犯罪的疑难问题及其对策》，载《当代法学》2009 年第 10 期。

李振林：《非法利用个人金融信息行为刑法规制强化论》，载《华东政法大学学报》2019 年第 1 期。

杨天晓：《个人信息保护体系中"非法使用"行为的入罪化》，载《南大法学》2024 年第 6 期。

王利明：《论个人信息权的法律保护——以个人信息权与隐私权的界分为中心》，载《现代法学》2013 年第 4 期。

龚珊珊：《滥用公民个人金融信息行为的刑法规制——以重塑侵犯公民个人信息罪为视角》，载《金融监管研究》2021 年第 11 期。

张勇：《敏感个人信息的公私法一体化保护》，载《东方法学》2022 年第 1 期。

郭金良：《数字经济时代个人金融信息侵权保护的困境与应对》，载《法学评论》2024 年第 5 期。

明乐齐：《互联网金融环境下个人信息保护的法律构建》，载《河南警察学院学报》2020 年第 3 期。

程雪军：《法律金融学视野中金融科技的监管困境与系统治理》，载《武汉大学学报（哲学社会科学版）》2024 年第 2 期。

郭旨龙:《论预备行为的风险评价》,载《中外法学》2024 年第 5 期。

刘双阳:《论实质预备犯的处罚根据及其限度》,载《政治与法律》2024 年第 4 期。

赵政乾:《降低刑事责任年龄的法经济学分析——基于个体、社会与国家的三重视角》,载《湖北警官学院学报》2024 年第 6 期。

邵若男:《大数据时代下电子商务用户个人信息安全问题及保护》,载《商》2015 年第 23 期。

孙政伟:《大数据时代个人信息的法律保护模式选择》,载《图书馆学研究》2016 年第 9 期。

车浩:《谁应为互联网时代的中立行为买单?》,载《中国法律评论》2015 年第 1 期。

李妙:《大数据时代加强个人金融信息保护问题探析》,载《中国银行业》2018 年第 12 期。

泮伟江:《系统论法学视角下现代司法裁判中规范与事实的区分》,载《中国法学》2024 年第 6 期。

陈兴良:《刑法教义学中的归纳推理》,载《法学》2024 年第 8 期。

王雨田、周明:《公民个人信息的刑法归类研究——基于场景理论的判断标准构建》,载《山东法官培训学院学报》2023 年第 2 期。

郭骁然、方元欣、曲东昕:《个人信息保护国际规制比较研究》,载《信息通信技术与政策》2021 年第 10 期。

范为:《大数据时代个人信息保护的路径重构》,载《环球法律评论》2016 年第 5 期。

张红:《大数据时代日本个人信息保护法探究》,载《财经法学》

2020 年第 3 期。

邢会强：《大数据时代个人金融信息的保护与利用》，载《东方法学》2021 年第 1 期。

刘泽刚：《欧盟个人数据保护的"后隐私权"变革》，载《华东政法大学学报》2018 年第 4 期。

李振林：《非法利用个人金融信息行为之刑法规制限度》，载《法学》2017 年第 2 期。

纪琼：《从身份区分到利益区分——我国隐私权限制原则的困境与重塑》，载《甘肃政法学院学报》2020 年第 1 期。

梁上上：《公共利益与利益衡量》，载《政法论坛》2016 年第 6 期。

张伟锋、李建霞：《互联网金融背景下金融信息保护的法律监管研究》，载《西部金融》2014 年第 5 期。

梁宇、郑易平：《我国数据市场治理的困境与突破路径》，载《新疆社会科学》2021 年第 1 期。

欧阳本祺：《侵犯公民个人信息罪的法益重构：从私法权利回归公法权利》，载《比较法研究》2021 年第 3 期。

杨楠：《侵犯公民个人信息罪的空白规范功能定位及适用限度》，载《华东政法大学学报》2021 年第 6 期。

徐永胜、许韬：《跨境电信网络诈骗犯罪规律特征与对策研究》，载《青少年犯罪问题》2021 年第 4 期。

秦宗川：《非法利用信息网络罪司法认定现状、误区及其匡正》，载《澳门法学》2021 年第 1 期。

李振林：《非法利用信息网络罪与关联犯罪关系之厘清》，载《人民司法》2022 年第 28 期。

吉克克主：《大数据背景下金融隐私权保护的困境及出路》，载《金融经济》2021年第1期。

郑岩：《从私益到公益：金融信息权保护路径研究》，载《辽宁大学学报（哲学社会科学版）》2021年第2期。

朱芸阳：《个人金融信息保护的逻辑与规则展开》，载《环球法律评论》2021年第6期。

冉克平：《论个人信用信息的公共属性及其法律规制》，载《社会科学辑刊》2023年第6期。

刘宪权：《〈刑法修正案（十一）〉中法定刑的调整与适用》，载《比较法研究》2021年第2期。

丁晓东：《数字法学：多维知识的组织方式》，载《华东政法大学学报》2024年第3期。

王姝：《我国个人信息的保护与合理利用问题研究》，载《重庆邮电大学学报（社会科学版）》2008年第3期。

王志远：《侵犯商业秘密罪保护法益的秩序化界定及其教义学展开》，载《政治与法律》2021年第6期。

商玉玺：《金融刑法边界限缩：一种经济学分析框架》，载《大连理工大学学报（社会科学版）》2021年第1期。

魏昌东：《中国金融刑法法益之理论辨正与定位革新》，载《法学评论》2017年第6期。

远桂宝、商银涛、段厚省：《擅自处理已公开个人信息的刑法规制》，载《中国检察官》2024年第2期。

刘宪权、宋子莹：《非法使用个人信息行为刑法规制论》，载《青少年犯罪问题》2022年第4期。

刘宪权、郑颖:《侵犯公民个人信息罪中个人信息的界定与法益侵害分析》,载《人民检察》2023年第10期。

周加海、邹涛、喻海松:《〈关于办理侵犯公民个人信息刑事案件适用法律若干问题的解释〉的理解与适用》,载《人民司法(应用)》2017年第19期。

孟传香:《公民个人信息疑难问题的刑法保护》,载《山西省政法管理干部学院学报》2011年第2期。

利子平、周建达:《非法获取公民个人信息罪"情节严重"初论》,载《法学评论》2012年第5期。

金昌伟:《侵犯公民个人信息犯罪中情节严重的认定》,载《人民司法》2011年第24期。

王华伟:《数据刑法保护的比较考察与体系建构》,载《比较法研究》2021年第5期。

王哲:《侵犯公民个人信息罪中"个人信息"的限定》,载《青少年犯罪问题》2021年第3期。

陈兴良:《目的犯的法理探究》,载《法学研究》2004年第3期。

李振林:《非法取得或利用人脸识别信息行为刑法规制论》,载《苏州大学学报(哲学社会科学版)》2022年第1期。

何荣功:《不真正不作为犯的构造与等价值的判断》,载《法学评论》2010年第1期。

袁爱华、李克艳:《不真正不作为犯的等价性问题研究》,载《云南大学学报(法学版)》2013年第3期。

刘方可:《论人脸识别信息的三个基础性问题——兼论侵犯公民个人信息罪行为方式补充》,载《前沿》2021年第4期。

詹真荣、刘阳：《世界典型国家互联网监管实践及其启示》，载《中共杭州市委党校学报》2011 年第 2 期。

杨锦璇、贾晓千：《侵犯公民个人信息案件侦查与防范研究》，载《湖南警察学院学报》2021 年第 6 期。

陈小彪、李瑞华：《"互联网 +"时代侵犯公民个人信息犯罪的防控路径》，载《湖北警官学院学报》2018 年第 6 期。

程雪军：《算法社会下金融消费者信息权的法律治理研究》，载《河南社会科学》2022 年第 7 期。

史立梅：《论醉驾案件的程序出罪》，载《中国法学》2022 年第 4 期。

许娟、黎浩田：《个人金融信息风险民事责任的实现》，载《江苏社会科学》2022 年第 1 期。

喻海松：《"刑法先行"路径下侵犯公民个人信息罪犯罪圈的调适》，载《中国法律评论》2022 年第 6 期。

程威：《个人金融信息保护的规范取向与路径优化》，载《西北民族大学学报（哲学社会科学版）》2022 年第 2 期。

王利明：《论数据权益：以"权利束"为视角》，载《政治与法律》2022 年第 7 期。

方乐：《个人金融信息保护的逻辑演进与立法完善》，载《现代经济探讨》2022 年第 3 期。

刘古琛：《侵犯公民个人信息罪的法益转向——从个人法益到信息管理秩序》，载《北京警察学院学报》2022 年第 5 期。

李昊：《个人信息侵权责任的规范构造》，载《广东社会科学》2022 年第 1 期。

于改之：《从控制到利用：刑法数据治理的模式转换》，载《中国社会科学》2022年第7期。

崔聪聪：《个人信息保护的行政监管及展开》，载《苏州大学学报（哲学社会科学版）》2022年第5期。

丁晓东：《隐私权保护与个人信息保护关系的法理——兼论〈民法典〉与〈个人信息保护法〉的适用》，载《法商研究》2023年第6期。

冯恺：《新科技时代个人信息保护法的适用出路》，载《浙江工商大学学报》2023年第6期。

邢会强、李泽荟：《我国个人数据跨境流动认证制度及其完善》，载《郑州大学学报（哲学社会科学版）》2023年第6期。

李东方、李耕坤：《数字经济时代个人金融信息的经济法分析与对策——从"立法碎片化"到〈个人金融信息保护法〉》，载《中国政法大学学报》2023年第1期。

张晨原：《元宇宙发展对个人信息保护的挑战及应对——兼论个人生物识别信息的概念重构》，载《法学论坛》2023年第2期。

李淑兰、张奕然：《民刑衔接视阈下侵犯公民个人信息罪法益证成——以信息安全与信息权利二分为框架》，载《中国刑警学院学报》2023年第4期。

张明楷：《具体犯罪保护法益的确定标准》，载《法学》2023年第12期。

张涛：《风险预防原则在个人信息保护中的适用与展开》，载《现代法学》2023年第5期。

张新平：《网络平台治理立法的反思与完善》，载《中国法学》2023年第3期。

冉克平、刘冰洋：《博弈论视角下个人信息同意规则的有效实现》，载《浙江大学学报（人文社会科学版）》2023 年第 3 期。

余秋莉：《预防刑法立法背景下刑罚限缩论》，载《青少年犯罪问题》2023 年第 1 期。

姚若楠：《个人信息跨境保护的国际软法之治与中国路径》，载《武大国际法评论》2024 年第 4 期。

刘艳红、姜文智：《AI 换脸行为刑法规制的纠偏：法益与罪数的双重路径》，载《中国社会科学院大学学报》2024 年第 5 期。

童云峰：《侵犯个人信息行为的刑法全流程规制模式研究》，载《现代法学》2024 年第 5 期。

曹鹏、罗兴平：《数字经济视域下个人金融信息的法律保护困境及完善对策》，载《陕西理工大学学报（社会科学版）》2024 年第 2 期。

田宏杰：《金融安全的刑事法律保护：挑战与变革》，载《法律适用》2024 年第 9 期。

江溯：《刑法教义学的现状与展望》，载《中国法律评论》2024 年第 6 期。

崔仕绣：《公民个人信息的法益属性与刑法保护路径》，载《中南民族大学学报（人文社会科学版）》2024 年第 11 期。

程啸：《个人信息范围的界定与要件判断》，载《武汉大学学报（哲学社会科学版）》2024 年第 4 期。

张勇：《领域法视域下数字信用的犯罪治理》，载《东方法学》2024 年第 6 期。

朱溯蓉：《基于个人信息保护与刑事司法数据安全的差异立法探索》，载《上海政法学院学报》2025 年第 1 期。

肖棉花：《中国法语境下个人金融信息跨境流动的法律规制与保

护》，载《河北法律职业教育》2025 年第 2 期。

陈新旺：《洗钱犯罪的刑事惩治与治理》，载《中国应用法学》2025 年第 1 期。

曹岚欣：《侵犯公民个人信息罪的规范目的与出罪路径》，载《西南政法大学学报》2025 年第 1 期。

温昱：《处理者法律地位流变分析》，载《政法论坛》2025 年第 2 期。

郭旨龙：《数字经济时代数据要素的法益识别与刑法保护——从公共秩序到财产安全、市场秩序》，载《财经法学》2025 年第 1 期。

陈光中：《完善涉外刑事诉讼若干问题探讨》，载《法学》2025 年第 2 期。

胡玉鸿：《标识性概念与中国自主法学知识体系的构建》，载《法治研究》2025 年第 1 期。

张文龙：《数字权力的社会宪治》，载《云南社会科学》2025 年第 1 期。

刘双阳：《数字经济时代商业数据不正当竞争行为刑法规制的路径与边界》，载《法学论坛》2025 年第 1 期。

钱坤：《论最高人民法院司法解释的宪法定位》，载《法制与社会发展》2025 年第 1 期。

王威：《RCEP 视野下构建中国个人信息跨境流动机制研究》，载《法学杂志》2025 年第 1 期。

四、学位论文类

马运全：《个人金融信息管理：隐私保护与金融交易的权衡》，山东大学 2014 年博士学位论文。

吴苌弘：《个人信息的刑法保护研究》，华东政法大学 2013 年博士学位论文。

徐亮：《论隐私权》，武汉大学 2005 年博士学位论文。

傅雯：《个人金融信息保护国际化法律问题研究》，中国政法大学 2009 年硕士学位论文。

熊远艳：《论个人金融信息的法律保护》，重庆大学 2008 年硕士学位论文。

李可新：《跨国银行并表监管的法律问题》，大连海事大学 2006 年硕士学位论文。

周郑丽：《论权利冲突》，重庆大学 2006 年硕士学位论文。

张尚：《个人金融信息保护与披露法律问题研究——以银行对客户信息的披露为切入点》，华东政法大学 2014 年硕士学位论文。

林贝金：《银行客户金融信息的法律保护研究》，西南财经大学 2006 年硕士学位论文。

骆诺：《论银行保密制度》，湖南大学 2007 年硕士学位论文。

周华丽：《金融隐私权保护研究》，西南政法大学 2009 年硕士学位论文。

杨柠莱：《大数据时代侵犯公民个人信息犯罪侦查的困境与出路》，西南政法大学 2019 年硕士学位论文。

黄晶晶：《个人金融信息的国际法保护》，华东政法大学 2011 年硕士学位论文。

丁丽雪：《域外金融信息保护的法律问题研究》，中国海洋大学 2010 年硕士学位论文。

王丁：《论公民个人信息权的刑事法律保护》，大连海事大学 2014

年硕士学位论文。

童园园：《大数据时代下刑法对个人信息的保护》，华东政法大学2014年硕士学位论文。

公绪龙：《侵犯公民个人信息犯罪立法缺陷及完善研究》，华东政法大学2011年硕士学位论文。

周兰一：《论个人信息的刑法保护》，湖南师范大学2011年硕士学位论文。

吴波：《论我国公民个人信息的刑法保护》，大连海事大学2011年硕士学位论文。

图书在版编目(CIP)数据

非法利用个人金融信息行为刑法规制论 / 李振林著.
上海 ： 上海人民出版社，2025. -- ISBN 978-7-208
-19575-2

Ⅰ. D923.74

中国国家版本馆 CIP 数据核字第 2025E4S720 号

责任编辑　宋子莹
封面设计　一本好书

非法利用个人金融信息行为刑法规制论
李振林　著

出　　版	上海人民出版社	
	（201101　上海市闵行区号景路 159 弄 C 座）	
发　　行	上海人民出版社发行中心	
印　　刷	江阴市机关印刷服务有限公司	
开　　本	720×1000　1/16	
印　　张	17.5	
插　　页	2	
字　　数	201,000	
版　　次	2025 年 6 月第 1 版	
印　　次	2025 年 6 月第 1 次印刷	

ISBN 978 - 7 - 208 - 19575 - 2/D · 4523
定　　价　80.00 元